Алла Бегунова **Сабли остры, кони быстры...**

Алла Бегунова Сабли остры, кони быстры...

(из истории русской кавалерии)

Москва
«Молодая гвардия»
1992

ББК 68.51
Б 37

СОДЕРЖАНИЕ

Б $\dfrac{1302000000-025}{078(02)-92}$ КБ—003—033—Я

ISBN 5-235-01882-6

Вместо предисловия

Мир, в котором мы живем, населен машинами: автомобилями, самолетами, тепловозами и проч. Но этой машинной цивилизации нет еще и века. А несколько тысяч лет до нее рядом с человеком в его трудах, путешествиях и битвах находилась лошадь. Трудно сказать, когда именно произошло это важное для истории человечества событие — приручение диких лошадей. Но деяние это, точно так же, как и изобретение колеса, свидетельствовало о новой ступени развития человечества, умножении и усовершенствовании его трудовых навыков. Лошадь помогла человеку освоить мир дикой природы и преобразовать землю — построить города и дороги, исследовать пустыни, горы и леса.

Драгоценный опыт приручения и управления лошадью передавался из поколения в поколение. При этом власть человека над лошадью простиралась достаточно далеко. Умелый всадник мог обучить коня по команде останавливаться и начинать движение, переходить из шага в рысь и галоп, мог заставить прыгать через препятствия.

Когда наездничество получило большое распространение, то появилась конница — многочисленные отряды всадников на выезженных лошадях. В организации, обучении и боевых действиях конницы как бы сконцентрировались в те давние времена познания человека о самом себе (искусство верховой езды требовало специальных навыков, силы, ловкости, смелости), о лошади (что она может делать, что — нет и как заставить ее выполнить команду), о взаимодействии всадника и коня.

Ни одна летопись, ни одно предание не доносили до нашего времени даты первого боя первых отрядов всадников. Но, вероятно, тогда древним вождям и воителям сразу стало ясно, что на арену выступила новая, более мощная военная сила, отличающаяся невиданной доселе маневренностью и скоростью передвижения.

Как иррегулярный род войск конница впервые появилась в Ассирии и Урарту (IX век до н. э.), затем — в Персии (VI в. до н. э.). Основатель Ахеменидского царства Кир II Великий успешно вел войны с Мидией и Парфией, покорил Малую Азию, Вавилонию и среднеазиатские государства — Бактрию, Согдиану, Хорезм. Численность его армии достигала 50 тысяч человек. Она состояла из пехоты, боевых колесниц и конницы, являвшейся главным родом войск. Клибарии — тяжелая персидская конница — были вооружены копьями и саблями, имели защитное снаряжение для себя и своих лошадей.

Древние греки сначала употребляли лишь боевые колесницы. Затем у них появились немногочисленные отряды всадников для охраны царей. Столкнувшись с конницей персов и ощутив силу ее ударов (Марафонская и Фермопильская битвы), греки приступили к организации собственной кавалерии. Особенно прославились всадники из Фессалии и Беотии, где разводили неплохих лошадей. Фиванский полководец Эпаминонд научил конные отряды быстро разворачиваться на поле боя и стремительно наступать. С действиями его конницы связана победа над спартанцами при Левктрах (371 г. до н. э.).

До наших дней дошла книга об обучении всадников и лошадей, принадлежащая перу древнегреческого писателя Ксенофонта (430—455 или 454 год до н. э.), «Гиппика и гиппарх». Это первая книга, в которой излагались основные принципы выездки и верховой езды. Некоторые ее положения вполне современно звучат и сейчас. Книга содержит рассказы о тактике тогдашней конницы. Всадники на равнине атаковывали противника на полном скаку, с брошенными поводьями. В гористой местности они, наоборот, съезжались медленно, на расстоянии 15 метров бросали свои дротики в неприятеля и поворачивали назад.

Греческая конница состояла из тяжелой (катафракты), закованной в железо, рог и бронзу и вооруженной длинными копьями и мечами; средней (димохосы), которая могла выступать и в пешем строю; легкой (акробалисты), вооруженной частью дротиками, частью луками. Седел со стременами не было. Управляли лошадью при помощи оголовья из сыромятной кожи с железным удилом, а садились на нее прыжком.

Великий полководец древности Александр Македонский получил в наследство регулярную конницу с окрепшими традициями и довел ее до высокой степени совершенства. Он сам был прекрасным наездником и лично водил в атаку конные отряды, используя их для нанесения решительного удара в битве и преследования отступающего противника. Легкая конница у него ходила в разведку, завязывала сражения, прикрывала боевые порядки войска. Главный удар наносила тяжелая конница, поддерживаемая пехотой и средней конницей.

У древних греков сила эскадрона (илоса) достигала 64 всадников, строились они в четыре шеренги по 16 человек каждая.

У древних римлян конница такой роли никогда не играла, считалась вспомогательным родом войск. Они не знали, как обучать людей и лошадей. Конники у них ездили плохо, нередко привязывали себя к лошади, в бою спешивались.

Принадлежностью римской конницы были велиты — воины, вооруженные дротиками и луками и обученные вспрыгивать на круп лошадей. При атаке конники останавливались, велиты соскакивали на землю и осыпали врагов стрелами.

Однако в войне с Карфагеном римляне увидели, как может действовать настоящая конница. При Каннах (216 г. до н. э.) Аннибал нанес лучшей в мире римской пехоте жестокий удар, бросив в бой своих многочисленных и отважных конников — нумидийцев, галлов, испанцев.

В Риме решили наверстать упущенное и обратить внимание на конницу. Ее обучением занимался полководец Сципиан Африканский. Но больших успехов в этом римляне не достигли. Им приходилось брать на службу в армию наемные конные отряды в основном из жителей Галлии и Германии.

Многочисленную легкую конницу в VII—II веках до нашей эры имели скифы и парфяне. В сражении при Каррах (53 г. до н. э.) их конные отряды сыграли важную роль в разгроме римского войска под командованием Красса.

В середине V века нашей эры римляне столкнулись с полчищами варваров. Так они называли племена скифов, гуннов, сарматов, аланов, аваров, остготов, двинувшихся к границам Римской империи. Все эти племена воевали верхом, представляли собой, так сказать, естественную конницу. Правда, в Каталаунской битве (451 г. н. э.) варвары, возглавляемые вождем гуннов Аттилой, потерпели поражение от армии римлян, но через 25 лет после этой битвы Рим пал...

Затем на поля сражений вышла феодальная, рыцарская конница. «К концу X века,— писал Ф. Энгельс,— кавалерия была единственным родом войск, который повсюду в Европе определял исход сражений: пехота же, хотя и гораздо более многочисленная в каждой армии, чем кавалерия, являлась не чем иным, как плохо вооруженной толпой, которую почти не пытались организовать. Пехотинец даже не считался воином; слово «miles» (воин) сделалось синонимом всадника» *.

---

* Маркс К., Энгельс Ф. Соч. Изд. 2-е, т. 14, с. 362.

Такого блестящего положения рыцарская конница добилась благодаря прекрасной подготовке своих воинов. Юные наследники феодалов с детства занимались военными упражнениями и верховой ездой, потом поступали оруженосцами и пажами к знатным сеньорам. При посвящении в рыцари их повязывали мечом и вручали шпоры — один из главных знаков рыцарского звания.

Свое боевое мастерство рыцари оттачивали на многочисленных турнирах, где победу могло принести только умелое управление лошадью и владение оружием. На войну рыцари являлись со свитой, состоящей из пеших и конных вооруженных слуг. В низшую единицу феодального войска — «копье» — входил сам рыцарь, его оруженосцы, лучники, копейщики и пажи (всего 6—10 человек).

В это время конница уже имела важное подспорье — седло с твердой основой и стременами, которое заметно упростило верховую езду, дав всаднику прочную опору, — и оголовье с металлическим мундштуком, которое сделало воздействие на лошадь более эффективным. Вооружение рыцарей составляли копья, мечи, а их защитное снаряжение — кольчуги, панцири, затем и сплошные металлические латы.

В бою рыцари строились в одну разомкнутую цепь, имея позади оруженосцев и слуг, и действовали не массой, а в одиночку. Схватка таким образом распадалась на множество отдельных поединков. Несмотря на всю свою доблесть и воинское мастерство, рыцарская конница была далека от идеала из-за неповоротливости, малой подвижности, лобового одиночного боя без резерва, отсутствия общего управления.

Во время крестовых походов (1069—1261 гг.) рыцари воевали с турецкой конницей. Турки тоже были отличными наездниками, хорошо владели оружием, имели лошадей быстроаллюрных пород — арабских и ахалтекинских. Турецкие отряды представляли собой иной тип конницы, чем рыцари: легкой, подвижной, умеющей действовать одной массой.

Бывало, что рыцари, руководимые такими искусными военачальниками, как Готфрид Бульонский и Ричард Львиное Сердце, одерживали победы, но чаще все-таки верх брали турки, которым удавалось неожиданными маневрами расстроить боевые порядки рыцарей.

В первой половине XIII века древний мир был потрясен небывалым нашествием, сметавшим на своем пути целые народы и государства. Из глубин азиатских степей на европейскую цивилизацию двинулись черные тучи монголо-татарской конницы.

Их армия делилась на конницу тяжелую и легкую, имела единое командование, строилась по десятичной системе: десятки, сотни, тысячи, десятки тысяч во главе с десятниками, сотниками, тысячниками и темниками. В войске существовала жесткая дисциплина. Например, за побег с поля боя казнили не только самого воина, но и всех членов его десятки во главе с командиром.

Наряду с достаточно высокой военной организацией у монголо-татар была хорошая индивидуальная подготовка воинов. Дети кочевников-аратов с ранних лет не расставались с седлом, учились стрелять из лука на полном скаку, метать копья.

Огромное количество лошадей степных пород — низкорослых, но выносливых и неприхотливых — позволило собирать под знамена великого хана многотысячные конные отряды, в которых каждый всадник мог иметь по две лошади. Без двух-трехкратного численного превосходства над противником монголо-татары не начинали сражений...

Безраздельному господству конницы положило конец повсеместное распространение огнестрельного оружия. Произошло это во второй половине XIV века. С усовершенствованием фитильного ружья пехота получила мощное средство борьбы. Круглые свинцовые пули куда лучше, чем стрелы, останавливали грозные конные строи, прежде почти неуязвимые для пехотинцев.

Для европейской конницы настал период больших перемен. Рыцари постепенно утратили свое значение. На смену им в XVI веке явилась новая кавалерия — более легкая и вооруженная огнестрельным оружием — и принялась подражать пехоте, вести стрельбу с коня. Для этого кавалерию строили в боевые порядки до 10 шеренг и больше. Шеренги по очереди выдвигались на передовые позиции, чтобы произвести залп.

К XVI веку относится и первое разделение кавалерии на роды: драгун и кирасир (согласно функциям на поле боя). Драгунские полки впервые создали во Франции, посадив на лошадей отборных пехотинцев. Они передвигались верхом, но при встречах с неприятелем спешивались и вели огонь из мушкетов («ездящая пехота»). Первые кирасиры — прямые наследники рыцарской конницы — появились в Германии при императоре Максимилиане (конец XV века). Впоследствии они представляли собой тяжелую кавалерию, выступавшую на массивных, рослых лошадях, одетую в металлическое защитное снаряжение (шлемы, латы).

«Кирасиры должны всегда следовать за копейщиками, чтобы восполнять те промежутки, которые последние образуют в рядах неприятеля... Кирасиры двигаются в атаку рысью, не нуждаются в значительном пространстве, поэтому их можно соединять в плотные массы силою до 300—400 человек...» — писал один из современников о тяжелой коннице XVI века. Возвращение конницы к ее обычной тактике произошло в первой половине XVII века. Подлинным ее реформатором стал шведский король Густав II Адольф (1611—1632 гг.), выдающийся кавалерийский военачальник своего времени. Шведские всадники (драгуны и кирасиры) в бою строились в 3—4 шеренги, в боевом порядке армии располагались во второй линии. Они вновь получили возможность

маневрировать, бросаться в стремительные атаки, действовать холодным оружием.

Эту мощную ударную силу, продемонстрированную шведской конницей, военачальники XVII века оценили по достоинству. Численность кавалерии резко возросла и составила в некоторых армиях до 50 процентов всего войска. В XVII и XVIII веках в дополнение к коннице тяжелой и средней в европейских армиях возникла и конница легкая: гусары (впервые появились как иррегулярные части в Венгрии в 1458 году), уланы (формировались впервые в Литве и Польше в XVI веке как иррегулярные отряды из переселившихся туда татар).

Увеличение числа конных полков было еще связано и с тем, что в Европе к середине XVIII столетия распространение получила линейная тактика. Боевые порядки войск, построенных в виде длинных сомкнутых линий, где каждый батальон, полк, орудие занимали раз и навсегда отведенное место, были очень неповоротливыми и затрудняли маневр на поле боя. Тут решающее значение для его исхода и приобретала кавалерия, как наиболее подвижная часть армии. При линейной тактике конников, также построенных в сомкнутые эскадронные шеренги (колено о колено), ставили на флангах и впереди боевого порядка.

Успехи конницы, конечно, не означали, что она целиком и полностью изжила привычку ходить в атаку маленькой рысью и вести огонь с коня. Дело в том, что стремительные атаки и рукопашные схватки на саблях или палашах требовали, во-первых, более тщательной индивидуальной подготовки солдат и офицеров в верховой езде, а во-вторых — конского состава, лучше выезженного, втянутого в постоянный тренинг.

Ближе всех к этому подошел прусский король Фридрих II (1740—1786 гг.) и один из его генералов — барон фон Зейдлиц-Курцбах (1721—1773 гг.). У современников они снискали славу реформаторов конницы.

Действительно, прусская кавалерия (кирасиры, драгуны, гусары) отличалась высокой маневренностью, хорошей подготовкой всадников и лошадей, смелостью и решительностью. В годы Семилетней войны удары прусской конницы не раз решали исход дела (у Коллина, Росбаха). Правда, под Кунерсдорфом атаку кирасир Зейдлица остановили русские полки...

Конец XVIII — начало XIX века — бурная эпоха войн на Европейском континенте. В этих войнах конница использовалась достаточно широко и разнообразно.

Так, под Аустерлицем французские кавалеристы нанесли окончательное поражение неприятелю, уже достаточно потрепанному в схватке; под Прейсиш-Эйлау они прикрывали расстроенный в ходе боя центр своего боевого порядка; под Ваграмом, Бородином, Лейпцигом, Ватерлоо ходили в массированные фронтальные атаки. Известна и Ульмская операция (1805 г.) Наполеона, когда он использовал конницу для стратегической службы, устроив впереди своей армии завесу.

Еще в начале карьеры полководца Наполеон убедился в том, что французская кавалерия уступает по качеству боевой подготовки прусской, и решил недостаток обучения восполнить количеством. В его армии были кирасиры, конногренадеры, драгуны, гусары, уланы, коннѳегеря (всего к 1812 году — около 40 тысяч всадников). Часть конницы придавалась пехоте (бригада или корпус), остальная сводилась в отдельные дивизии, а с 1805 года — в резервные корпуса. В бою конница строилась в густые полковые или бригадные колонны.

Массы наполеоновской конницы сокрушили стройные линейные порядки кавалеристов — наследников кавалерии Фридриха II, доказав, что не только в виртуозности выездки лошадей и правильности посадки людей скрыт секрет победы. Лишь на бескрайних полях России лучшая в мире французская кавалерия встретила достойных противников...

Казалось, что этот род войск, победоносно промчавшийся по просторам Европы в начале XIX века, достиг вершины своего расцвета и этот расцвет будет продолжаться очень долго. Но появление нарезного огнестрельного оружия в корне изменило соотношение сил на полях сражений, и не в пользу конницы.

Военные теоретики засомневались: а нужна ли конница вообще, если она несет от огня такие большие потери и уже не может, как прежде, ходить в массированные атаки в сомкнутых и развернутых строях с саблями и палашами наголо? Но дальнейшие события показали, что устарела не сама конница, а только ее тактика. Тактику надо было менять, и первый опыт здесь дала Гражданская война в США в 1861—1865 годах.

В Америке кавалерия совершала глубокие рейды по тылам и коммуникациям противника, умела спешиваться и окапываться, умела и бросаться в атаки на полном скаку. Например, кавалеристы-южане пускали лошадей в карьер и врывались в боевые порядки северян с револьверами в руках.

В истории европейских войн второй половины XIX века почти нет примеров самостоятельных и успешных действий конницы. Лишь в годы франко-прусской войны (1870—1871 гг.) было несколько кавалерийских боев (под Марс-ла-Туром, Вертом и Седаном), которые показали, что возможности для конной атаки и при новом огнестрельном оружии все-таки существуют.

К концу XIX века стало ясно, что прежнее деление кавалерии на тяжелую, среднюю и легкую устарело и армии нужна конница одного, драгунского, типа, которая вооружена винтовками и саблями и умеет вести бой как в пешем, так и в конном строю. Лишь в силу традиций в европейских армиях полки сохраняли свои названия кирасирских, гусарских, уланских. Но никто не покушался на их существование, так как конница оставалась единственным наиболее мобильным родом войск.

К первой мировой войне конница составляла примерно 8—10 процентов численности армий воюющих коалиций. Она предназначалась для решения тактических (Франция и другие государства) и оперативных задач (Германия).

Однако ход военных действий круто повернул судьбу кавалерии. Насыщение фронтов скорострельным оружием (пулеметы) и артиллерией, применение авиации, а впоследствии и танков — все это свело на нет боевые возможности конницы. Пожалуй, одним из немногих примеров применения крупных сил кавалерии для развития успеха в оперативном масштабе являлся Свенцянский прорыв (1915 год), когда германское командование использовало группу из 6 кавалерийских дивизий.

Переход к позиционной войне вообще заставил спешить многие конные части и посадить их, как и пехоту, в окопы. Боевые действия конницы — самого подвижного рода войск — таким образом прекратились.

После первой мировой войны в европейских странах приступили к перевооружению армий. Наступала эра механизации и моторизации. Естественно, что это привело к сокращению численности конницы. Так, под гул моторов она уступала свои традиционные функции новым родам войск: танкам, авиации, моторизованной пехоте.

К концу 30-х годов в ряде крупных капиталистических государств конница, как род войск, можно сказать, прекратила свое существование. Впрочем, значительные контингенты конников просуществовали в армиях Франции, Англии, Польши, Италии, Румынии, Венгрии до второй мировой войны.

Да и сейчас, в нашу эпоху компьютеров и космических полетов, небольшие полки конной гвардии сохраняются в Англии и во Франции. Они несут охрану правительственных зданий, выставляют почетный караул при встречах глав государств, участвуют в парадах и праздничных шествиях, воскрешая своим видом давно минувшие времена Наполеона и его наследников.

Так закончилась более чем тысячелетняя история европейской кавалерии. Немало страниц в ней было связано с русской, а затем и советской конницей, которая, однако, прошла свой путь — героический, самобытный, интересный.

Являясь составной частью сухопутных вооруженных сил нашего государства, конница внесла свой весомый вклад в многовековую борьбу за территориальную целостность и независимость России. Когда же революционные бури до основания разрушили царскую армию, то во вновь созданной Рабоче-Крестьянской Красной Армии коннице тоже нашлось место. Как вполне дееспособный и многочисленный род войск вступила конница в Великую Отечественную войну и вместе со всей Советской Армией вошла в Берлин.

Громкие победы и досадные поражения, походы дальние и близкие, реформы, затрагивающие сами основы ее существования, достопамятные деяния военачальников и подвиги рядовых бойцов — все есть в истории нашей конницы, к сожалению, сегодня мало кому известной.

Задача этой книги — рассказать о прошлом кавалерии, некогда могучего и мобильнейшего рода войск. Недаром маршал Жуков в своих воспоминаниях назвал его романтическим. Действительно, история, героика, романтика тесно переплетаются, когда речь заходит о кавалерии.

Повествование о ней тем не менее не может быть полным без множества деталей и подробностей, рисующих особенности вооружения, обмундирования, снаряжения конников, их строевого обучения, способ действий в бою. Ведь именно в этом и заключается своеобразие каждой эпохи, пережитой кавалерией.

Итак, вооружившись знанием, мы еще лучше представим себе жизнь и подвиги наших прадедов, дедов и отцов, верных защитников земли русской. Еще раз почерпнем из чистого источника патриотизма, беззаветного служения Отечеству, военного опыта, мужества и отваги...

Из глубины веков

Народ, известный древним грекам и римлянам под названием «скифы» (греч. «skýthai»), обитал в таврических степях, на южных низменностях Украины и Молдавии. Римский писатель Аммиан Марцелин описывал скифов высокими, крепкого сложения людьми с голубыми глазами и белокурыми волосами. Это были далекие предки славян.

Скифы и родственные им по языку, ближайшие их соседи сарматы, кочевавшие к востоку от Днепра и по берегам Дона, славились в древнем мире скотоводством и коневодством, были отличными наездниками. Известно, что они с ранних лет приучали своих детей к верховой езде и воинским упражнениям, что даже женщины у них ездили верхом и могли сражаться на конях.

Оружием скифов были секиры, мечи, кинжалы, дротики. Особенно хорошо скифы владели луками. Они могли стрелять из лука вперед, назад, вбок, на полном скаку.

Каких-либо точных описаний скифских лошадей не сохранилось, но изображения на предметах, найденных при раскопках, дают основание говорить о том, что эти кочевые племена разводили коней тогдашней степной породы — ростом не более 130—135 сантиметров, с широкой и мягкой спиной, с гривой в виде щетки. Историки древнего мира упоминают о правилах, которых придерживались скифы в подготовке лошадей. Например, они холостили жеребцов, чтобы сделать их более послушными, в верховой езде предпочтение отдавали кобылицам, считая их более выносливыми и резвыми.

Как и многие народы древности, скифы лошадей не подковывали, не знали седел с твердой основой и стременами, не пользовались шпорами. Но при всем при этом скиф только тогда считался хорошим воином, когда он мог ездить на любом коне из табуна. Искусство скифов в верховой езде и владении лошадью поражало древних. Они утверждали, будто сила скифов и сарматов лежит как бы вне их: в пешем строю эти воины неповоротливы и робки, но если они сядут на лошадей, то едва ли сыщется боевой порядок, способный выдержать атаку их конницы.

Римляне не раз сталкивались со скифами. Одно из крупнейших таких столкновений произошло уже в V веке нашей эры, во время знаменитой Каталаунской битвы (451 г.). Тогда их многочисленному войску пришлось отступить.

Но скифы не были забыты. Почти через пять столетий о них писал византийский историк Лев Диакон Колойский (970 и 971 гг.). В эти годы киевский князь Святослав повел свои дружины в поход на дунайских болгар и греков. У Доростола русичи встретились с армией Византии и упорно сражались с ней. Вероятно, эти бои и наблюдал Лев Диакон, называя наших предков скифами или тавроскифами:

«Изумление и ужас овладели тавроскифами... Они немедленно схватили оружие, подняли щиты на рамена (щиты у них были крепкие и для большей безопасности длинные, до самых ног), стали в сильный боевой порядок и, как рыкающие дикие звери, с ужасным и странным воплем выступили против римлян (то есть византийцев, которые считали себя наследниками Рима.— **А. Б.**) на ровное поле перед городом...»

Лев Диакон отметил характерную особенность войска Святослава: «Тогда они еще в первый раз явились на конях, ибо прежде всегда пешие обыкновенно выходили на бой и вовсе не умели на лошадях сражаться... Не умея править конями, поражаемые копьями, они обратились в бегство...»

В этом бою русичи столкнулись с византийской кавалерией — правильно организованной, хорошо обученной, имеющей немалый боевой опыт. Их же отряд, по сути дела, представлял собой отборных пеших воинов, посаженных на коней. Поражение в таком случае, конечно, было неминуемым. Однако Святослав знал слабость своей конницы. Для поддержки пехоты он нанял венгров, которые славились как прекрасные наездники. Но их отряды не успели присоединиться к дружинам киевского князя из-за внезапного появления на театре военных действий войск императора Византии Цимисхия, перешедших через Балканы...

Древние славяне были народом кочевым, конным. Переход к оседлой жизни вызвал упадок коневодства. Последствия этого, видимо, сказывались в X веке. Лошадей, выезжанных под седло, было мало, ценились они дорого и являлись украшением княжеских и боярских конюшен. Во всяком случае, «Русская правда»— первый свод законов Древней Руси — предписывала «татя конечного (то есть конокрада) выдавать головою князю» и сурово карать — лишать всех прав (вольности и собственности).

И все-таки в незначительном количестве конники в войске были. Летописцы указывают, например, что в 912—913 годах в походе в Табаристан русичи «распускали всадников», в 944 году князь Игорь ходил «воевать

греков в ладьях и на конях». Ездил верхом и сам Святослав Игоревич, его приближенные и охранники. Но в целом фигурой, характерной для древнерусского войска этого периода, была фигура пешего воина.

К началу XI века положение изменилось. Для защиты от усилившегося натиска степных кочевников князья обзавелись собственной конницей, способной противостоять степнякам, и конник постепенно превратился в главное действующее лицо на полях сражений в киевском государстве. Точно так же события развивались и в Европе, где в это время царствовала рыцарская конница.

Человек, обученный верховой езде, владеющий мечом, саблей, копьем, умеющий метко стрелять из лука, одетый в защитное снаряжение — шлем и кольчугу, впоследствии — в панцирь,— был профессиональным воином, княжеским дружинником.

В XI—XIII веках численность дружин колебалась от 500 до 3000 человек. Делилась дружина на две части: небольшую «старейшую», «переднюю», «лучшую», куда входили «бояре думающие», «мужи хоробрствующие», «начальные люди»,— и гораздо более многочисленную —«молодшую», состоящую, как утверждают историки, из трех групп воинов —«отроков», «детских» и «милостников».

«Отроки» представляли собой домашних и военных слуг князя, не пользовавшихся правом отъезда от его дома. «Детские» и «милостники» занимали более высокое положение, имели собственные дома, могли получать из рук князя назначение на правительственные должности, например, быть посадниками в городах.

Первые шаги к ремеслу воина в то время делали очень рано. В три года мальчик проходил обряд «пострига», когда у него коротко обрезали волосы, впервые сажали на коня и опоясывали мечом. Этот обряд был большим семейным торжеством, на которое приглашали гостей и отмечали застольем. В семь лет начиналось непосред-

Конский парадный убор, XV—XVII вв.
«Историческое описание одежды и вооружения Российских войск», том 1, № 21. Спб., 1899—1902. (Нумерация дана по второму изданию книги.)

ственное военное обучение, а в двенадцать лет — первые походы с отцом или старшими братьями. Подросток, вероятно, выступал их помощником, привыкал к трудной походной жизни, наблюдал за боями. Юные воины знатного рода, кроме того, учились еще и основам тактики: как построить отряд в бою, как разбить лагерь и возвести вокруг него окрепления и т. п.

Вполне возможно, что вооружение и лошадей члены «молодшей» дружины получали у князя. Об этом свидетельствуют указания в летописных сводах на существование «милостьиного оружия» и «милостьиных коней». Оружие всегда было очень дорогим, а в те времена, когда пользовался только ручной труд,— особенно. Так, для изготовления кольчуги требовалось сделать и затем соединить между собой не менее 20 тысяч металлических колец. Меч проходил через множество операций: заготовка металла, вытягивание полосы, полировка, закалка, заточка лезвия, насадка рукояти, изготовление ножен.

Насколько можно судить по летописям, фрескам, иконам и раскопкам, основным видом вооружения конницы в XI—XIV веках являлись копья (длина до 360 см), обоюдоострые мечи (длина клинка до 100 см, ширина 4—6 см), сабли (с незначительным искривлением полосы, длина клинка до 100 см, ширина 3—3,7 см), боевые топоры (длина рукояти до 80 см), булавы, кистени, кинжалы.

Перед битвой воины надевали на ватные куртки защитное снаряжение: кольчуги (длиной до 70—80 см), с XIII века — пластинчатые и чешуйчатые доспехи. Головы они прикрывали коническими и сфероконическими шлемами с бармицами (кольчужное прикрытие для затылка и лица), с «личинами» (металлическими масками).

Были у всадников и шпоры, которые наши предки называли «острогами». Сначала — шиповые (находки датируются XII веком), затем — с длинными репейками и звездчатыми колесиками (XIII—XV века). Применение шиповых шпор наводит на мысль о том, что посадка конника была чем-то сродни современной и ноги он держал близко к бокам лошади. Шпоры с длинными репейками (до 10 см длиной) говорят скорее всего о посадке «на разрезе» с прямыми ногами, о тяжелом защитном снаряжении, отчасти затрудняющем управление лошадью.

К началу XI века вся древнерусская конница уже сидела в седлах с твердой основой и стременами, правила лошадьми при помощи трензельных удил. Седла, конечно, до нашего времени не дошли, но стремена и удила XI—XIV веков можно часто встретить в экспозициях музеев.

Трудно сказать что-либо определенное о породе и внешнем виде тех лошадей, которые «отроки», «детские» и «милостники» могли получать от князя. Вероятно, это были представители все той же степной породы, верно служившей скифам,— низкорослые, неприхотливые в еде и уходе, очень выносливые...

Сидеть без дела дружинникам не приходилось. С 1030 по 1037 год летописи зафиксировали 80 походов русских на соседей, 55 вражеских вторжений на Русь и 130 междоусобиц.

Как же действовала в этих боях конница? Специальных данных на этот счет нет, но несомненно, что ее как наиболее подвижный род войск использовали для разведки и боевого охранения. В крупных сражениях отряды тяжеловооруженных всадников нередко наносили из засады решающие удары по противнику.

Такую задачу конники дважды выполняли у Александра Невского. Первый раз в битве на Неве летом 1240 года, второй раз — на Чудском озере весной 1242 года, при отражении нашествия немецких ливонских рыцарей.

На Неве конники под командованием Гаврилы Олексича после начала боя внезапно появились из леса и сбросили сходни со шведских судов, тем самым отрезав шведам дорогу на берег, где Невский громил их отряды. Затем Олексич в поединке зарубил шведского военачальника, а дружинник по

**Конский парадный убор, XV —
XVII вв.**

«Историческое описание одежды и вооружения Российских войск», том 1,
№ 22. Спб., 1899—1902.

имени Сава сумел пробиться к шатру герцога Биргера и подрубить под ним столб (это означало, что шведское войско лишилось руководства).

На Чудском озере рыцари легко прорвали центр боевого порядка русских. Ожесточенную схватку с ними на берегу озера завязала пехота. Лишив рыцарей возможности маневрировать, измотав их в долгой рукопашной схватке, пешие новгородские дружины как бы создали условия для успешного выступления на поле боя засадного полка — конного отряда Александра Невского, состоявшего из отборных воинов. Ливонцы оказались окруженными со всех сторон и потерпели поражение.

Победа на Чудском озере, Ледовое побоище, которое русские устроили для иноземных захватчиков, надолго отбило охоту у северо-западных соседей Руси вторгаться на ее земли. Но гораздо труднее и трагичнее складывалась в то время обстановка на юге и юго-востоке государства.

Первый раз дружины и ополчение русских князей встретились с монголо-татарским войском на реке Калке в 1223 году. Монголы разгромили русских, но сами при этом понесли тяжелые потери и продолжать движение дальше не смогли. В конце 1237 года новые полчища великого хана Батыя напали на Северо-Восточную Русь. Первой после шестидневного штурма пала Рязань. Затем та же участь постигла Коломну, Москву, Владимир и Суздаль. В 1239 году Батый разорил Переславль, Чернигов, Киев, Владимир-Волынский, Галич и другие южнорусские города. А с 1243 года на Руси установилось монголо-татарское иго.

Русская конница была слишком немногочисленна и разрозненна, чтобы стать сильным противником для конницы монгольской. Гигантское по тем временам количество воинов (около 150 тысяч), высокая военная организация, жесточайшая дисциплина — вот главные преимущества орд хана Батыя, обрушившихся на Русь с Востока, но благодаря героическому ее сопротивлению не добравшихся до Запада.

Ужас нашествия заключался в том, что завоеватели, стоявшие на более низкой ступени развития, не сумели воспользоваться плодами своей победы и попросту уничтожали все, что попадалось им на пути. Так было в первые годы. Затем Золотая Орда, как спрут, присосалась к Руси, обескровливая ее хозяйство регулярными поборами, терроризируя население набегами, изнуряя дружины «союзных» им князей в своих завоевательных походах.

Все это непосредственным образом сказалось на коннице. Во-первых, ордынцы, угнав все табуны с собой, разрушили русское коневодство до основания. Хорошие верховые лошади стали такой редкостью, что князья перечисляли их в своих завещаниях наравне с фамильными драгоценностями. Например, князь Симеон Суздальский завещал своей жене 50 верховых лошадей. Кроме того, небольшие табуны были оставлены при монастырях и дворе митрополита, специальной грамотой хана огражденных от разбойных нападений монголов. Во-вторых, с разорением городов пришли в упадок ремесла и некому стало делать седла, ковать мечи, мастерить шлемы и кольчуги. В-третьих, Русь понесла очень большие потери в людях, погибли не только воины, погибли или были угнаны в рабство их жены и дети.

Возродить в таких условиях многочисленную, хорошо вооруженную и обученную конницу было невозможно. Хотя только конница и могла «на равных» тогда воевать с монголо-татарскими всадниками.

Но в первой половине XIV века Русь начала собираться с силами. Связано это было с возвышением Московского княжества. Московский князь Иван I Калита (правил в 1325—1340 гг.) добился военной передышки исправной выплатой дани. «И бысть оттоле тишина велика на 40 лет,— свидетельствовал летописец,— и пересташа поганые воевати Русскую землю и закалати

Русское вооружение с XIV до XVII века. Воевода в зерцале, в приволоке и
ерихонке. «Историческое описание
одежды и вооружения Российских
войск», том 1, № 101. Спб., 1899—1902.

христиан, и отдохнуша и опочинуша христиане от великыя стомы и многыя тягости и от насилия татарьского...»

Сорок лет — вполне достаточный срок и для развития коневодства, и для восстановления ремесла, и для воспитания нового поколения воинов, не знающих страха перед «погаными». Когда московский князь Дмитрий Иванович (впоследствии названный Донским, правивший с 1359 по 1389 год) стал собирать под свои знамена войско, то на его призыв откликнулись действительно новые воины.

С времени киевских князей состав русских военных сил претерпел изменения. Отошли в прошлое дружинные отношения с их необязательностью службы. С первой половины XIV столетия ядро армии составляли не княжеские дружинники, а дворяне, «дети боярские» (члены боярских дружин и отрядов) и «слуги вольные». За свою службу получали они от великого князя землю и владели ею на условном поместном или вотчинном праве.

Новые формирования отличались от дружинных отрядов бо́льшей дисциплинированностью, организованностью, подчинением мелких тактических единиц одному отрядному командиру. Войско делилось на разновеликие по численности подразделения. Самым мелким было «копье», объединявшее не более 10 конников. «Копья» сливались в более крупные отряды — «стяги» (не менее 150 «копий»). «Стяги» объединялись в «полки» во главе с князьями. В средневековый период полк являлся самым крупным тактическим соединением и мог состоять из нескольких (от 3 до 5) «стягов».

Заметно изменилось и снаряжение конных отрядов. Недаром в летописях XIV—XV веков появились слова «кованая рать», «железная рать», «железоносцы», а вместо кольчуг — «брони дощатые», то есть пластинчатые и чешуйчатые доспехи. Вместе с ними конники надевали наручи, поножи, «шеломы злаченые с личинами», «шишаки московские» (полусферические каски высотой 20—25 см). Оружие конников

в принципе изменилось мало: те же копья, сабли, мечи, булавы, кистени, топоры. Некоторый приоритет приобрел меч — обоюдоострый, длинный, с большой рукоятью. Такие мечи лучше пробивали панцири из металлических пластин.

О тактике конницы этой эпохи много говорят рукописные источники. Обычно легковооруженные всадники завязывали бой, открывая перестрелку из луков. На долю тяжеловооруженной «кованой рати» падало основное столкновение, когда воины сближались, взяв копья наперевес. Копьем, прижатым к правому боку, каждый из них должен был пронзить противника, выбить его из седла.

«Копьем же, изломившимися, яко от грома тресновение бысть и от обоих же мнози падше с коней и умроша...»; «Вободе копье свое в ратьного, изломившужеся копье, и обнажи меч свой»; «Меча изломавшие, и руками начаша битися» — вот краткие описания разных фаз рукопашного боя всадников. Если им после первого удара не удавалось опрокинуть противника, то они, поворачивая лошадей, строились снова и снова съезжались. Иной раз после столкновения на копьях бой распадался на отдельные схватки и в дело вступали мечи, сабли, булавы, кистени.

Можно заметить, что примерно так же действовала и тяжеловооруженная рыцарская конница: лобовой одиночный бой, относительно малая подвижность, отсутствие общего управления. Вообще с рыцарями у русской конницы этого периода аналогий немало: большие шлемы с масками, тяжелые пластинчатые доспехи, длинные мечи, шпоры с репейками до 10 сантиметров, довольно громоздкие седла с высокими задними луками (судя по фрескам и миниатюрам), дающими хорошую точку опоры при действии копьем.

Такие всадники были в войске московского князя Дмитрия Ивановича в бою на реке Воже в 1378 году. Монголо-татары сначала наступали, но русские выдержали их натиск — «ста противу их крепко»,— а затем нанесли ответ-

Русское вооружение с XIV до XVII века. Ратники поместной конницы в тегиляях и железных шапках. «Историческое описание одежды и вооружения Российских войск», том 1, № 92.

ный удар, атаковав ордынцев с трех сторон. Захватчики не выдержали, побежали за реку, а храбрая конница московского князя их азартно преследовала: «а наши вслед на ними гоняюще, биюще, секуще, колюще и наполы разсекающе и убиша их множество, а инии в реце истопоша...»

Знаменитая Куликовская битва 1380 года была крупнейшим в средневековье столкновением конных масс, в котором, впрочем, неплохо показала себя и пехота. По подсчетам современных историков, со стороны русских в битве участвовало 40—45 тысяч человек, но процентное соотношение конных и пеших воинов неизвестно.

Совершенно точно можно сказать, что полностью конным были Сторожевой полк под командованием Семена Мелика и Засадный полк под командованием Дмитрия Боброка-Волынского и Владимира Серпуховского. Многочисленные конные отряды входили в состав всего боевого порядка: передового полка, большого, полка левой и правой руки.

В войске Мамая насчитывалось примерно 100—150 тысяч человек. При построении на Куликовом поле перед битвой передовой отряд монголо-татар состоял из легкой конницы, а на флангах располагались в две линии большие отряды конницы тяжелой. В центре Мамай поставил наемную генуэзскую пехоту.

По традиции той эпохи сражение началось поединком богатырей Пересвета и Челубея. Александр Пересвет и Андрей Ослябя, опытные воины и богатыри, были направлены в войско московского князя церковным деятелем Сергием Радонежским, так как к этому времени они оба имели монашеский сан. Но их можно назвать представителями «кованой рати». Под монашеским куколем они носили «злаченые доспехи», а Пересвет пытался победить своего противника обычным для «кованой рати» приемом — таранным ударом копьем. И Мурза Челубей, и Александр Пересвет погибли, пронзив друг друга копьями.

Затем ордынская конница, сбив сторожевой и разгромив передовой полки, в течение трех часов штурмовала центр и правое крыло русских. Но лишь на левом фланге Мамаю удалось добиться успеха и выйти в тыл главных сил. В этот решающий момент по флангу и тылу прорвавшейся вражеской конницы и нанес удар засадный полк. Внезапная атака помогла выиграть сражение. Монголо-татары стали отступать и вскоре обратились в полное бегство. Русские всадники преследовали их 50 километров до реки Красивая Меча.

Подвиг засадного полка Дмитрия Боброка-Волынского и Владимира Серпуховского был воспет в древнерусской литературе. «Сказание о Мамаевом побоище» подробно описывает, как ждали в засаде своего часа сыны русские, как горевали, видя, что враг одолевает, как требовали от Боброка-Волынского, чтобы он повел их в бой, а тот отвечал, что «еще не пришел наш час». И вот, наконец, «пришел восьмой час дня, южный ветер потянул позади нас. И закричал Волынец громким голосом: «Князь Владимир, наше время приспело, и час подходящий пришел». И сказал тот: «Братья мои, друзья, дерзайте, сила святого духа помогает нам!» Единомысленные же друзья выехали из дубравы зеленой, точно соколы приученные оторвались от золотых колодок, ударили на великие стада журавлиные, на великую силу татарскую»...

Любому, кто хоть когда-нибудь сталкивался с лошадьми, ясен смысл поведения Боброка-Волынского. Наблюдая за ходом битвы, он вместе с тем ждал, когда переменится ветер и будет дуть в спину, а не в лицо. Лошади всегда охотнее идут «за ветром», чем против него. Так что наступательный порыв засадного полка был поддержан дальновидным расчетом его опытного командира...

Победа в Куликовской битве не означала немедленного освобождения от ненавистного народу ига, но, бесспорно, свидетельствовала о начале национального возрождения, о становлении нового Русского государства. Его экономика набирала силы, и это сказывалось на такой важной в те времена ее области, как коневодство.

Первые частные конные заводы на Руси появились в царствование великого князя Василия II (1425—1462 гг.). Государственному коннозаводству начало было положено при Иване III (1462—1505 гг.) основанием Хорошевского конного завода. Тогда же отмечено и строительство в Москве новых слобод — конюшенных, где селились люди, работавшие на государственных конезаводах.

Лошадей в России стало много, и лошадей самых разных — дорогих, дешевых, верховых, упряжных, рабочих. Иностранные путешественники, посещавшие Москву в XVI веке, писали о том, что ни один русский, имеющий хоть какой-то достаток, не появляется на улице пешим. В основном распространение получили лошади все той же степной породы и ее разновидностей.

Память об этом времени осталась и в русском языке. Сохранилось несколько синонимов слова «лошадь», говорящих о многообразии назначений лошадей и их пород.

Например, хорошо известно название «аргамаки». По свидетельствам современников, это были необыкновенно красивые и дорогие (до 200 рублей — целое состояние в XVI веке!) лошади, бывшие принадлежностью царских и боярских конюшен. Их породу сегодня можно определить, пожалуй, точнее всего — арабская или ахалтекинская. Поступали эти кони в Россию из Турции и арабских государств.

«Бахматами» назывались коротконогие, но необычайно крепкие и выносливые лошадки, верой и правдой служившие крестьянам. «Мерины» — лошади, которые больше всего использовались в упряжках. «Кони» относились к ногайской породе: среднего роста, легкого телосложения, приученные питаться подножным кормом (овса не ели) и двигаться без остановки по 6—7 часов.

Именно таких лошадей и разводили на частных конных заводах, потому что они считались наиболее подходящими для службы в коннице, численность которой в России к середине XVI столетия достигла 50—74 тысяч человек. Эта конница вошла в русскую историю под названием поместной.

Еще в первой половине XIV века появились первые воины, служившие великим князьям на таких условиях: «А что есмь купил село в Ростово Богородичское, а дал есмь Бориску Ворькову еще иметь сыну моему, которому служити, село будет за нимъ, не иметь ли служити детям моим, село отоимут» (из духовной грамоты Ивана Калиты, датируется 1339 годом).

В XV—XVII веках поместное войско стало главным видом вооруженных сил Русского государства. Оно было основано на системе условного, поместного землевладения; это значило, что дворяне, «дети боярские», и другие «слуги вольные» получают земельные наделы только в том случае, если несут военную службу.

Основные принципы существования поместной конницы были закреплены законодательно в «Уложении о службе» в 1556 году и, по сути дела, не менялись в течение полутора столетий. Вкратце их можно изложить так.

Дворяне и «дети боярские» должны были являться на службу «людными, конными и оружными». «Уложение» определяло меру воинской повинности: с каждых 100 четвертей (50 десятин) пахотной земли — одного ратника с лошадью, оружием и запасами фуража и продовольствия, а если поход долгий, то с двумя лошадьми. Кроме «поместного верстания», то есть наделения служилых людей землей, им полагалось еще и денежное жалованье, но представляло оно собой не средства на жизнь, а своеобразную помощь воину, чтобы ему «было чем в поход поднять-ся». Служба дворян и «боярских детей» в поместной коннице была пожизненной и наследственной.

Привлечение молодых дворян к отбыванию воинской повинности происходило следующим образом: до 15 лет дворянский сын числился в недорослях, после этого возраста его заносили в служилый список и он становился новиком. Потом, смотря по первым служебным опытам, его верстали поместьем, а в случае дальнейших успехов — и денежным окладом, сначала небольшим, называвшимся новичным. Затем к этому окладу делали прибавки.

Верстание новиков было двояким: «в отвод» и «в припуск». Старших сыновей, готовых к службе, когда отец их еще сам служил, верстали в отвод, то есть отделяли от отца, давая новое поместье. Одного из младших сыновей, когда отец уже служить не мог, припускали к нему в поместье как заместителя. Он после смерти отца вместе с землей наследовал и его служебные обязанности. Обычно младший сын еще

Сабля с ножнами, XVI—XVII вв. Фонды Военно-исторического музея артиллерии, инженерных войск и войск связи (Санкт-Петербург).

при жизни отца ходил вместо него в походы. Иногда несколько сыновей владели отцовским поместьем совместно, имея в нем доли. Чтобы передать свои обязанности сыну, дворянин должен был обратиться к царю «с челобитной». Только после этого он получал разрешение быть свободным от службы.

Поместное войско делилось как бы на несколько разрядов. В первый, весьма малочисленный, входили представители знати: высшие придворные чины и бояре со своими свитами, московские дворяне (не более 5—6 тысяч человек) и жильцы — богатые, «выборные» дворяне из других городов, приезжавшие на службу в Москву. Второй разряд, самый многочисленный, составляли городовые дворяне и «дети боярские», жившие в разных городах страны. К третьему разряду относилось татарское ополчение (после покорения Казани и Астрахани). Кроме того, к службе в поместном войске привлекались городовые казаки, а в качестве его вспо-

могательной силы — «конные даточные люди»: крестьяне.

О том, как выглядело поместное войско, можно узнать из записок иностранных путешественников. В начале XVI века в Москве побывал барон Герберштейн. Он писал: «Лошади у них маленькие, холощеные, не подкованы, узда самая легкая; затем седла приспособлены у них с таким расчетом, что всадники могут безо всякого труда поворачиваться во все стороны и натягивать лук... к шпорам прибегают весьма немногие, а большинство пользуется плеткой, которая висит на мизинце правой руки, так что они могут всегда схватить ее, когда нужно, и пустить в ход, а если дело опять дойдет до оружия, то они оставляют плетку, и она висит по-прежнему.

Сабля с ножнами, XVI—XVII вв. Фонды Военно-исторического музея артиллерии, инженерных войск и войск связи (Санкт-Петербург).

Обыкновенное оружие их составляют: лук, стрелы, топор и палка наподобие булавы, которая по-русски называется кистень. Саблю употребляют более знатные и более богатые. Продолговатые кинжалы, висящие наподобие ножей, спрятаны у них в ножнах...

Равным образом и повод от узды у них в употреблении длинный и на конце перевязанный; они привязывают его к пальцу левой руки, чтобы можно было схватить лук и, натянув его, пустить в ход. Хотя они вместе и одновременно держат в руках узду, лук, саблю, стрелу и плеть, но одинаково ловко и без всякого затруднения умеют пользоваться ими...»

Внимательный глаз европейца подметил важное изменение в снаряжении и вооружении русской конницы XVI века. Если на Куликово поле она вышла с оружием как западноевропейским, так и восточным (например, мечи и сабли), то теперь имела все это явно по монголо-татарскому образ-

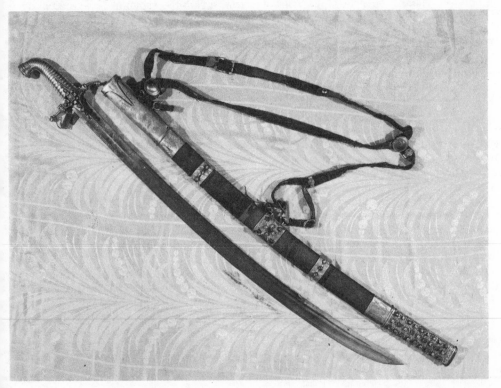

цу и сильно отличалась от западноевропейской кавалерии.

Там использовали массивных, рослых лошадей, взращенных на тучных лугах Голландии, Германии и Франции. Здесь — низкорослых и неприхотливых в еде и уходе представителей степных пород. Там в ходу были большие строгие мундштуки. Здесь — «самая легкая узда», то есть трензельное оголовье. Там применяли седла, унаследованные от рыцарской конницы,— глубокие, с большими луками. Здесь седла были неглубокие, с наклонными луками, больше подходящие для стрельбы из лука и сабельного боя, чем для удара копьем. Там сапоги кавалеристов по-прежнему украшали шпоры. Здесь лошадей стали погонять плетьми.

Эти особенности и детали определяли между тем образ действия конницы в бою. Западноевропейская кавалерия перешла к построению в шеренги, а езда в шеренгах требовала более точного управления лошадью (мундштуки, шпоры), большей ее выездки. Этим в Европе занимались многие мастера верховой езды, имевшие свои школы, издававшие книги. В частности, в XVI веке был широко известен труд французского наездника Антуана де Плювинеля де ла Баума (1555—1620 гг.) «Королевский манеж».

В России это произведение издали под названием «Книга лошадиного искусства» только в 1676 году. Но едва ли воины поместной конницы могли руководствоваться наставлениями Антуана де Плювинеля. Многие из них не знали грамоты и уж, конечно, никогда в жизни не видели манежа. Да и взгляды на ведение войны здесь были иными, продиктованными действиями на поле боя неприятельских сил.

В XV и XVI столетиях Россия продолжала свою извечную борьбу с нашествиями конных полчищ с Востока и Юго-Востока. До 1480 года, до знаменитого «стояния на Угре», в русских пределах еще не раз свирепствовала Золотая Орда. Затем объявилась новая напасть — крымские татары. На протяжении всего XVI века многотысячное войско крымских ханов совершило немало набегов на северных соседей, причем доходило оно и до Москвы. Действовали крымцы всегда вероломно и беспощадно: нападали внезапно, жгли и грабили города и села, жителей поголовно уводили в рабство.

Потому на поместную конницу и была возложена задача — вести постоянное (с 1 апреля до 1 декабря) наблюдение за татарскими шляхами в Диком поле и вовремя предупреждать о появлении отрядов противника. Значение этой деятельности придавали большое. В 1571 году Иван Грозный утвердил «Боярский приговор о станичной сторожевой службе», в котором излагались правила несения этой службы. Их разработал выдающийся военачальник того времени князь Михаил Иванович Воротынский.

«Боярский приговор...» — это, в сущности, первый в России устав для конницы. В нем подробно описывалось множество деталей. Количество и состав «станиц» (группы всадников от 4 до 16 человек), участки наблюдения (от 15 до 35 км, иногда больше, до 50—70 км), сама сторожевая служба («А стояти сторожем на сторожах с конь не оседая, ездити по урочищам, переменяясь, направо и налево по два человека по наказом, каковы им наказы дадут воеводы...»), требования к лошадям (чтобы «лошади были добры», «на которых бы лошадях мочно, видев людей (то есть неприятеля.— А.Б.) уехати, а на худых лошадях однолично на сторожа не отпущати») и, наконец, наказания — за самовольный отъезд из «станицы» смертная казнь, за уменьшение участков наблюдения без согласия воеводы — битье кнутом и т. д. и т. п.

Так несла конница сторожевую службу. В полевых сражениях ее образ действий оставался примерно одинаковым на протяжении всего ее существования. Он был перенят у восточных соседей. Нестройной густой толпой под завывание зурн и звуки набатов — огромных барабанов, расположенных на телегах,— всадники мчались на врага, стараясь напугать, ошеломить, окружить и потом с ним биться «огненным и лучным боем». В случае удачи, когда противник обращался в бегство, конники нередко, бросив преследование, начинали грабить обоз. Если атаку отбивали, то воины поворачивали назад и скакали либо за свою пехоту, либо в обоз, либо вообще прочь с поля боя — кому как захочется.

За многие годы своего существования поместная конница знала и поражения, и победы. Например, в 1572 году русские наголову разгромили крымского хана Девлет-Гирея, который привел в Россию почти 120-тысячное войско.

Тип лошади в XIII—XV вв. Характерен небольшой рост (от 125 до 135 см в холке), крупная голова с большим выпуклым лбом и маленькими ушами, толстая короткая шея, короткая стоячая грива, низкая холка, длинное туловище с растянутой, «ослиной» спиной и короткой поясницей, конечности — короткие, тонкие, копыта — широкие. (По археологическим раскопкам и изображениям на вазе из Чертомлыцкого кургана.)

Первый ожесточенный бой произошел на Оке у Серпухова, где татары устроили переправу. Затем передовой полк русских атаковал и разбил на Серпуховской дороге арьергард ханского войска. Окончательное поражение захватчикам было нанесено в 60 километрах южнее Москвы, у селения под названием Молоди.

Здесь крымцы немало сил потеряли, штурмуя передвижные укрепления, за которыми пряталась русская пехота — стрельцы с пищалями — и артиллерия. Но решающий удар нанесла конница. Большой полк, в составе которого находились поместные всадники, зашел татарам в тыл. Одновременно с этим в бой вступили и другие части, расположенные по фронту. Крымцы попали под двойной удар, не выдержали его и обратились в бегство. Наша

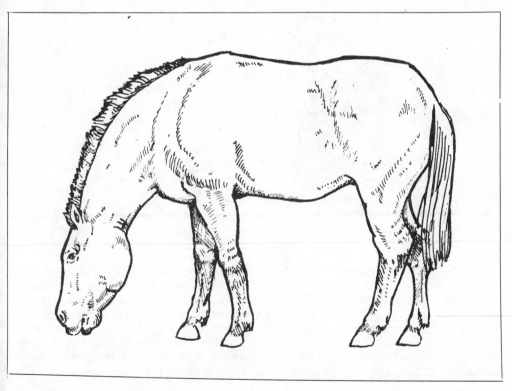

конница преследовала врага и истребила два татарских заслона. В Крым с ханом Девлет-Гиреем возвратилось только 5 тысяч его воинов...

В конце XVI века летописи впервые упоминают о казаках как об определенной группе населения, роде войск. Раньше городовые казаки, получая от правительства земельные наделы, несли службу на основаниях, одинаковых с поместной конницей. Теперь же речь идет о целых областях, населенных казаками: Донском войске, Терском, Гребенском, Яикском (Уральском). Еще раньше, в 1536 году, в правильно организованное войско объединились «черкассы» — днепровские казаки. Первыми на верность русскому царю присягнули в 1671 году донские казаки, начав регулярно отправлять в его вой-

Русское седло, XV—XVII вв. Образец из Оружейной палаты.
Типы трензельных удил, XIII—XV вв.

из англичан, шведов и голландцев. Но к концу 1632 года иностранцы перессорились между собой и разъехались. В России этот опыт учли и в дальнейшем приглашали иностранцев только на должности «начальных людей», то есть офицеров, а солдат набирали из своих «мелкопоместных и беспоместных дворян», «детей боярских», «охочих и вольных людей», «новокрещенных татар». К 1634 году было набрано таким образом несколько полков драгун, рейтар (в XVI—XVII веках — тяжелая кавалерия, заменившая рыцарскую конницу, вооруженная шпагами, пистолетами, карабинами, одетая в шлемы и нагрудные латы), копейщиков.

Это была первая попытка ввести в России некое подобие регулярной кавалерии, которая уже появилась в западноевропейских армиях. Но попытка не могла быть удачной, так как правительство не отступило при этом от

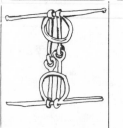
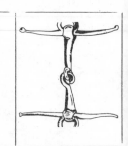
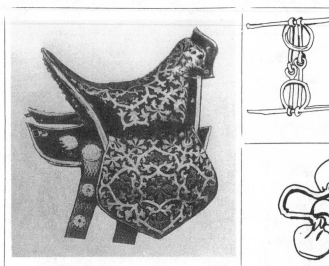
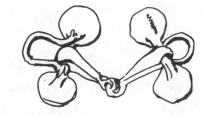

ска свои конные отряды. Точно так же действовали и украинские казаки.

В начале XVII века в русском войске появились и другие конные части — полки «иноземного строя». На первых порах они создавались целиком из иностранцев. Так, в 1631 году был организован один драгунский полк

старых принципов. Драгуны, рейтары и копейщики получили земельные наделы, жалованье, оружие, одежду, кое-какие припасы (соль, крупу) от казны. Раз в год, обычно осенью, после уборки урожая, солдат собирали на месяц для военного обучения, а потом они снова разъезжались по домам. Следовательно, русские полки «иноземного строя» оставались все тем же поселенным войском, хотя и многочисленным, но слабо обученным и организованным.

Последняя треть XVII века явилась тяжелой эпохой кризиса и упадка для всего Русского государства. В упадке и расстройстве находились и его вооруженные силы, и конница в том числе. Об этом с болью и горечью писал один из современников, русский дворянин Посошков: «...На конницу смотреть стыдно: лошади негодные, сабли тупые, сами скудны, безодежны, ружьем владеть не умеют; иной дворянин и зарядить пищали не умеет, не только что выстрелить в цель; убьют двоих или троих татар и дивятся, ставят большим успехом, а своих хотя сотню положили — ничего... Многие говорят: «Дай Бог великому государю служить, а саблю из ножен не вынимать»...»

Еще в XVI столетии поместная конница была могучей силой, способной защитить государство, вести победоносные войны. Но в XVII веке численность ее заметно сократилась, ухудшилось вооружение, снаряжение, обеспечение лошадьми. Большие потери в длительных войнах и походах, дробление земельных наделов на все более мелкие части и связанное с этим обнищание части дворянства — все это отрицательно сказалось на состоянии поместной конницы.

Ее всадники были костяком войска в годы Смутного времени (1601—1618 гг.). Вместе с Первым ополчением воеводы П. Л. Ляпунова они в 1611 году блокировали польских интервентов в Москве, захватив Белый город. Вместе с народным ополчением князя Пожарского и Кузьмы Минина они освободили Москву, а осенью 1618 года отбили последнюю попытку польской армии и союзного с ней отряда запорожцев гетмана Сагайдачного взять столицу.

На севере они сражались со шведами, защищая Псков в 1615 году. Но уже в это время в связи с ростом удельного веса артиллерии и ручного огнестрельного оружия все большую роль начинала играть пехота, стрелецкие полки. В этом смысле характерно сражение у села Добрыничи в 1605 году, где именно стрельцы метким и дружным огнем смогли остановить атаку польской конницы, а поместные всадники лишь преследовали отступающего в панике противника.

Походы на Украину в 1676—1681 годах, борьба с войском Османской империи и Крымского ханства также не способствовали укреплению поместной конницы. Хотя первый и второй Чигиринские походы были удачными для русско-украинского войска под командованием князя Ромодановского и гетмана Самойловича, кровопролитные сражения под Бужином (1676 г.) и у самого Чигирина (1677 г.) нанесли немалый урон коннице.

Крымские походы в 1687 и 1689 годах были очень изнурительны для конского состава. Так, весной 1687 года, когда армия под командованием князя В. В. Голицына (60 тыс. пехоты и 52 тыс. конницы) подошла к урочищу Большой Луг у слияния реки Конской и Днепра, татары подожгли траву на огромном пространстве степей. Русские остались без подножного корма для лошадей и в июне были вынуждены прекратить поход...

Эти малоудачные и трудные походы со всей силой выявили слабость русских вооруженных сил того времени. Поместная конница явно переживала свой распад. Конные полки «иноземного строя» не оправдали надежд и по качеству боевой подготовки значительно уступали регулярной западноевропейской коннице. Казаки были скорее союзниками русских царей, чем их верными и преданными слугами.

Назревал вопрос о коренной реформе, о создании новой армии — регулярной — с постоянным обучением, снабжением оружием и одеждой, пополнением людьми. Такую реформу провел в России Петр Великий, сын царя Алексея Михайловича Романова, десятилетним мальчиком возведенный на престол в 1682 году.

Под знаменами Петра

Многотрудной для молодого царя Петра была зима 1699—1700 года. В Москве и в «низовых городах» — Саратове, Казани, Кокшейске, Пензе, Симбирске, Нижнем Новгороде, Свияжске — шло формирование первых полков новой, регулярной русской армии. Основное внимание уделили пехоте, создав 27 фузилерных полков и только 2 драгунских, командирами которых стали иностранные офицеры Гулиц и Шневенц.

Видимо, Петр считал, что русская конница находится в лучшем положении, чем пехота (многие стрелецкие полки после бунта 1699 года были расформированы), и в случае войны со своими задачами справится. Но уже первые боевые действия со шведами показали, что это не так.

Летом 1700 года Россия объявила войну Швеции. Целью этой войны, впоследствии названной Северной, было возвращение исконных русских земель, ранее захваченных шведами, и борьба за выход к Балтийскому морю. В сентябре вновь набранные полки двинулись на осаду Нарвы, шведской твердыни в Прибалтике. Конница в 35-тысячной осадной армии состояла из двух драгунских полков Гулица и Шневенца и 6,5 тысячи поместных всадников под командованием Шереметева.

Осаждающие столкнулись с большими трудностями. В начале октября наступила дождливая погода, дороги сделались непроезжими из-за грязи. Из-за этого почти прекратился подвоз боеприпасов, провианта и фуража. В конце октября стали циркулировать упорные слухи, что на выручку гарнизону Нарвы в Лифляндию прибыл корпус, возглавляемый шведским королем Карлом XII. Петр 26 октября 1700 года (все даты по старому стилю) выслал по ревельской дороге всю свою конницу.

Сначала, пройдя 120 верст, Шереметев не обнаружил противника. Затем в первых числах ноября он узнал о приближении крупного шведского авангарда и немедленно отступил, даже не попытавшись войти в соприкосновение с неприятелем. Шведы двигались вперед, и стычка все же произошла. Шереметев опять отступил — к деревне Пигаиоги, находившейся в 40 верстах от Нарвы. Мосты через речку уничтожены не были, и Карл XII воспользовался этим. Поместные конники были отброшены за деревню, и, опасаясь новой атаки, их командир отступил уже прямо к Нарве.

Эти действия поставили русскую армию в тяжелое положение. Во-первых, о приближении шведских полков русское командование узнало, когда корпус Карла находился в 10 верстах от крепости. Во-вторых, Шереметев не выполнил свою главную задачу: он не произвел тщательной и всесторонней разведки. Таким образом русской армии предстояло столкновение с противником, сил и направления движения которого никто не знал.

В день Нарвского сражения поместная конница тоже «отличилась». Когда шведы пошли в атаку и прорвали центр боевого порядка, занимаемый полками Трубецкого, поместная конница стояла на самом краю левого фланга, за дивизией Вейде. Не дожидаясь нападения и лишь заслышав канонаду, поместные всадники бросились к реке Нарове и начали переправу на другой берег вплавь на лошадях. При этом утонуло около тысячи человек, одна шестая часть отряда. Остальные прибыли к Новгороду, где находился Петр, и первыми сообщили ему о позорном поражении.

Петр понял, что конницы, способной вести успешные боевые действия со шведами, у него нет. При новом переформировании армии, последовавшем после неудачи под Нарвой, именно на кавалерию и было обращено внимание. В течение 1701 года создали еще 12 регулярных драгунских полков.

Можно сказать, что история русской регулярной кавалерии началась с этих полков. Вот их названия:

Полк Гулица (впоследствии Московский)

Полк Шневенца (впоследствии Киевский)

Полк князя Мещерского (впоследствии Новгородский)

Полк Кропотова (впоследствии Троицкий)

Полк князя Львова (впоследствии Астраханский)

Полк Мулина (впоследствии Сибирский)

Полк Астафьева (впоследствии Смоленский)

Полк Новикова (впоследствии Псковский)

Полк Жданова (впоследствии Владимирский)

Полк Полуектова (впоследствии Санкт-Петербургский)

Полк Дюмона (впоследствии Черниговский)

Полк Зыбина (впоследствии Вятский)

Полк Морелия (впоследствии Нижегородский)

Полк Девгерина (впоследствии Вятский).

По правилам, существующим в западноевропейских армиях, полки сначала назывались по фамилиям своих командиров, но в 1708 году в русской армии этот обычай был отменен и полки получили названия по городам и областям.

До 19 февраля 1711 года — даты издания первых штатов для русской армии — абсолютно точных и одинаковых для всех драгунских полков правил организации не сохранилось. Но по полковым документам (их тогда называли «сказками») видно, что в основном придерживались следующих соотношений: в полку — пять эскадронов по две роты в каждом, в роте —100 человек, из них 92 рядовых, 8 унтер-офицеров (4 капрала, подпрапорщик, каптенармус, фурьер и вахмистр), 3 обер-офицера. Всего же в полку было 1328 офицеров и солдат и 1000 строевых лошадей, 300 упряжных.

Обмундирование первых драгун из регулярных полков отличалось разнообразием. В России еще не было мануфактур, которые бы выпускали тонкое мундирное сукно, и кафтаны кавалеристам шили из материала того цвета, что был в наличии — белые, красные, синие, зеленые. Но полагалось драгуну, как и солдату пехоты, иметь зеленый кафтан с медными пуговицами, большими красными обшлагами и красной оторочкой петель, красный камзол, надеваемый под кафтан, короткие красные штаны с чулками и башмаками в пешем строю и в конном — сапоги с раструбами и накладными железными шпорами. На голове они носили черные треугольные шляпы или же «карпузы» — шапки из сукна, скроенные в виде усеченного конуса. Унтер-офицеры никаких отличий от рядовых не имели. У офицеров на обшлага нашивались золотые галуны, на кафтаны и камзолы — золотые пуговицы. На грудь, поверх кафтана, они надевали серебряные или вызолоченные знаки, через плечо — красно-сине-белые шарфы с кистями, на руки — перчатки с крагами.

Судя по всему, мало было и единообразия в вооружении. Отечественная промышленность еще не могла выпускать его в нужном количестве. Знаменитые уральские, олонецкие и белозерские заводы только строились. Потому в одном и том же полку у солдат имелись сабли, шпаги, палаши, копья, фузеи, карабины, пистолеты.

Фузилер драгунского полка, 1700—
1720 гг.
«Историческое описание одежды и вооружения Российских войск», том 2,
№ 187. Спб., 1899—1902.

Заводя регулярную конницу по западноевропейскому образцу, Петр беспокоился и о должном конском снаряжении. Сохранились его указы о том, что для драгун нужно делать «немецкие седла с войлоки и с пахвы, узду с мундштуком». Трудно сказать, все ли полки и сразу ли получили эти вещи, изготовление которых было неизвестно русским ремесленникам.

С трудом решался в тот период и вопрос о поставках в полки конского материала. На Западе образцом строевой лошади считались голштинские кони — ширококостные, высокие, плотные. Таких лошадей имела шведская кавалерия. О таких лошадях мечтал и Петр. Но где было взять в России тысячи и тысячи подобных лошадей, когда у нас столетиями на государственных и частных конезаводах выращивали небольших, коренастых, но очень выносливых и приученных к суровому климату представителей степных пород?

Молодой царь распорядился организовать новые конные заводы в Казанской, Азовской и Киевской губерниях. Одновременно с этим, желая «улучшить породу лошадей, существующую в среде сельских обывателей», он велел перевезти в Архангельск и на берег Оби несколько эстонских клепперов.

Но улучшение породы — дело долгое. В поход в начале Северной войны драгуны выступили на тех же ногайских конях. Поэтому один из европейских наблюдателей, лорд Витворт, сообщал своему правительству, что «в царской армии кавалерии собственно нет, а есть 16 драгунских полков, которые ездят на легких татарских лошадях, и сомнительно, чтобы они могли устоять против шведских кирасир».

Служить в драгунские полки в 1700—1705 годах пошли самые разные люди. Брали в солдаты «охочих и вольных», брали бывших «даточных конных людей», которые призывались на прежних основаниях (один — от определенного числа дворов, в возрасте не моложе 25 и не старше 40 лет), но с той разницей, что теперь им предстояло служить постоянно и пожизненно. После поражения под Нарвой стали принимать в полки для быстрого пополнения армии и «людей старой службы», то есть из бывших поселенных частей, служить постоянно, пожизненно, но не наследственно, как это было раньше.

Очень много дворян записалось рядовыми в драгуны. Тут сказывались стародавние традиции и представления о конной службе как о деле сугубо дворянском. Сохранился список со сведениями о «московских чинах», то есть отборном отряде прежней поместной конницы. В 1704 году из 8092 человек числилось записанными в драгуны — 3294, по старости освобождены от службы —574, в математической школе —10 и «из-за малолетства к службе не поспели» —2832 человека. С этим обычаем — дворянам служить в коннице рядовыми — правительство боролось в послепетровскую эпоху, требуя, чтобы дворянские сыновья переходили на офицерские должности в пехоту.

В начале Северной войны для молодой регулярной армии не хватало офицеров, знающих правила обучения войск по законам линейной тактики. Выход был один — приглашать офицеров из-за границы, и правительство широко к нему прибегало, давая иностранцам очень высокие оклады. С течением времени, по мере того, как русская армия получала боевой опыт и в ней формировался национальный офицерский корпус, иностранцев оставалось все меньше. Но до конца от этой практики не отказались. Впрочем, немало иностранных наемников было тогда и в других европейских армиях.

...Драгунские полки, сформированные на Украине и в Новгороде, двигались в Прибалтику. Командовать ими должен был Шереметев, и он писал о вновь набранной коннице Петру:

«Люди шли пеши... лошади не в руках были у драгун, а предполагалось их табунами гнать в Ладогу, когда пойдет поход... А кабы те лошади были розданы по рукам, и кормили б драгуны тех лошадей всяк свою с рук на постоялых дворах, как у меня и тебе лошади были бы не таковы, каковы они ныне... и к походу были бы прочны... В драгунских полках много недостает людей... Плохи полковники: Федор Новиков стар и увечен, князь Иван Львов стар и вконец беден и несносно ему полком править... Ефим Гулиц-то лучше бы ему быть у пехоты... Девгерин... думает только о грабежах и своих прибытках... У князя Никиты Мещерского надлежит быть из иноземных полковнику, а он, князь Никита, хотя и достоин той чести и сердца доброго, только не его дело... Такой же, как другие, ничего не знает...»

Шереметев рисует довольно грустную картину. Получается, что в 1701 году речи о подготовке людей и лошадей, о съезженности рот, эскадронов, полков никто не вел. Полковые командиры, назначенные Петром и, видимо, имевшие немалый боевой опыт как воины и воеводы поместной конницы, «драгунского строя» не знали. А Шереметев знал. Недаром в 1697—1699 годах он, послушав совета молодого царя, побывал за границей, где видел учения западноевропейской кавалерии.

Здесь драгуны, кирасиры, рейтары строились в сомкнутые («колено о колено») шеренги. Это была как бы живая стена, которая, не ломая строя, делала повороты, сворачивалась из шеренги в колонну, снова развертывалась, например, для атаки. Эволюции и переходы из аллюра в аллюр (из шага в рысь, из рыси в галоп) совершались всеми солдатами одновременно, по командам офицеров, отдававшимся при помощи трубачей. Разбить этот строй отдельным всадникам было нелегко.

Шереметев понимал, что для обучения драгунских полков нужно время. Петр же торопил его. После победы под Нарвой Карл XII с главными силами направился в Польшу, чтобы разгромить союзника Петра короля Августа Саксонского. В Прибалтике оставался только корпус генерала Шлиппенбаха (7—8 тысяч человек). Собрав крупную группировку, можно было вновь встретиться со шведами на по-

ле боя и попытаться одержать победу, если не уменьем, так хотя бы числом.

В конце декабря 1701 года Шереметев решился выступить в поход. С ним в этом первом рейде находилось около 8 тысяч пехоты при 16 орудиях, до 6 тысяч «нестройной конницы» (поместные всадники и украинские казаки: черкасские и слободские и до 4 тысяч драгун при 3 конных орудиях). В частности, полки Гулица и Новикова.

Первая стычка со шведами была удачна для русских. «Нестройная конница», напав на отряд подполковника Ливена, состоявший из 300 человек, разбила его и взяла пленных. Шереметев после этого смело двинулся вперед, навстречу главным силам Шлиппенбаха. Не дойдя одной версты до Эрестфере, русские увидели большой отряд шведов. Наша конница под огнем противника развернулась на крутой горе и тотчас была окружена шведской пехотой. Шереметев приказал всадникам спешиться и обороняться. Русские отбили все атаки, держались упорно, почти до последнего патрона (осталось по одному выстрелу на ружье) и дождались прибытия артиллерии, шедшей вместе с пехотой, которая, естественно, не могла угнаться за конницей и отстала.

Артиллеристы помогли освободить тыл шереметевского отряда, и после сосредоточения всех сил Шереметев отдал приказ об атаке. Войска двигались в таком порядке: на правом фланге — пехота, на левом — конница, в резерве — тоже конница. Шведы этой атаки не выдержали и начали отступать. Только в трех верстах за местечком Эрестфере свежий шведский отряд Книпгаузена остановил русских конников, азартно преследовавших неприятеля. Победа была полной и убедительной: шведы потеряли 3 тысячи убитыми и ранеными, 10 офицеров и 356 солдат пленными, 8 знамен и 4 орудия. Около тысячи русских осталось на поле боя.

Уничтожив вражеские склады в окрестностях Депта, Шереметев в середине января 1702 года вернулся в

Псков. Петр высоко оценил эту первую победу. Солдатам раздали по серебряному рублю, офицерам — по золотому, Шереметев получил орден Святого апостола Андрея Первозванного и чин фельдмаршала.

В действиях русской конницы при Эрестфере есть немало поучительного, достойного похвал. Это прежде всего упорство в обороне и решительность, смелость в рукопашной схватке при атаке, напор и энергия при преследовании отступающего врага. Шведские конные части, прославившиеся своими быстрыми ударами с применением холодного оружия, в данном случае не устояли против русских в жестокой кавалерийской сече. Солдаты Петра увидели, что шведы не так уж неуязвимы, и это, конечно, было главным результатом боя при Эрестфере.

Затем в 1702—1704 годах в Прибалтике кавалерия не раз участвовала в рейдах, в осаде крепостей Нотебурга, Ямбурга и Копорья, осуществляла разведку, рекогносцировку местности, контролировала дороги.

«Господин полковник Морелий,— писал родным солдат драгунского полка (в будущем Нижегородского) Юренев,— произвел меня в капралы, и был я в командировке в партии с поручиком Лаптевым, и взяли мы шведского капитана, ходившего в Нарву шпионом, и за это дано нам от царского величества жалованья по рублю...»

Характерным для этого периода является также столкновение со шведами 7 июля 1703 года, известное в военной истории под названием «Драгунское дело Ренне на реке Сестре». Четыре драгунских полка, которыми командовал генерал Ренне, были посланы к реке Сестре. Там они встретили шведские войска («на зело тесной местности, где отнюдь фронтом стоять было немочно»), спешились, прошли дефиле (узкое место), потом снова сели в седла и, дав лошадям шпоры, устремились на шведов («сели на лошади, тотчас пошли конные и дали бой фрунт на фрунт»). Когда русская пехота подошла к месту схватки, драгуны уже отогнали противника.

Слова «фрунт на фрунт» говорят о том, что летом 1703 года петровская конница уже вполне овладела премудростями «драгунского строя» и действовала в шеренгах, атаковывала в карьер, билась холодным оружием. Это было немалым достижением, итогом обучения, которое русские прошли в боях в Прибалтике.

События этих лет можно назвать эпохой становления русской регулярной кавалерии, и связаны они с именем фельдмаршала графа Бориса Петровича Шереметева (1652—1719 гг.). Он принадлежал к старинному и знатному боярскому роду и с молодых лет посвятил себя военной службе. В 1681 году, будучи воеводой, он успешно провел поход против крымских татар и был удостоен звания «ближнего боярина». Начинания молодого царя Шереметев оценил сразу и сразу стал на сторону Петра, участвовал в его Азовском походе, во время которого осаждал и взял штурмом крепость Кизи-Кармен.

В возрасте 45 лет Шереметев отправился за границу, поучиться, посмотреть, как живет Западная Европа. Царь был восхищен его усердием, старательностью, верностью. Поражение под Нарвой во многом было обусловлено неправильными действиями Шереметева, но царского благорасположения он не лишился. Петр простил ему эту неудачу, веря в талант опытного военачальника.

Шереметев удачно руководил первым рейдом русских полков в 1701 году (дело при Эрестфере). В 1702 году его кавалеристы разбили шведов при Гуммельсгофе, взяли Менцен, Мариенбург, разорили Венцен, Вольмар, Гельмет, Каркус. Не совсем удачно Шереметев действовал под Дерптом в 1704 году и крайне неудачно — в 1705-м, когда Левенгаупт разбил его войска у Мур-Мызы. В 1706 году Шереметев командовал частями, подавлявшими Астраханский бунт, и за это успешное деяние первым из русских вельмож

Запорожец в начале XVIII века.
«Историческое описание одежды и вооружения Российских войск», том 2, № 210.
Спб., 1899—1902.

удостоился титула графа Российской империи.

Современники описывали Бориса Петровича человеком высокого роста, физически очень сильным и «приятной наружности». Отличала его большая личная храбрость, щедрость, благородство. Заботливо он относился к солдатам, которые у него в самые трудные времена похода бывали «зело изрядно убраны и во всем довольны и здоровы». Служил Шереметев России честно и беззаветно, но у него нередко проявлялись привычки старого «воеводы большого полку»: чрезмерная осторожность, медлительность, неумение быстро и правильно сориентироваться в изменившейся обстановке боя. В кампании 1708/09 года он уже играл второстепенную роль, хотя и был на Полтавском поле.

В роли первого кавалерийского генерала Шереметева заменил Александр Данилович Меншиков (1674 — 1729 гг.), «баловень судьбы», соратник и друг Петра, в 1705 году получивший звание генерал-аншефа кавалерии.

В отличие от Шереметева Меншиков был, по понятиям того времени, человеком «без роду, без племени» и начинал службу камердинером у молодого царя. Боевое крещение он получил в Азовском походе, где проявил отчаянную храбрость. Из похода вернулся сержантом Преображенского полка. Вместе с Петром он был в заграничной поездке, находился в войсках, осаждавших Нарву в 1700 году.

Не получив никакого образования, плохо зная русскую грамоту, Меншиков тем не менее обладал живым и быстрым природным умом, был инициативен, решителен, любил риск. Впоследствии он запятнал свое имя безмерной жаждой богатства, славы, чинов (сам себе присвоил звание «генералиссима»). Но что бы ни говорили о нем его друзья и недруги, у Меншикова нельзя отнять ни поразительного трудолюбия (он являлся и министром, и градоначальником, и строителем городов, и судьей, и кавалеристом, и моряком, и плотником), ни

энергии, с какой он воплощал в жизнь предначертания Петра, ни таланта военачальника, ярко проявившегося в сражениях под Калишем (1706 г.), Лесной (1708 г.), на поле Полтавской битвы (1709 г.), где большую роль сыграла русская конница.

Сражение под Калишем — типичное «драгунское дело», пехота в нем не участвовала. Тут на поле боя находились достаточно крупные силы: 32 тысячи русских и саксонских всадников, 20 тысяч шведских и польских солдат (данные по книге С. Маркова «История конницы», Тверь, 1888). Перед сражением Меншиков построил 80 русских эскадронов в три линии с резервом на правом крыле боевого порядка. Левое крыло занимали 42 эскадрона саксонцев. Генерал Мардефельд расположил свои части в две линии, перемешав отряды конницы и пехоты: первая линия — 4 батальона и 14 эскадронов, вторая линия — 2 батальона и 8 эскадронов. Польские конные отряды под командой Потоцкого и Сапеги находились на его флангах.

После первой же атаки русских драгун польские конники обратились в бегство, бросив своих союзников на произвол судьбы. Но шведы не потеряли присутствия духа, мужественно защищались и отбили нападение нескольких русских эскадронов. Нашим драгунам пришлось отступить. Шведские кавалеристы бросились в погоню и попали под сильный фланговый удар.

Последовала короткая, но яростная рукопашная схватка. Шведам пришлось уходить в Познань, понеся большие потери. Теперь на поле боя оставалась только шведская пехота, построенная в каре и окруженная со всех сторон конницей союзников. Однако несколько кавалерийских атак на каре ничего не дали: в течение трех часов шведские солдаты стояли неколебимо, ружейным огнем отражая натиск. Тогда Меншиков приказал драгунам спешиться, взять ружья на руку, сомкнуть ряды и двинуться на противника. Мардефельд сдался. Вместе с ним положили оружие 2600 его солдат и

Кавалергардский литаврщик и кавалергард в 1724 году.

«Историческое описание одежды и вооружения Российских войск», том 2, № 204.

800 человек калишского гарнизона. Русские потеряли 80 убитыми и 320 ранеными.

«Победа, которой еще не бывало дотоле...» — так определил значение этого сражения Петр. Он произвел Меншикова в подполковника гвардии (сам царь был полковником гвардии). В честь успеха выбили особые медали — для офицеров золотые, для солдат — серебряные, которые получили военнослужащие из трех особо отличившихся под Калишем драгунских полков — Невского, Казанского, Нижегородского.

Следующее крупное столкновение со шведами произошло у деревни Лесной 28 сентября 1708 года. В это время к шведской армии, застрявшей на Украине, двигался огромный транспорт из 7 тысяч повозок, сопровождаемый отрядом в 16 тысяч человек под командованием генерала Левенгаупта. Петр решил захватить транспорт. В погоню за противником отправился особый летучий корпус — «корволант».

Ядро его составляли десять драгунских полков, разделенные на две колонны. В первой находились Ингерманландский пехотный полк, Невский, Сибирский, Тверской, Вятский, Смоленский и Ростовский драгунские полки и Лейб-Регимент. Во второй Преображенский и Семеновский пехотные полки, батальон Астраханского полка и драгуны: Троицкий, Владимирский и Нижегородский полки. Для большей подвижности пехота тоже была посажена на коней. Одной колонной командовал Петр, другой — Меншиков.

Узнав о преследовании, Левенгаупт остановился у деревни Лесной и расположил свои войска за лесом, чтобы внезапно напасть на русских. Первая схватка и произошла в лесу. Шведы атаковали авангард «корволанта»: Невский драгунский и Ингерманландский пехотный полки. По приказу Петра они спешились и в пешем строю приняли бой, оказав противнику, имеющему численное превосходство, упорное сопротивление. Шведы едва не одержали верх, но Петр вовремя перевел на место

боя батальоны Преображенского и Семеновского полков. С их помощью драгуны и пехотинцы отразили нападение, вытеснили шведов из леса.

Второй этап сражения произошел на поляне перед деревней Лесной. Оно возобновилось «с немалым ожесточением», продолжалось до трех часов дня и кончилось тем, что шведы были вынуждены отступить дальше, к своему лагерю, построенному в деревне. В это время Петр получил сообщение о приближении генерала Боура с 4 тысячами драгун, решил дождаться его и пока прекратить атаки.

Боур прибыл в пятом часу вечера. Его полки под огнем вражеской артиллерии заняли место на левом фланге. Но Левенгаупт тоже получил подкрепление. Сражение возобновилось в третий раз. Теперь в рукопашной схватке русские сумели смять один фланг противника. Драгуны при этом овладели мостом через реку Леснянку. Шведы укрылись в своем лагере-вагенбурге за тесно составленными повозками. Стемнело, пошел густой снег, и Петр дал сигнал к отбою, рассчитывая утром продолжить боевые действия.

Но ночью, бросив у Лесной раненых, артиллерию и почти половину транспорта, Левенгаупт переправился через реку и спешно двинулся к Пропойску. Петр послал ему вдогонку конный отряд под командованием генерала Флуга. У Пропойска Флуг настиг арьергард шведов и разбил его. Всего при сражении у Лесной шведская армия потеряла до 8 тысяч убитыми и ранеными, 876 пленными, всю артиллерию, часть обоза. Вместо боеспособных полков, провианта, фуража, пороха и свинца Левенгаупт доставил к лагерю короля уставших, деморализованных солдат. Таким образом задачу, поставленную Петром, летучий корпус выполнил блестяще...

Переломным во всей истории Северной войны является Полтавское сражение. Русская кавалерия пришла к нему, имея многолетний и разносторонний боевой опыт, полученный во время операций в Прибалтике, на полях битв при

Калише и Лесной. Теперь Петр располагал отличной конницей: обученными, хорошо организованными, маневренными частями. Семнадцать драгунских полков участвовало в Полтавской баталии, и вклад их в победу был немалым.

Поскольку на Полтавском поле были возведены укрепления (редуты), то коннице предстояло встретить наступающих шведов на поле перед редутами, завязать с ними бой, измотать их в рукопашных схватках. Командовать кавалерией, стоявшей перед редутами, было поручено Меншикову.

27 июня 1709 года в два часа ночи шведские полки под командованием фельдмаршала Реншильда (20 тысяч человек), построенные в колонны — 4 колонны пехоты и 6 колонн конницы,— двинулись на русские позиции. В три часа начался бой русских и шведских кавалеристов. Они рубились на палашах. В гуще сражения находились Меншиков и другие кавалерийские генералы. Под Меншиковым убили двух лошадей, генерал Ренне был тяжело ранен. Но все же русские всадники одержали верх над конниками Карла XII: к пяти часам утра шведская конница отступила. Однако за конницей следовала пехота, и драгуны, обескровленнные в предыдущей схватке, не смогли выдержать ее удара. Меншиков просил у Петра подкреплений, но царь приказал ему отойти за линию редутов.

Однако вскоре дело для драгун нашлось. При отступлении главных сил оказались отрезанными от своих колонны шведов под командованием генералов Росса и Шлиппенбаха. Меншиков с 5 драгунскими полками, подкрепленными 5 батальонами пехоты, атаковал их и разгромил. При этом был взят в плен Шлиппенбах.

Тем временем перед лагерем уже строились войска для нового столкновения. Центр позиции занимала пехота (42 батальона) под командованием Шереметева, на одном фланге стали 11 драгунских полков под началом Боура, на другой фланг прибыл со своими драгунами Меншиков. Шведы дви-

нулись в атаку в десять часов утра. А к 11 часам исход битвы был уже решен: шведы отступали под напором русской пехоты и конницы.

Первейшая задача кавалерии — преследовать бегущего врага. Десять драгунских полков под командованием неутомимого Меншикова, на поле Полтавы произведенного Петром в фельдмаршалы, отправились следом за шведами, которых настигли у Переволочны, где значительная часть армии Карла XII положила оружие, но сам он сумел переправиться на другой берег и ушел к туркам.

Русские разбили под Полтавой первоклассную европейскую армию. Еще в начале Северной войны друзьям и недругам России это казалось невозможным, но не прошло и десяти лет, как петровское молодое регулярное войско заявило о себе, можно сказать, во весь голос. У него была мощь, опыт, традиции.

Вполне сложившейся как род войск к 1710 году выступила и русская регулярная конница. Она действительно была универсальной, драгунской по внешнему виду, образу действий в бою, духу. Она ходила в рейды по тылам противника, содержала аванпосты на дорогах, участвовала в полевых боях, хорошо взаимодействуя с пехотой (Прибалтика). Она быстро меняла способ действий (от конного строя к пешему и обратно) и в пеших шеренгах, взяв ружья на руку, смело бросалась в атаки (Калиш). Назначенная в состав летучего корпуса, кавалерия сначала энергично вела погоню, а затем в полевом бою спешилась и отбивала нападения превосходящих сил противника (Лесная). В генеральном сражении (Полтава) драгуны выступили в роли авангарда и приняли на себя первый удар.

Кстати говоря, многие очевидцы отмечали, что в Полтавской баталии шведские и русские кавалеристы как бы поменялись местами: еще несколько лет назад кирасиры и драгуны Карла XII шеренгами, без единого выстрела неслись вскачь на сбившуюся в толпы русскую конницу и своими длинными узкими шпагами кололи направо и налево близких к панике противников. Теперь подобным же образом действовали наши драгуны, и шведы не выдерживали натиска...

В 1711 году вышли в свет первые штаты русской армии. Согласно этому документу конница должна была состоять из 33 драгунских полков по 10 рот каждый (всего — 1328 человек). В это число вошли также 3 драгунских гренадерских полка (в отличие от драгун-фузилеров драгуны-гренадеры

Седло западноевропейской кавалерии в XVII—XVIII вв., введенное в русской армии Петром I и названное «немецким».

Мундштучное оголовье западноевропейской кавалерии в XVII веке, введенное в русской армии Петром I.

имели на вооружении по две гранаты). К 1711 году относится и формирование гарнизонных драгунских полков (их было 2 плюс 1 эскадрон). В это время драгуны получили единообразное вооружение: палаш, пистолет в конном строю и фузею.

В 1716 году был опубликован «Устав Воинский», созданный Петром. Но эта замечательная книга говорила исключительно о пехоте. Что касается драгун, то их обучение и организация строились по правилам, изложенным в книге «Краткое описание с нужнейшими объяснениями при обучении конного драгунского строя, какой при том поступати и в смотрении имети господам высшим офицерам и прочим начальникам и урядникам обучати устройствам, как последует». Этот Устав был не только первым, но и един-

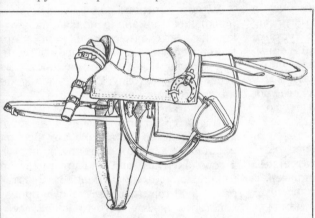

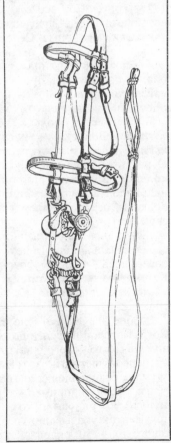

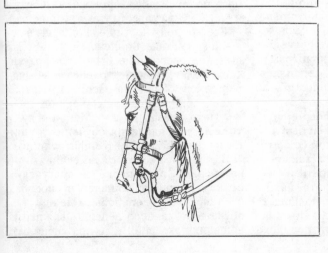

ственным при Петре. В него лишь внесли запрещение о стрельбе с коня и о признании главным способом действия кавалерии конной атаки с применением холодного оружия.

Основанием для этих дополнений послужили инструкции Петра. В частности, он писал Брюсу, чьи полки находились под Выборгом: «...коннице отнюдь из ружей не стрелять прежде того пока с помощью Бога неприятеля в конфуз приведут, но с едиными шпагами наступати...» Это замечание свидетельствует о том, что Петр критически подошел к изучению иностранных образцов. В те годы кавалерия западноевропейских армий (кроме шведской) вела огонь с коня и редко ходила в атаки с обнаженными палашами. Об активной, наступательной роли конницы говорится и в петровских директивах перед Фридрихштадским боем в 1713 году. Но все-таки отсутствие всеобъемлющего драгунского устава, учитывающего опыт Северной войны, царя не устраивало, и он дал поручение нескольким лицам собрать материал и подготовить проект Устава для кавалерии, однако при жизни Петра это поручение выполнено не было.

В драгунских полках пользовались «Уставом Воинским», внося в него кое-какие изменения, предусмотренные «Кратким положением...». Например, в коннице полковой адъютант всецело находился в распоряжении командира полка (в пехоте — премьер-майора), а сержантам предоставлялось право «учить капральство и роту с ведома своих начальников» (в пехоте обучение доверялось только обер-офицерам). Кроме того, пехотинцы строились в четыре шеренги, а конники — в три.

Особое значение имело слово «ряд». Солдат второй шеренги должен был занимать место строго в затылок солдату из первой шеренги, за ними также в затылок становился солдат третьей шеренги. Если, например, в роте находилось 90 рядовых, то в полковых документах указывали: «рота капитана такого-то в 30 рядов». Этот порядок

следовало неуклонно соблюдать и в бою.

Места офицеров при построении определялись следующим образом: впереди роты — капитан (ровно посредине шеренги), остальные офицеры — на правом и левом флангах и посредине (у первой шеренги), унтер-офицеры — позади строя. Обязанности офицеров и их должности были такими: капитан — командир роты, капитан-поручик — его помощник, два ему подчиненных офицера — подпоручик и прапорщик, которые «знатного при роте без ведома капитана-поручика ничто не чинят». Прапорщик должен был заботиться о больных и «немощных» и ежедневно их посещать, но главной обязанностью этого офицера было носить знамя роты на параде и в бою, отвечая за его сохранность своей жизнью.

Штаб-офицеров в полку было четыре: полковник (командир полка), подполковник (его заместитель), премьер-майор и секунд-майор. На премьер-майора возлагалась ответственность за строевую подготовку. Секунд-майор являлся его помощником.

Существовал в полку и так называемый унтер-штаб: священник, лекаря, квартирмейстер (войска в тот период жили не в казармах, а стояли на постое в городах и деревнях, квартирмейстер ведал расположением полка по квартирам), аудитор (отвечал за судопроизводство), профос (что-то вроде военного полицейского, производил аресты и надзор за арестантами), коновал.

Все эти должности перечислены в пехотном «Уставе Воинском». Таким же штатное расписание было и в драгунском полку. Вообще правила и обычаи пешей службы стали распространяться в кавалерии, нанося ущерб ее подготовке. Петр указал на это Меншикову, и тот для упорядочения обучения конницы издал в 1720 году две инструкции.

В первой вместе с замечаниями о внутреннем распорядке в драгунских полках, о приеме лошадей и способах их таврения говорилось: «Между тем обучать на каждую неделю дважды на лошадях экзерциям (упражнениям),

Каптенармус Нижегородского драгунского полка Антонов отбивает шведское знамя. Из книги В. И. Потто «История 44-го Нижегородского драгунского полка», том 1. Спб., 1892—1895.

поворотам и протчим, чтобы колены за коленом смыкая поворачивали, а пешком трижды в неделю артикулом, какой ныне при полках есть и обучать временем с огненным действием...» Вторая инструкция устанавливала двухшереножный строй, иногда — в три шеренги, построение полка — поэскадронно с интервалами, повороты по одному и по четыре, звезды повзводно и поэскадронно. Для поворота «в один конь» (по одному) всадники в двух шеренгах выезжали через одного, выстраивали четыре шеренги в шахматном порядке и делали поворот. Обычный же строй эскадрона был сомкнутый («колено о колено»).

Последнее важное событие Петровской эпохи, имевшее значение для организации армии,— появление штатов вооружения, снаряжения, обмундирования и довольствия войск, разработанное Военной коллегией под руководством генерала Вейде и утвержденное Петром в феврале 1720 года.

С этого времени драгуны получили мундир синего цвета с белым воротником, обшлагами и оторочкой петель, лосиные камзол и штаны. Обмундирование это шили на деньги, вычитаемые из солдатского и унтер-офицерского жалованья. Офицеры, из жалованья которых вычетов не производилось, должны были шить форменную одежду на собственные средства.

На питание солдату выдавали в год: муки — 21 пуд и 30 фунтов, крупы — 10 пудов, соли — 24 фунта, мяса (порция не определена) — на 75 копеек (немалая сумма по тем временам.— **А. Б.**). В военное время рацион определялся более точно. В день солдат должен был получать 2 фунта хлеба (800 г), 2 фунта мяса, 2 чарки вина, 1 гарнец пива, крупы и соли — по приведенному выше расчету. При таком питании вроде бы остаться голодным трудно, но есть сведения о том, что войска часто не получали этого продовольствия из-за плохого снабжения, нечестности поставщиков и т. п. и терпели голод.

На одну лошадь казна отпускала зимой овса — по четверти (8—9 пудов) в месяц, сена — 15 пудов. Шесть летних месяцев кавалерийские кони этого питания не получали. Им полагался только подножный корм на средства земства — тех властей губернии, где полки квартировали. В некоторых документах приводится ежедневный зимний рацион лошади в таких цифрах: овса — 2 гарнца, сена — 15 фунтов, сечки — 2 гарнца, соломы — 1 сноп.

Цена драгунской лошади колебалась от 15 до 20 рублей, срок ее службы исчислялся 15 годами. Кроме расходов на питание, предусматривалась и ковка в год на 15 копеек: 5 подков по 3 копейки штука. Седло с бушматом (трубкой для ношения фузеи) выдавалось на три года и стоило 4 рубля...

Особых данных о суммах, тратившихся на конницу, нет, но известно, что содержание всей сухопутной армии обходилось русскому государству в те годы в 4 миллиона рублей. При населении страны более 15 миллионов человек русские вооруженные силы к концу царствования Петра состояли из 131 400 пехотинцев и 38 406 конников (данные по книге А. Порфирьева «Петр Первый — основатель русской регулярной армии и флота», Москва, 1957). В коннице числилось 33 полка полевых драгун (3 полка — драгунские гренадерские) и 4 полка и эскадрон (500 человек) гарнизонных драгун.

Армия пополнялась при помощи рекрутских наборов, система которых была установлена в 1705 году и, по существу, не менялась вплоть до 1874 года, то есть до введения всеобщей воинской повинности. В рекруты брали людей, не опороченных преступлением, неувечных и «не дураков», в возрасте от 20 до 30 лет. Поступив на царскую службу, крестьяне переставали быть крепостными.

Штатное расписание полков изменилось мало. Те же 10 рот, 1253 человека, 1101 строевая лошадь и 100 обозных в полевых драгунских полках и чуть меньше — в гарнизонных. Каждый полк имел до 10 знамен (по числу рот),

240 лопат, 100 кос, 50 кирок, 250 палаток, 10 патронных и гранатных ящиков, 25 других повозок и прочий инструмент. Располагали полки и конными орудиями — двумя трехфунтовыми пушками. Это были начатки конной артиллерии, введенной в русской армии в конце XVIII века.

И драгунские, и драгунские гренадерские полки имели в своих штатах по 20 барабанщиков, 10 трубачей, 10 гобоистов и литаврщика. Литавры — две большие чаши из красной меди диаметром по 45 сантиметров, обтянутые сверху кожей,— были особой принадлежностью кавалерии. В строю они употреблялись не иначе, как с суконными, в цвет кафтанов, занавесями, богато украшенными золотым или серебряным галуном.

Знамена кавалерийских полков отличались от пехотных шелковой бахромой по краям. Обычно первое знамя или полковое делали белым, с золотым вензелем Петра, короной и лавровыми ветвями. Ротные знамена были цветными. Например, в Московском драгунском — красные с золотым двуглавым орлом у древка, в Киевском — красные, с изображением ангела, вооруженного мечом и щитом, во Владимирском — черные с синим, крестообразно разделенные зелеными и красными полосами, с изображением у древка льва...

Кроме драгунских полков, Петр сделал попытку организовать и легкую конницу. В 1707 году выходец из Сербии Апостол Кичич по разрешению царя сформировал отряд в 300 человек из венгров, валахов, молдаван и сербов при 8 офицерах по образцу гусарских полков, существовавших тогда в австрийской армии. Этот отряд постепенно увеличивался, и к началу Прутского похода (1711 г.) уже имелось 6 валахских полков. Но в походе они ничем не отличились, больше пьянствовали и буянили, чем сражались с неприятелем. По окончании похода их распустили. До кончины Петра в 1725 году просуществовала лишь небольшая команда из сербских гусар.

На Украине, где по-прежнему с набегами появлялись крымские татары, в 1723 году учредили конные ландмилицейские полки для местной самообороны. Сначала предполагалось сделать эти полки иррегулярными, но потом внесли уточнение: две трети — иррегулярные, одна треть — регулярные. Всего полков организовали 6, каждый по 10 рот (всего более 1500 человек). Вооружение и обмундирование этих полков было очень разнообразным.

Вначале солдатам выдавали рекрутскую, то есть сермяжную одежду, потом — старые амуничные вещи и оружие, а одевались солдаты «по собственной возможности».

Во времена Петра продолжала процветать казачья конница. Украинское казачество было организовано в 10 полков. Донские и волжские казаки выставляли в армию около 20 тысяч всадников, терские и гребенские — около 500 человек, яикские (уральские) — более 3 тысяч человек. Кроме того, имелись отряды бахмутских, хоперских, сибирских казаков, чугуевцев, калмыков, башкир, армян, грузин, киргизов, чувашей, якутов, черемисов, вотяков. Численность всей иррегулярной конницы достигала 125 тысяч всадников.

Тяжелой конницы у Петра не было, но часть, отдаленно напоминавшая кирасир хотя бы по обмундированию, все же появилась. Она была сформирована из офицеров регулярной кавалерии и называлась ротой драбантов, или кавалергардов. Звание капитана в этой роте принял на себя Петр. Кавалергарды участвовали в торжествах по случаю коронации (май 1724 г.) Екатерины, супруги Петра, удивляя многочисленных гостей праздника богатой форменной одеждой. Главной ее особенностью был супервест, выкроенный в форме, напоминающей кирасу, из красного сукна, украшенный на груди и на спине вышивкой из золотых и серебряных нитей: звезда ордена Св. апостола Андрея Первозванного и двуглавый орел.

Кирасиры, гусары, конногренадеры

Северная война, в которой русская регулярная кавалерия снискала себе столько славы, завершилась победой России. Но теперь перед правительством стояла не менее трудная задача: как содержать в мирное время совершенно новый для страны институт — регулярную армию. Эта задача осложнялась тем, что после многолетних военных действий финансы России находились в крайне неудовлетворительном состоянии. Потому наследники Петра, умершего в январе 1725 года, стремились достичь «порядка в войске без лишних расходов».

Политика жесткой экономии всегда особенно пагубна для кавалерии, рода войск достаточно дорогостоящего. По отзывам современников, она в течение нескольких лет привела к упадку боевую петровскую конницу, ухудшив качество конского состава и его содержание. Все объяснялось просто. Рыночные цены на лошадей, сено, овес и солому росли, а правительство не выделяло дополнительных ассигнований. Так в армейских конюшнях появились лошади, не удовлетворявшие требованиям строевой службы. Их кормили одним сеном и старались поменьше утруждать, сведя занятия верховой ездой к одному разу в десять дней.

В 1730 году на русский престол взошла Анна Иоановна, племянница Петра. Она была страстной любительницей лошадей. Прекрасным наездником был и ее друг, курляндский дворянин Бирон, получивший неограниченную власть в государстве. При Анне Иоановне и был создан первый гвардейский кавалерийский полк. Он полу-

чил название лейб-гвардии Конного. Штаты его окончательно сложились к 1732 году: 5 эскадронов по 2 роты в каждом, 1432 человека, 1101 строевая лошадь и 120 обозных. Звание полковника приняла на себя императрица, подполковником назначили одного из виднейших вельмож того времени Ягужинского.

Анна Иоановна заботилась также об улучшении местных пород лошадей, ведя большие закупки за границей. Например, только в 1737 году русское коневодство и коннозаводство получило 8 арабских кобыл (арабы кобыл почти не продавали), жеребцов из Испании, Мекленбурга, Неаполя.

Но все это не имело никакого отношения к повседневной жизни армейской кавалерии, которая продолжала страдать от недостатка средств, теряя свои прежние боевые качества. На тяжелое положение драгунских полков обратил внимание Бурхард-Кристофор Миних (1683—1767 гг.), ставший в в 1730 году президентом Военной коллегии. Миних решил, что драгунам уже ничем помочь нельзя, однако в дополнение к этой ездящей верхом пехоте необходимо организовать настоящую кавалерию —10 кирасирских полков.

Правительство приняло это предложение, но недостаток средств помешал его осуществить полностью. В течение 1731—1733 годов в кирасирские переименовали только три драгунских полка: Выборгский, Невский и Ярославский (кирасирский Миниха полк, Лейб-кирасирский и Беверенский, впоследствии — кирасирский Наследника). Каждый полк состоял из 5 эскадронов по 2 роты: 35 офицеров, 70 унтер-офицеров, 690 рядовых, 20 трубачей и 1 литаврщик, всего —977 человек, 781 строевая лошадь.

Конский состав для кирасир решили приобрести за границей и ростом не менее 2 аршин 4 вершков (160 см) в холке. Поэтому пришлось давать за кирасирскую лошадь почти тройную цену — 50—60 рублей (у драгун 18—20 рублей). В штаты кирасирских полков была включена должность берейтора (чего у драгун не существовало), и это позволяет сделать вывод о том, что кирасир собирались серьезно обучать верховой езде.

В полки отобрали лучших солдат и офицеров из всей кавалерии, дали им более высокие оклады: рядовому — 14 руб. 72 коп. (у драгун —12 руб. 87 коп.), сержанту —25 руб. 37 коп. (у драгун —15 руб. 27 коп.), капитану —336 руб. (у драгун —180 руб.), полковнику —1 176 руб. (у драгун — 600 руб.). Объявили, что рядовые кирасиры будут иметь «капральский ранг» и не будут наказываться палками.

Привилегированное положение латников подчеркивало и обмундирование. Кирасирам в отличие от драгун полагалось иметь два мундира. Один — всевдневный, из обычного синего или василькового драгунского кафтана с красной отделкой, красного камзола и лосинных штанов, пуховой треуголки с железной тульей. Второй мундир именовался строевым и состоял из лосинного колета (короткий кафтан, застегивающийся на крючки), подколетника и штанов. Поверх колета, на груди кирасир носил латы — железную кирасу, выкрашенную черной масляной краской, весом в 23 фунта (10 кг). У офицеров кираса была тяжелее за счет золотых украшений —25 фунтов.

Вооружение кирасир состояло из шпаги, карабина и двух пистолетов в конном строю.

Конница в эти годы получила устав. Название его было таким: «Экзерциция конная в полку Его Императорского Высочества». С 1733 года им начали пользоваться кирасиры, для которых он, собственно говоря, и был написан. Есть сведения, что с некоторыми изменениями его применяли и в драгунских полках, где в обучении рядового состава все больше внимания уделяли пешим эволюциям.

«Верховая езда составляет наивящую и необходимо-нужнейшую должность...» — утверждалось в уставе. Однако никаких правил обучения ей он не устанавливал. На его страницах лишь высказывалось пожелание, чтобы «рейтары... лошадей во власти имели бы, крепко сидели в седле, подаваясь корпусом несколько назад, прямо не нагнувшись вперед, но более назад и крепко в том сидении прижав колени к седлу, а не оборачивая ног икрами и каблуками к лошади...». Устав предписывал построение кавалерии в три шеренги с интервалом между ними в три шага, уделял внимание производству всевозможных поворотов, заездов повзводно и поэскадронно, вздваиванию рядов. Для походного движения устав рекомендовал построение в колонны по четыре человека повзводно и поэскадронно, движение же в атаку — «маленькой рысцой». Кроме того, вводилась стрельба с коня. Все это было прямым отступлением от заветов Петра, при котором русская конница ходила в атаку на быстрых аллюрах и наносила удары только холодным оружием.

О том, как устав применялся на практике, говорит инструкция по проведению эскадронного учения в лейб-гвардии Конном полку, сохранившаяся в архивах. Перед началом учения каждая рота порознь делала расчет. Он заключался в разделении роты на взводы (это зависело от числа офицеров и солдат, присутствующих на учении). Рота могла разделиться на 2, 3, 4 взвода. Офицеры — ротмистр, поручик, подпоручик и корнет — занимали свои места в строю. Им во время учения полагалось находиться впереди своих взводов на один шаг. Гефрейт-капрал со штандартом становился в середине фронта, каптенармус и вахмистр — за фронтом, два капрала, вице-вахмистр и квартирмейстер — на флангах фронта.

После расчета приступали к учению. Сначала делали повороты и заезды, потом — учебную атаку: одна рота выдвигалась вперед, поворачивала «налево кругом», затем обе роты, построенные в три шеренги, начинали сближение шагом, переходили на «маленькую рысь», обнажали палаши и останавливались, не дойдя друг до друга на несколько шагов. Заканчивалось учение стрельбой с коня.

Но такие учения устраивались нечасто. Свое время солдат кавалерийского полка делил между утренней и вечерней чисткой лошади, ее кормлением и водопоем, чисткой оружия и амуниции, «вохрением» лосинных штанов, уходом за прической (в русской армии распространилась европейская мода на букли и косу) и совершенствованием ружейных приемов. Зимой, когда войска 5—6 месяцев находились на винтер-квартирах, то есть стояли капральствами и ротами по крестьянским дворам и деревням, военное обучение кавалерии почти не проводилось. Наверстывали упущенное во время лагерных сборов («компаментов»), которые обычно начинались весной и заканчивались осенью, продолжаясь по 3—4 и более месяцев. Летом в полки поступал и «ремонт» — пополнение конского состава. Объездить лошадей и приучить их к движению в строю требовалось к концу сборов, когда устраивались смотры полков.

Драгунские кони, недорого купленные, плохо кормленные (казна попрежнему отпускала им фураж лишь на 6 месяцев в году, остальные 6 месяцев солдаты косили для них траву на лугах), кое-как объезженные, безусловно, не могли служить основой боеспособной и маневренной кавалерии. Оставляла желать и много лучшего индивидуальная подготовка конников в полках.

Впрочем, такое положение было характерно в те годы для всей европейской конницы: слабый конский состав, плохая выучка солдат и офицеров, атаки рысью, стрельба с коня, которая не могла быть ни прицельной, ни быстрой, трехшереножный строй, сковывающий передвижения. Разительный контраст представляла собой азиатская татарско-турецкая конница, имевшая выносливых и породистых лошадей, состоявшая из наездников, прекрасно владеющих холодным оружием и навыками верховой езды. Ее недостатком являлось лишь отсутствие какой бы то ни было организации и дисциплины. Именно с этой конницей столкнулась русская армия в русско-турецкой войне 1735—1739 годов.

Во время войны русские четыре раза ходили походом в Крым, осаждали Очаков, вели боевые действия в Молдавии и, наконец, разбили турок в крупном полевом сражении под Ставучанами в 1739 году. Регулярная кавалерия принимала участие во всех операциях, но, как правило, будучи... спешенной. Драгуны только делали переходы на лошадях, а воевали в пешем строю, так как в ряде столкновений показали свою полную неспособность вести конный бой с феодальной конницей турок и крымских татар и победить их. Таким был результат политики экономии. Россия, по существу, лишилась регулярной кавалерии. Функции конницы: разведку местности, поиск на коммуникациях противника, сопровождение и охрану обозов — возложили на казаков, а они не всегда с этими задачами справлялись. Татары, избравшие тактику партизанской войны, нанесли армии большой урон, угоняя лошадей и скот во время стоянок, грабя обозы.

Походы по безводным таврическим степям дорого обошлись нашей коннице. По ведомостям Санкт-Петербургского драгунского полка в 1736 году в походе в Крым было потеряно в сражениях 9 драгунов и 63 лошади, от болезней умерло 2 офицера и 543 солдата, пало от бескормицы 935 строевых и 184 обозных лошади, кроме того, было угнано неприятелем 72 лошади. «Драгуны все пеши...» — сообщал в столицу Миних, главнокомандующий Днепровской армией.

Офицер и рядовой кирасирских полков,
1732—1742 гг.
«Историческое описание одежды и вооружения Российских войск», том 2,
№ 272. Спб., 1899—1902.

В 1738 году участник очередного похода капитан австрийской службы Парадим писал: «В кавалерии у русской армии большой недостаток. Донских казаков и калмыков, которых можно назвать храбрыми, немного, едва две тысячи. Правда, есть драгуны, но лошади у них так дурны, что драгун за кавалеристов почитать нельзя...»

Под Ставучанами на поле боя действовало 16 драгунских полков, которые были спешены и занимали свое место в общем боевом порядке. Латники (700 человек) кирасирского Миниха полка и три роты лейб-гвардии Конного полка составляли охрану главнокомандующего и непосредственно в сражении не участвовали. Только отряды казаков и «гусарский корпус» (500 человек), сформированный Минихом в своей армии, и представляли конницу.

Война 1735—1739 годов принесла русской армии опыт спешивания кавалерии и использования ее в качестве конной пехоты. Впоследствии с этим, недоброй памяти, опытом, с неумением употреблять конные полки на поле боя по их прямому назначению, боролись выдающиеся полководцы Румянцев и Суворов, талантливый организатор русской конницы Потемкин. Но все же один правильный вывод был сделан. После столкновений с турками и татарами стало ясно, что России нужна легкая конница.

В 1741 году царский указ об организации первых русских гусарских полков увидел свет.

Как уже упоминалось, в Днепровской армии Миниха существовал «гусарский корпус». Затем число гусар увеличилось. Подполковник Стоянов сформировал из сербских выходцев полк в количестве 1000 человек, подполковник Куминг — отряд в 500 человек из венгров, князь Мамунов-Давыдов — отряд в 200 человек из грузинских дворян. Указ 1741 года узаконил их существование, определил принципы организации гусарских полков, пополнения людьми, лошадьми, обеспечения обмундированием, амуницией, вооружением.

Первыми гусарскими полками в России были Сербский, Венгерский, Грузинский и Молдавский. Они состояли из десяти рот каждый и насчитывали по 963 человека: 33 офицера, 60 унтер-офицеров, 800 рядовых, 10 трубачей и 1 литаврщика, а также нестроевые: 10 цирюльников, 10 кузнецов, 10 седельников, 10 ротных писарей — и еще «унтер-штаб»: адъютант полка, квартирмейстер, обозный (полковой обоз состоял из 60 повозок), аудитор, комиссар (финансовая часть), лекарь, подлекарь, коновал, священник и полковой писарь.

Обмундирование русским гусарам было дано по образцу австрийского и заключалось в традиционных предметах: две суконные куртки, обшитые шнурами и галунами, одна с мехом («ментия», «ментик»), другая — без меха («дулам», «доломан»), узкие суконные штаны («чакчиры», «кичкиры»), короткие сапоги и меховая шапка со шлыком. Полки различались цветом этого обмундирования. В Сербском полку оно было васильковым, в Венгерском — красным, в Молдавском — ментии синие, дуламы и чакчиры — красные. Офицеры всех полков в отличие от рядовых имели золотые шнуры, позолоченные пуговицы и шпоры, желтые сапоги и мех на ментии не черный, а серый.

Вооружение гусар состояло из длинной сабли, карабина со штыком и двух пистолетов в конном строю. Предметом военного снаряжения, присущим только гусарам, была ташка — плоская кожаная сумка, сверху обшитая сукном. Ее носили на длинных ремнях у колена.

Ничего особенного не говорится о лошадях первых гусар. Указана только цена —18 рублей. Это означало, что высоких требований к лошадям не предъявляли и покупать собирались не на внешнем рынке, а на внутреннем (в отличие от обмундирования, которое приобретали в Австрии).

Гусарские полки были поселенными. Каждый гусар получал земельный надел (на Украине) и жалованье — 38 рублей 94 копейки в год на приобретение оружия, одежды и лошади. По приказу правительства гусары должны были быть готовы выступить в поход.

Правда, в 1741 году больших походов для гусар не предвиделось, но события, которые в дальнейшем сильно повлияли на их историю, уже происходили. Так, в 1740 году в Пруссии взошел на престол Фридрих II. Прусская кавалерия до него не пользовалась славой. Это были обычные для своего времени воинские части, где на первый план выдвигали чистоту и аккуратность внешнего вида солдат и лошадей, а не верховую езду и владение холодным оружием. На смотрах и учениях прусские кирасиры, драгуны и гусары отличались малой подвижностью, невысокой выучкой. Молодой король с раздражением писал о них: «Ввиду неприятеля они никуда не годятся и постоянно опаздывают...»

Однако буквально за два-три года Фридриху удалось изменить образ действий своих конников и создать новые правила обучения кавалеристов. Вскоре этими правилами стали пользоваться во всех армиях Европы. Основные принципы их, в сущности, не менялись в течение двух столетий, то есть до середины XX века, когда конные части уже навсегда исчезли из состава армий. Что же это были за правила?

Фридрих II сделал переворот в подготовке кавалерии, поставив на должную высоту одиночное обучение солдат верховой езде. По его приказу в каждом полку построили манеж и завели берейторов. Рекрутов сперва обучали немного пешему строю, затем сажали на лошадей, и они без стремян ездили до тех пор, пока их посадка «не станет совершенно безукоризненной». К обучению стрельбе из карабина не приступали, пока солдат не научится ездить верхом.

«Его величеству угодно, чтобы ни одна здоровая лошадь не оставалась двух дней кряду на конюшне. Это единственное средство получить кавалериста, ловко управляющего конем и владеющего оружием...» — гласила инструкция, данная королем. Сейчас это наставление кажется само собою разумеющимся, но в середине XVIII века, когда европейская конница седлала лошадей раз в 7—10 дней, этот приказ прозвучал по-новаторски смело.

Следующий этап в новом обучении кавалерии состоял в объединении всадников в большие массы, которые могли бы, соблюдая равнение и предельную сомкнутость строя («колено о колено»), производить атаки на быстрых аллюрах. Индивидуальная подготовка солдат, проведенная в полках с большой тщательностью, позволила достичь этого довольно быстро.

Для атаки прусские конники обычно строились в три линии. В первой находились шеренги кирасир с интервалами между эскадронами в 10 шагов, во второй — драгуны (интервалы —60 шагов), в третьей — гусары (за промежутками драгунских эскадронов). Движение в атаку начинали шагом, потом переходили на рысь и с расстояния 100 или 200 шагов пускали лошадей в карьер. На полном скаку всадники врывались в ряды противника с палашами и саблями наголо. В атаке гусары на своих более легких и подвижных лошадях опережали кирасир, образовывали уступ и делали заезд поэскадронно к стороне неприятеля и ударяли ему во фланг, заскакивали с тыла, пока линия кирасирских эскадронов производила атаку с фронта.

«Каждый кавалерийский офицер обязан твердо зарубить себе в памяти, что для поражения неприятеля нужно только два дела: первое — атаковать его с наивысшей скоростью и силой, второе — охватить его фланги!» — писал Фридрих.

Первыми почувствовали на себе удары новой конницы австрийцы. Прусская кавалерия жестоко громила их при Гехенфридберге (июнь 1745 г.), при Сове (сентябрь 1745 г.), при Кессельдорфе (декабрь 1745 г.). Офицеры и солдаты австрийской армии привыкли к тому, что конница двигается «маленькой рысцой» и ведет огонь с коня. Поэтому первая же атака всадников

Фридриха II ошеломила их. На каре австрийской пехоты помчалась без единого выстрела линия кирасир. Они ехали так быстро и так сомкнуто, что казались австрийцам своеобразной живой стеной, неумолимо надвигающейся на них. Внезапно из-за фронта тяжелой конницы появились гусары, на полном скаку сделали поворот и очутились на фланге австрийцев. Этого удара они не выдержали и побежали. Атаку сомкнутым строем завершило преследование рассыпным строем...

Военные восторженно приветствовали появление на полях сражений по-новому обученной кавалерии.

«В одной только Пруссии,— писал австрийский офицер Гибер,— офицеры и солдаты обладают уверенностью в лошади и смелостью в управлении ею. Они как бы составляют единое целое с лошадью и проводят в жизнь древнее сказание о кентаврах. Только там видны на маневрах 60—80 эскадронов силой в 130—140 коней каждый, составляющие крыло всей армии. Только там можно видеть 8—10 тысяч всадников, производящих атаку на несколько сот саженей (сажень —2,13 м) в совершенном порядке и после остановки начинающих подобную же атаку против предложенного, внезапно появившегося в новом направлении противника...»

Однако не надо забывать, что возрождение конницы было связано с боевыми операциями прусской армии, обучение и действия которой находились в строгом соответствии с правилами линейной тактики, затрудняющей маневрирование пехоты в ходе боя. По канонам линейной тактики действовали и ее противники. В этих условиях конница была самой подвижной частью боевого порядка и успешно совершала фланговые атаки, столь опасные для армий, построенных в линии.

Сообщения об успехах прусских кавалеристов дошли и до России. Эти новости заставили администрацию поторопиться с преобразованиями в кавалерии, состояние которой продолжало оставаться неудовлетворительным. Реформы затронули все стороны жизни тогдашней русской конницы: ее, так сказать, «материальную часть», то есть конский состав, боевую подготовку, принципы организации.

Прежде всего был пересмотрен вопрос о фуражном довольствии армейских лошадей. Ассигнования на закупку овса, сена, соломы увеличили. Фураж стали выдавать не 6 месяцев в году, как раньше, а почти весь год, за исключением 6 недель, когда кони паслись на лугах. Дневной рацион составляло примерно 4 килограмма овса и 6 килограммов сена, что стоило полтора рубля в месяц.

Кроме того, повысили закупочные цены на лошадей (у драгун с 20 рублей до 30) и сократили срок их службы с 15 лет до 8. Эти меры, конечно, должны были сразу улучшить качество конского состава в полках: привести к списанию дряхлого поголовья и пополнить ряды более сильными и здоровыми лошадьми.

Для повышения боевой подготовки кавалеристов большую роль сыграл новый устав, названный «Экзерциция и учреждение строев всяких церемониалов регулярной кавалерии» и принятый в 1755 году. Впервые на страницах этого устава цель конниц в бою определялась так: «Всякое действие и сила кавалерии, которая с авантажем и с победою неприятеля чинима бывает, состоит в храбрости людей, в добром употреблении палашей, в крепком смыкании и в жестоком ударе через сильную скачку». В этих словах обобщен опыт прусской конницы, полученный ею в сражениях с австрийцами, правила, введенные королем Фридрихом II.

Согласно уставу, построение кавалерии осталось прежним, трехшереножным, причем шеренга от шеренги стояла в 3 шагах, всадники одной шеренги должны были чувствовать коленом колено соседа. Строй применялся трех видов: развернутый, рассыпной и колонны. Развернутый строй предназначался для боя и атаки.

Гусар Сербского полка, 1741 — 1761 гг.

«Историческое описание одежды и вооружения Российских войск», том 3, № 327. Спб., 1899—1902.

Рассыпной — для осмотра местности и преследования разбитого противника. Колонны — для походного движения.

Главную часть полкового учения составляло производство атак. Конница обучалась атакам трех видов: обыкновенной (сомкнутой, «колено о колено»), второй и рассыпной. Обыкновенная атака начиналась с малой рыси, потом переходили на прибавленную, потом — на галоп. Когда до противника оставалось не более 200 метров, полк по команде «Ступай-ступай!» бросался в карьер. После атаки по команде «Стой-равняйся!» всадники собирались вместе, строились и снова скакали в атаку, чтобы, как говорилось в уставе, «не допустить неприятеля по разбитии через первую атаку, разбегающиеся кучи людей своих собирать и фронт строить».

Второй атакой назывался прием для приучения лошадей к стрельбе. Рассыпная атака существовала для преследования. В полку для этого разрешалось выделять только один эскадрон. Он выезжал вперед, рассыпался и производил стрельбу из пистолетов. Во всех других случаях стрельба с коня запрещалась.

В уставе рассматривались и некоторые детали. В частности, повороты и заезды, которые делались по твердой оси. То есть, например, при повороте эскадрона направо правофланговые осаживали коней, а левофланговые заезжали. Офицеры, разъезжая вдоль фронта, следили за тем, чтобы при повороте сохранялась сомкнутость строя во всех трех шеренгах и равнение.

Устав также требовал каждый день проводить занятия верховой ездой и регулярно устраивать полевые проездки, учить унтер-офицеров и солдат рубить на скаку «болваны и чучела».

В общем, устав был полезной для русских кавалеристов книгой, но, к сожалению, очень поздно, уже прямо перед войной, поступил в войска, и начать там обучение по нему не успели.

Перед Семилетней же войной, в марте 1756 года, увидели свет и новые штаты русской кавалерии. По ним количество кирасирских полков было доведено до 6. Драгунских полков осталось в армии 20 (полевых) и 7 (гарнизонных). Гусарских полков насчитывалось 10 (6 — непоселенных и 4 поселенных). Впервые появились конногренадеры (у Петра были драгунские гренадерские полки). Переименовали в конногренадерские 6 драгунских полков. При общем с драгунами обмундировании конногренадеры имели особые головные уборы — суконные колпаки с металлическим налобником. Такая шапка была более удобна при метании ручных гранат (у каждого гренадера их было 2). Отнесли конногренадер к тяжелой кавалерии.

По этим штатам кирасирские и конногренадерские полки должны были состоять из 5 эскадронов по 2 роты, а драгунские — из 6 эскадронов: 2 роты гренадерские и 10 фузилерных. В это же время приняли решение боевой единицей в коннице считать эскадрон, а не роту, как было раньше.

Таким образом, драгунский полк был больше, чем кирасирский или конногренадерский. В нем насчитывалось 1141 человек и 930 строевых лошадей. В тяжелой коннице — 947 человек и 766 строевых лошадей. По этим же штатам драгуны получили барабанщиков (13) и гобоистов (8), а число трубачей было сведено к 2, что вызывало прямые ассоциации со штатами пехотных полков.

В 1756 году русская конница была вооружена вместо шпаг палашами. Палаш имел клинок длиной около 90 сантиметров и шириной 4 сантиметра, медный эфес с «решеткой». Кроме того, оставались фузии со штыками и карабины, пара пистолетов в конном строю.

Сохранились подробные описания всех предметов, входивших в полный конский убор по штатам 1756 года, и вьюка и седловки кавалерийских лошадей (кроме гусар). В середине XVIII столетия кавалерист начинал седловку лошади с того, что клал на нее «пуки» — две кожаные подушки, которые предохраняли лошадь от осаднения (иногда «пуки» заменял простой войлок). На «пуки» клали сложенную вчетверо попону из сермяги, на попону — суконный чепрак, а уже на чепрак — седло. Затем подтягивали одну за другой три подпруги. Железные стремена опускали настолько, чтобы «рейтар, встав на них, имел между собою и седлом промежуток в 4 пальца».

Далее к двум сторонам седла спереди пристегивались ольстры так, чтобы головки вложенных в них пистолетов находились на одном уровне с медным украшением на оконечности передней луки, а ремни, придерживающие ольстры, обхватывали бы их крест-накрест. Бушмат пристегивали длинным ремнем к правой стороне седла так, чтобы при вложении в него фузеи его конец находился в одной линии с мундштуком. Приклад фузеи, вдетой в бушмат, лежал на вершок дальше епанчи, привязанной в тороках позади драгуна. На ольстры надевали чушки из сукна, которые предохраняли замки пистолетов от попадания воды в ненастную погоду.

При навьючивании лошади прежде всего клали на нее, сразу за седлом, фуражный мешок из холста с фуражом. На мешок, ближе к седлу помещали сакву (мешок из равендука длиной в 1 метр в окружности — 71 сантиметр), в которой находилось белье солдата, одни штаны, полушубок, теплые рукавицы, пара сапог и четыре подковы с нужным количеством гвоздей. За саквой располагался чемоданец — небольшой мешок для солдатской провизии. На чемоданец укладывали рулю — вязку сена длиной в 1 метр, скрученную в толщину каната. Все это пристегивалось к седлу тремя ремнями — тороками, вделанными в заднюю луку седла. За седлом пристегивали также и епанчу.

У передней луки, у левой ольстры привешивали баклагу с водой и торбу со скребницами, щетками, пучками веревок, арканом и фуражной шапкой (суконный колпак, который надевали при фуражировании лошадей, чтобы не испачкать строевой головной убор — треугольную шляпу). Пикетный прикол (для коновязи) помещали на правой стороне и одним концом вставляли вместе с фузеей в бушмат.

Во вьюк также входили и артельные вещи, то есть принадлежности, выдававшиеся на солдатскую артель (5—6 человек): палатка, колья для нее, два котла, коса, топор, клещи, молоток. Их солдаты возили по очереди, ежедневно меняясь.

Навьюченные таким образом лошади, конечно, не могли совершать быстрых переходов. Медленно двигались к западной границе империи кавалерийские полки, назначенные в поход 1757 года, первый в Семилетней войне. Это были кирасирские Третий (бывший Миниха) и Наследника, конногренадерские Каргопольский, Нарвский, Рижский, Санкт-Петербургский и Рязанский, драгунские Тобольский, Нижегородский, Архангелогородский и Тверской, гусарские Сербский, Венгерский, Молдавский и Грузинский, отряд донских казаков в 4 тысячи человек под командой бригадира Краснощекова, отряд украинских казаков в 4 тысячи человек под командой бригадира Капниста, а также отряды мещеряков, башкиров, казанских татар.

Перед походом все полки регулярной кавалерии прошли инспекцию, которая особенно строго оценивала состояние строевых лошадей. Оказалось, что только кирасиры хорошо подготовили своих четвероногих партнеров к долгому походу. Поэтому их командирам было объявлено монаршее благоволение. В драгунских же и конногренадерских полках часть эскадронов пришлось оставить в России. Например, из конногренадерского Санкт-Петербургского полка в Пруссию отправилось только три эскадрона — 414 всадников.

Вместе с полками двигались обозы с запасом провианта на 20 дней. В них везли по тысяче с лишним пудов муки и около ста пудов крупы (на один полк). Полковой провиантский обоз состоял из 40 повозок, каждая из которых запрягалась парой лошадей. Кроме провиантских фур, были еще патронные, аптечные, с походной кузницей.

Рейд на Берлин

Первое большое сражение с пруссаками произошло летом 1757 года под Гросс-Егерсдорфом. В нем участвовали гусары Сербского и Венгерского полков, донские, украинские и чугуевские казаки, кирасирский Наследника полк и Рижский конногренадерский. Санкт-Петербургский конногренадерский и Нижегородский драгунский находились в резерве. Бой был долгим и упорным. Честь победы в нем целиком принадлежала доблестной русской пехоте, которая мужественно выдержала атаки прусской кавалерии. Русские гусары, оказав всадникам Фридриха II незначительное сопротивление, отступили с позиций. Конногренадеры и кирасиры после вражеской атаки тоже ушли за каре пехоты, не рискуя ввязываться в рукопашную схватку.

Под стать пехоте действовали лишь донские казаки под командой Серебрякова. Они отличились на заключительном этапе сражения, когда ложной атакой заманили прусских кавалеристов в засаду, под огонь артиллерии и пехоты.

Слабость русской регулярной конницы после Гросс-Егерсдорфа стала очевидной. Даже «выборные», сводные (от каждого полка по 2—3) эскадроны оказались неспособны дать отпор противнику. Это обстоятельство в немалой степени озадачило русское командование. Воевать с Фридрихом II без кавалерии было невозможно.

Поэтому зимой 1757/58 года войска отошли на винтер-квартиры за Неман, были приняты новые меры по снабжению кавалерийских полков вооружением, обмундированием, людьми, лошадьми, фуражом и продовольствием. Формирование боеспособных конных частей поручили молодому генерал-майору графу Петру Александровичу Румянцеву (1725—1796 гг.).

С именем Румянцева, выдающегося русского полководца, связаны многие страницы нашей героической истории. Он принадлежал к богатому и знатному дворянскому роду. Его отец, генерал-аншеф, был соратником и любимцем Петра I. С детства Румянцева записали в Преображенский полк, в 1740 году, в 15 лет, он получил чин подпоручика, затем — капитана. Летом 1743 года Румянцев доставил в Петербург текст Абоского мирного трактата со Швецией, весьма выгодного для России, и был награжден чином полковника. В 18 лет он принял в командование Воронежский пехотный полк и поначалу огорчал отца, ведя светский, «рассеянный» образ жизни. Затем развлечения «золотой молодежи» прискучили юноше, он всерьез занялся военной службой. В сражении при Гросс-Егерсдорфе Румянцев отличился, бросившись в контратаку во главе двух пехотных полков. Теперь ему дали поручение, требовавшее организаторских способностей, и он его выполнил, подготовив к операциям в Восточной Пруссии и Померании целый конный корпус (24 эскадрона с 6 конными орудиями). Это соединение даже получило название «конницы Румянцева».

Зимой 1758 года «конница Румянцева» заняла Восточную Пруссию. Весной и летом того же года, прикрывая правый фланг армии при наступлении к Франкфурту, ведя широкую разведку и собирая контрибуцию с местного населения, она совершала походы и рейды по территории Пруссии, участвовала в бесчисленных мелких стычках с противником. В таких столкновениях наши кавалеристы не раз показывали смелость и решительность и выходили победителями.

В большом полевом сражении в 1758 году, которое произошло у селения Цорндорф, русская регулярная кавалерия уже действовала лучше, чем прежде. Возможность выступить конникам предоставилась после двухчасовой артиллерийской дуэли, когда пруссаки, сосредоточив две трети войск на своем левом фланге, нанесли удар по боевым порядкам русских.

В эту трудную минуту боя 9 эскадронов (около 1260 сабель) из конногренадер Каргопольского, драгун Архангелогородского и Тобольского полков под командой кирасирского полковника Карла фон Гаугревена пошли в атаку, смяли ряды прусской пехоты и обратили ее в бегство. Однако развить успех не удалось. Фридрих II двинул на помощь пехоте кирасирскую конницу генерала Зейдлица, одного из лучших своих кавалерийских генералов. Латники ударили во фланг и тыл увлекшимся преследованием русским конногренадерам и драгунам и заставили их отойти с большими потерями. Полковник Гаугревен был тяжело контужен, его с трудом удалось вывезти с поля боя.

Но сражение продолжалось. Фридрих перегруппировал войска и снова атаковал русских, теперь уже на левом их фланге. Русская пехота в штыковом бою заставила противника отойти, но затем, теснимая конницей, была вынуждена начать отступление. На левом фланге с пруссаками рубились кирасиры генерал-майора Демику: 12 эскадронов четырех кирасирских полков — Наследника, Третьего, Казанского и Новотроицкого, всего — 1680 сабель. В этой рукопашной схватке русские латники добыли почетный трофей. Вахмистр Казанского полка Илья Семенов сумел врубиться в строй прусской пехоты и захватить знамя.

Вопрос о том, на чьей стороне осталась победа в сражении под Цорндорфом, долгое время оставался спорным. Историки считают, что это долгое и кровопролитное сражение не дало перевеса ни одной из сторон. Но русская кавалерия, ходившая в атаки сначала на правом, а потом и на левом фланге, доказала, что если в выучке она еще и уступает прусским всадникам, то отваги и решительности ей не занимать.

В кампанию 1759 года под Пальцигом и Кунерсдорфом прусская армия потерпела поражения. Наши кавалеристы действовали тут особенно энергично. Они вступали в рукопашные схватки и вели преследование противника.

Под Пальцигом во время атак прусской пехоты на правый фланг русской армии на цоле боя появились прусские кирасиры под командованием генерала фон Ваперснова. Сверкая латами при косых лучах заходящего солнца, длинные белые и желтые линии их эскадронов быстро развернули фронт и помчались в атаку с тем, чтобы внести смятение в ряды русской пехоты и проложить дорогу своим пехотинцам. Два русских пехотных полка, Сибирский и Пермский, попавшие под этот страшный удар, были рассеяны. Опасность грозила уже всему правому флангу.

Но тут русская кавалерия, расположенная в центре между двумя линиями пехоты, ринулась первой на прусских кирасир. Эскадроны Казанского кирасирского полка и один эскадрон Нижегородского драгунского полка напали на латников Фридриха II с фланга. На помощь русским подоспели кирасиры из полков Наследника, Киевского и Новотроицкого. Началась жестокая рукопашная сеча. «Не было здесь ни единого выстрела,— писал об этой схватке главнокомандующий русской армией Салтыков.— Лишь сверкали палаши и шпаги!»

Инициатива этого лихого кавалерийского боя принадлежала генерал-майору Демину. Он скакал в первых рядах атакующих и был убит. Но смерть

Драгун, 1756—1761 гг.
«Историческое описание одежды и вооружения Российских войск», том 3, № 314.
Спб., 1899—1902.

Корнет кирасирского полка, 1756—1762 гг.
«Историческое описание одежды и вооружения Российских войск», том 3, № 325. Спб., 1899—1902.

командира не остановила наших конников. На плечах отступающих кирасир они ворвались в передовые батальоны вражеской пехоты, мгновенно смяли их и обратили в бегство.

При Кунерсдорфе позиция, выбранная для сражения, не позволила широко применить в боевых действиях конницу. Место было гористым, лесным. Поэтому масса русской кавалерии (5 кирасирских, 5 конногренадерских, 1 драгунский полк, всего 36 эскадронов) располагалась до начала боя за правым флангом, в виде общего резерва.

Затем конница ушла с правого фланга. Конногренадеры и драгуны стали у подошвы высоты, у оврага Кунгрунд. Кирасиры перешли на крайний правый фланг. Во время атаки на центр боевых позиций — высоту Большой

Палаш, середина XVIII века. Фонды Военно-исторического музея артиллерии, инженерных войск и войск связи (Санкт-Петербург).

Шпиц — Румянцев, командовавший войсками центра, бросил эскадроны двух полков, Архангелогородского и Тобольского, против наступающих пруссаков.

Видя неудачу своих солдат, Фридрих ввел в бой конницу Зейдлица. Но и ее атака была отбита артиллерийским и ружейным огнем полков Румянцева. Вслед за отступающими латниками устремились наши кирасиры из полка Наследника и австрийские гусары — из союзной России армии. Этот конный отряд проскочил через окопы, окружившие русские позиции, и стал преследовать прусских конников.

На этом участие конницы в сражении закончилось.

Среди операций заключительного этапа Семилетней войны две занимают особенно важное место. Это рейд на Берлин в сентябре 1760 года и взятие крепости Кольберг в декабре 1761 года. Рейд на Берлин — памятное событие в истории русской конницы. Здесь она наиболее полно

проявила свои новые качества, приобретенные за годы войны с пруссаками,— выучку, морально-боевое превосходство армии истинно национальной перед армией наемной.

Рейд на Берлин имел скорее политическое, чем тактическое значение. Генерал Тотлебен, командовавший отрядом, выступившим на Берлин, получил следующие инструкции: «От города требовать знатную контрибуцию... Тамошние арсеналы, пушечный литейный дом, все магазины (то есть армейские склады.— **А. Б.**), оружейные и суконные фабрики вконец разорить и паче для снабжения армии потребным воспользоваться». При этом был дан приказ жителям Берлина «обид и разорения не чинить» и войска «до вредительного пьянства не допущать». В отряде Тотлебена находилось три гу-

сарских полка: Сербский, Молдавский и Ново-Сербский, три казачьих: полковников Попова, Луковника и Тутоверова, два конногренадерских: Рязанский полковника Шетнева и Рижский полковника Опачинина.

Действовали русские кавалеристы под Берлином смело и решительно. Например, гусарский подполковник Цветинович с четырьмя эскадронами атаковал неприятеля, имеющего численное превосходство, и взял в плен 30 человек. Подполковник Текели с Сербским гусарским полком и казаками взял в плен около тысячи человек. Гусарский полковник Подгоричани и казачий полковник Краснощеков со своими командами напали на неприятельский арьергард, состоящий из полка и батальона пехоты, трехсот егерей и шести эскадронов конницы, и обратили его в бегство.

После подхода отряда генерала З. Г. Чернышова власти Берлина пошли на капитуляцию. Русские получили контрибуцию в полтора милли-

Палаш, середина XVIII века. Фонды Военно-исторического музея артиллерии, инженерных войск и войск связи (Санкт-Петербург).

Атака драгун Нижегородского полка под Кунерсдорфом. Иллюстрация из книги В. А. Потто «История 44-го Нижегородского драгунского полка», том 1. Спб., 1892—1895.

она талеров, цейхгаузы, литейный двор, оружейные и суконные фабрики взорвали. Много оружия было отдано войскам, а наши кирасиры и драгуны получили трофейные сапоги, лосинные штаны и другую дорогостоящую амуницию, а также лошадей из берлинских конюшен. Через несколько дней войска были отведены за Одер, поскольку к Берлину приближался 70-тысячный корпус Фридриха II.

Правительство сочло, что рейд был проведен удачно, и для полков русской армии впервые в ее истории были изготовлены особые награды — серебряные трубы с памятными надписями. Такие трубы получили и пехотинцы и конники. Согласно историческим сведениям Третий кирасирский полк был награжден четырьмя трубами, Санкт-Петербургский конногренадерский — девятью, Архангелогородский драгунский — семью. Вероятно, количество труб указывало на то, сколько эскадронов и рот в каждом полку участвовало в этой операции.

В течение Семилетней войны русское командование неоднократно пыталось взять крепость Кольберг (совр. польск. Колобжег), но эти попытки оканчивались неудачами. Но вот осада Кольберга была поручена П. А. Румянцеву, и дело сразу сдвинулось с мертвой точки. С присущей ему энергией и деловитостью Румянцев приступил к выполнению приказа. Ему удалось добиться взаимодействия с русской эскадрой, блокировавшей крепость с моря, развернуть боевые действия в окрестностях Кольберга и тем самым перекрыть все пути, по которым к осажденным поступало пополнение людьми, вооружение, продовольствие.

В этих операциях активное участие принимала русская кавалерия — отряд под командованием генерала Берга, в который входили казачьи, гусарские и драгунские полки, и в частности — Тверской драгунский полк. Им из-за болезни командира — полковника Медема — командовал его заместитель, подполковник Суворов.

В этот период будущий генералиссимус Александр Васильевич Суворов (1730—1800 гг.) был молодым офицером. Чин подполковника он получил за хорошее исполнение обязанностей обер-провиантмейстера, потом — коменданта города Мемеля, за быстрое формирование и отправку в армию резервных батальонов. В 1759 году Суворов служил дежурным штаб-офицером при штабе Салтыкова. Лишь в 1761 году, во время осады Кольберга, Суворову удалось, как говорится, понюхать пороха. Таким образом, первый свой боевой опыт великий русский полководец получил, будучи кавалерийским офицером. Генерал Берг высоко отзывался о личной храбрости подполковника Тверского драгунского полка Суворова и его деятельности: «Быстр в рекогносцировке, хладнокровен в опасности и отважен в бою». Обо всех операциях Тверского полка сообщалось генералу Румянцеву.

По этим донесениям видно, что в схватках с противником Суворов и его солдаты действовали примерно одинаково: первыми бросались в атаку, рубились с врагами на палашах, брали пленных, бегущих и отступающих энергично преследовали, захватывали обозы с провиантом и оружием. Так происходило дело у городов Ландсберг, Гольнау, Бернштейн, Регенвальд, Наугарт.

Впоследствии Румянцев аттестовал Суворова как прекрасного кавалерийского офицера. Детальное знакомство со службой конницы не раз сказывалось потом, когда Суворов командовал крупными соединениями пехоты и кавалерии и давал конникам точные и дельные наставления вплоть до указания о том, что на карьере всадник должен крепче упираться в стремена и больше наклоняться к шее лошади...

Взятие Кольберга, поражения в больших полевых сражениях — все это поставило Пруссию на грань катастрофы. Но со смертью Елизаветы Петровны внутриполитическая ситуация в России изменилась, к власти пришел Петр III, большой поклонник «непобедимого Фридриха». Планы у него были далекоидущие: воевать не с Пруссией, а вместе с ней — против Австрии, русскую армию опруссачить (переодеть и обучить на прусский манер) и, конечно, по прусскому образцу преобразовать кавалерию.

Безусловно, у прусских конников было чему поучиться. В Пруссии накопили огромный опыт индивидуального обучения всадников и выездки строевых армейских лошадей. Однако Семилетняя война показала, что у русских есть свои преимущества. Так, начав войну (сражение под Гросс-Егерсдорфом) с плохим конским составом, с малоподготовленными солдатами и офицерами, русские конные полки уже через год представляли собой вполне боеспособные, стойкие, закаленные в битвах с противником части.

Пройдя школу «малой войны» в Восточной Пруссии и Померании, русские кавалеристы смело бросились в атаку под Цорндорфом в 1758 году, решительно перешли в наступление у Пальцига в 1759 году, определив тем самым исход этого боя, а в трудную минуту у Кунерсдорфа, где основную тяжесть сражения вынесла на своих плечах русская пехота, внезапным натиском остановили атаку неприятельских солдат на центр наших позиций.

У русской конницы была своя история, свои традиции, зародившиеся в боях со шведами под Калишем, Лесной, Полтавой. Воскрешая эти традиции, русские кавалеристы дрались с пруссаками на полях Европы исключительно холодным оружием и на полном карьере. Семилетняя война дала новый опыт. В России сумели осмыслить его и, как показали дальнейшие события, пойти дальше прусских генералов, слепо придерживавшихся канонов линейной тактики. Так, например, Румянцев, которого называли военачальником, «образовавшимся в горниле Семилетней войны», еще летом 1761 года отдавал приказ об обучении конницы действиям в колоннах (впоследствии тактику колонн в пехоте и кавалерии широко использовал Наполеон). Отрицал Румянцев и такие важные постулаты линейной тактики, как кордонная система (растянутое расположение войск), как осада крепостей в качестве главного инструмента ведения войны. Он предлагал собирать армию в крупные ударные группировки и уничтожать живую силу противника в генеральном сражении в поле.

Румянцев никогда (в отличие от Суворова) не служил в кавалерии на офицерских должностях. Но, как стратег и полководец, он отлично понимал, какое большое значение имеет этот род войск на поле боя при взаимодействии с пехотой, скованной правилами линейных построений. Он постоянно заботился о повышении боевой выучки русских кавалеристов. Об этом свидетельствует его книга «Обряд службы» (издана в 1770 году), в которой он изложил свои взгляды на военное искусство и обучение войск, характерные для конца XVIII столетия.

«Обряд службы» в какой-то степени можно считать предтечей известной книги А. В. Суворова «Наука побеждать».

Вот что пишет Румянцев в своем сочинении о коннице: «... на лошади тело прямо, непринужденно, плеч не подвышая и не перегибаясь назад, головы направо, колени крепко, ноги к лошади, сабли прямо и подле правой ольстры держать...»

«... маршировать при экзерциции всегда рысью, сомкнутыми шеренгами, заезжать и атаковать вскачь, имея сабли при атаке поднятыми против глаз...»

«... фланкерам и в рассыпной атаке огненным и белым оружием действовать с надобным к тому обозрением, осанкою и искусством».

«... лошадей подковы и убор осматривать прилежно, и ежели что исправить сами не могут, тотчас объявляли бы унтер-офицерам, а те — дежурному офицеру, дабы все то в свое время через мастера, что до кого надлежит, исправлено было...»

В степях Молдавии и Украины

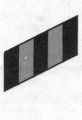

Приказам и распоряжениям Петра III о переформировании русской кавалерии было не суждено сбыться. В июне 1762 года произошел дворцовый переворот, и на русский престол взошла жена Петра III Екатерина Алексеевна, урожденная принцесса Ангальт-Цербская. Она стала, по сути дела, продолжательницей начинаний Петра Великого. Ее правление — замечательная эпоха в истории русской конницы и развитии русской национальной военной школы и военного искусства.

Благодаря в день коронации армию за службу, Екатерина II напомнила верным слугам Отечества, что, «возмечтав иногда о своих победах, не повергло бы оно (войско) себя бы в слабость и тем не лишилось бы доброго порядка и совершенной своей по всем исправности». Потому, желая проанализировать итоги Семилетней войны, правительство создало особую «Воинскую комиссию», куда вошли наиболее отличившиеся генералы: Румянцев, Салтыков, Панин, Чернышев, Волконский и другие.

Комиссия на основе обобщения опыта войны подготовила реформу в армии. Эта реформа прошла в 1763 году и затронула по большей части кавалерию. Число конных полков было увеличено, и их, так сказать, качество изменилось. При реорганизации соотношение родов войск соблюдали следующее: на каждые два полка пехоты — по одному полку тяжелой кавалерии, на каждые два эскадрона тяжелой кавалерии — по одному эскадрону гусар или по одной сотне казаков. Так как пехотных полков насчитывалось 50 (4 гренадерских и 46 мушкетерских), то решили сформировать 25 полков тяжелой конницы.

Почему именно тяжелой?

Русским генералам помнились атаки прусских кирасир, которые могли легко «разрывать пехотные фронты». Но средств на кирасирскую экипировку стольких воинских частей в государстве после войны не было. Тогда в России решили создать свой вариант тяжелой конницы без кирас и одежды из лосины. Такими частями стали карабинеры. В карабинерные переформировали 18 конногренадерских и драгунских полков. После этого в 1764 году установилась и просуществовала до второй реформы в 1775 году следующая соразмерность: 110 800 штыков пехоты и 40 957 (а в военное время — 42 418) строевых лошадей, или 55 конных полков:

1 лейб-гвардии Конный
1101 стр. лошадь
6 кирасирских полков
4596 стр. лошадей
19 карабинерных полков
14 554 стр. лошади
7 драгунских полков
5558 стр. лошадей
9 гусарских полевых полков
8208 стр. лошадей
по мирному времени и по военному времени:
6 гусарских поселенных полков
3708 и 5472 стр. лошади
4 пикинерных поселенных полка
3708 и 5472 стр. лошади
4 пикинерных поселенных полка
2472 и 5648 стр. лошадей

3 компанейских поселенных полка 1854 и 2362 стр. лошади.

В число нужных 25 полков тяжелой кавалерии вошли 6 кирасирских и 19 карабинерных. Таким образом, самым массовым видом в русской коннице стали карабинеры. Если перед Семилетней войной в нашей армии находилось 37 768 всадников, и подавляющее их число составляли драгуны, которых в должном объеме верховой езде не учили, то теперь, в карабинерных полках, этому вопросу начали уделять большое внимание.

В штаты карабинерных полков была включена должность берейтора (раньше их имели только кирасиры), что помогало поднять уровень индивидуальной подготовки всадников. Для того чтобы «переменилась заобычная привычка употреблять ее (конницу) преимущественно в пешем строю», у карабинеров отняли фузеи, которые верно служили драгунам несколько десятков лет, и заменили их короткими карабинами (отсюда и название полков — карабинерные).. Это кремневое гладкоствольное оружие позволяло конникам защищаться при нападении неприятеля на квартиры и биваки конных полков, вести бой в «дефиле» (узкостях), теснинах и на других позициях, где местность не позволяла действовать верхом. Кроме ружей длиной в 120 см, у карабинеров имелись палаши: длина клинка — 90 см, ширина — 4 см, медный эфес и ножны в железной оправе, и два пистолета в конном строю, при седле в ольстрах.

Обмундирование карабинеров осталось драгунским — синий кафтан с красным воротником, лацканами, обшлагами и подкладкой, красный камзол, лосинные штаны (к ним выдавался чехол из сурового холста, сшитый в виде обыкновенных штанов, его носили в походах и на домашних учениях), высокие сапоги и шляпа-треуголка. Интересным нововведением были погоны из шнуров, нашивающиеся только на левое плечо. Цвет их в каждом полку был особым. Например, в Вологодском — желтый и си-ний, в Нижегородском — малиновый и белый, у офицеров — из золотых нитей с примесью серебра. О принадлежности карабинеров к тяжелой коннице свидетельствовали некоторые детали одежды: металлические каскеты и кожаные кисточки на углах шляп. Кроме того, в карабинерных полках знамена заменили на штандарты, звание «прапорщик» на звание «корнет», звание «капитан» на звание «ротмистр».

Особое внимание было обращено на конский состав карабинерных полков. У всех в памяти еще оставались печальные уроки начала Семилетней войны, когда русская конница из-за неудовлетворительного состояния строевых лошадей терпела неудачи на поле боя.

«Воинская комиссия» постановила, что отныне сухой фураж будет выдаваться строевым лошадям почти круглый год в количестве одной четверти овса (9 пудов) и 15 пудов сена в месяц. Кирасирским и карабинерным лошадям фураж выдавался 11 месяцев в году. Один месяц их кормили травой на конюшнях или выпускали на луга. Драгунским и гусарским лошадям сухой фураж выдавали только 8 месяцев в году, а 4 месяца кормили травой.

Следующий шаг к улучшению конского состава — повышение закупочных цен: на кирасирскую — 60 рублей, на карабинерную — 30 рублей, на драгунскую — 20 рублей, на гусарскую — 18 рублей, на обозную лошадь — 10—12 рублей.

При этом офицеры должны были сами покупать себе лошадей, стоимость которых определялась их чином. Полковник не мог ездить на лошади менее 130 рублей, подполковник и майор — менее 70 рублей, обер-офицеры — менее 60 рублей. Кроме строевых лошадей, офицеры должны были иметь еще и «заводных»: одну-две и ценой не менее чем за 30 рублей.

Новые лошади доставлялись в полки раз в год. Для их покупки от каждой части откомандировывали од-

Рядовые драгунского полка, 1764—
1775 гг.
«Историческое описание одежды и вооружения Российских войск», том 4,
№ 558. Спб., 1899—1902.

ного штаб-офицера и четырех обер-офицеров с партией солдат. Их называли ремонтерами. Инструкция того времени для ремонтеров гласила, что армейские кони должны быть «статные, плотные, непашистые, в грудях и крестцах широкие, некосолапые, ненизкопередые, неострокостные, а летами покупаться имеют от 4 до 6 лет, мерою же роста кирасирская — не менее 2 аршин 2 вершков (150 см), карабинерная — 2 аршин 1 вершка (146 см), а гусарская и драгунская — не менее 2 аршин (142 см)...». Согласно этим правилам для армейской кавалерии ежегодно покупалось более 6 тысяч лошадей. Срок службы строевой лошади ограничивался 8 годами.

Где могли вести закупки лошадей ремонтеры? У «сельских обывателей», то есть у помещиков и крестьян, на конных заводах, у казаков (они занимались разведением лошадей в XVIII веке) и даже, например, у цыган. Некоторые полки имели свои конезаводы. Такой завод был у лейб-гвардии Конного полка в Починках, где выращивали высокорослых лошадей темных мастей. Около города Гадяча Полтавской губернии находился завод, поставлявший лошадей в кирасирские полки.

В XVIII столетии были известны и другие государственные конные заводы, поставлявшие лошадей в армию: Бронницкий (100 верховых кобыл), Павшинский (20 кобыл), Хорошевский (100 рослых верховых кобыл), Даниловский (2170 лошадей «из немецких пород, рослых, шерстью вороных»), Скопинский (1000 кобыл темных мастей) в Рязанской губернии, Шексковский (80 пегих кобыл и жеребцов, две серые кобылы и два датских жеребца). Однако, судя по инструкции ремонтерам, все эти заводы не могли полностью выполнить заказы на высокорослых лошадей, необходимых для армии. Видимо, средним ростом армейской лошади в середине XVIII века следует считать 140—150 сантиметров.

По замечанию ученого-иппóлога профессора В. О. Витта, лучшие породы лошадей в то время были такими: «испанские лошади — гордые красотой своей и предпочитаются для войска и манежа всем прочим лошадям, датские — также к манежной езде способнейшие суть, арабские и барбарийские принадлежат к прекраснейшим на свете, персидские и туркменские аргамаки — больше и статнее арабской лошади и более способны для искусственной езды, турецкие — породны, но плохи во рту, часто бывают злы, английские скачкой превосходят всех лошадей в Европе, хороши для езды на охоту, польские — почти все заслуживают названия «аукционистов» по своей горячности и «астрономов», так как дерут голову вверх...».

Трудно сказать, в каком количестве находились лошади всех названных пород в армейской кавалерии. Но ясно, что скорее всего использовались они под офицерским седлом.

Конский убор остался без изменения таким, какой описан уже в главе «Кирасиры, гусары, конногренадеры».

Кирасиры удержали свое прежнее положение привилегированных конных частей, а драгуны были признаны родом кавалерии, не способным решать сложные тактические задачи. На них возложили военно-полицейскую и гарнизонно-пограничную службу. Драгунские полки были по большей части расквартированы в восточных и юго-восточных областях империи, где постепенно пришли в расстройство и упадок.

Легкая конница (гусары) в первые годы царствования Екатерины II продолжала еще занимать как бы среднее положение между иррегулярными казачьими отрядами и регулярными кавалерийскими частями. В 1765 году, после уничтожения слободского казачьего войска на Украине, из украинских казаков было сформировано пять гусарских полков шестиэскадронного состава: Острогожский, Ахтырский, Харьковский, Сумский и Изюмский.

Суть этой организации свелась к тому, что из казаков отобрали людей, по росту (не менее 170 см), возрасту и состоянию здоровья годных к службе в регулярной кавалерии, дали им новых командиров из опытных кавалерийских офицеров, снабдили строевыми лошадьми, новым конским убором (венгерские седла с ленчиками вместо казачьих, уздечки и мундштуки), новым гусарским обмундированием: черные ментики и черные штаны с зелеными шнурами, зеленые доломаны с черными шнурами, черные поярковые кивера высотой до 30 сантиметров (в Ахтырском полку, например). По весне в полках начались «воинские экзерциции», во время которых бывших казаков обучали сомкнутому строю, атакам в шеренгах поэскадронно и повзводно.

Обучение конницы шло по Уставу 1763 года, во всех основных положениях повторяющему Устав 1755 года. В 1766 году увидело свет своеобразное дополнение к уставу: «Инструкция полковничья конного полку». Это было настолько дельное и нужное в служебном обиходе конницы издание, что по воле императора Николая I его перепечатали и распространили в войсках еще раз в 1826 году.

«Инструкция» состояла из 26 глав и охватывала почти все стороны жизни кавалерии. Открывала книгу глава «О должности полковника вообще»: «Во всяком изданном повелении всегда за предмет иметь пользу службы, честь и сохранение полка». Полковникам даны были широкие полномочия. В их руках находились все средства, отпускаемые казной на покупку лошадей, фуража, на пошив мундиров и питание солдат. Впоследствии это вызвало немало злоупотреблений, когда назначение на пост командира конного полка некоторые офицеры воспринимали как возможность поправить свои собственные финансовые дела, обогатиться. Но были и другие случаи. Например, командир кирасирского Военного ордена

полка Михаил Миклашевский заложил собственное имение, чтобы «представить полк на смотр в требуемом виде». В 1795 году Сенат рассматривал его дело, признал вину Провиантской комиссии, которая не давала Миклашевскому денег на содержание полка в течение двух лет, и приказал вернуть полковнику свыше 60 тысяч рублей.

Обучение и воспитание солдат «Инструкция» рекомендовала вести так, «чтобы крестьянская подлая привычка, уклонка, ужимка, чесание при разговоре совсем были у него (солдата) истреблены; строевую лошадь, данную ему, любить, беречь, чистить, кормить и прибирать, обходясь с нею ласково, не кричать, не бить, против глаз стоя, не махать; внушая при том, что кавалериста, как исправность службы, так и собственное сохранение живота зависит от соблюдения в добром состоянии лошади своей...». Так в официальном документе впервые был сформулирован один из важных принципов в обучении конников: «Лошадь, данную ему, любить».

Унтер-офицерам «Инструкция» предписывала учить рядовых «чистить и вохрить штаны, перчатки, перевязь и портупею, связывать шляпу (поля треуголки прижимались к тулье специальными шнурами), наложить на нее каскет и обуть сапоги, положить на них шпоры, привить косу, надеть мундир, а потом стоять в требуемой солдатской фигуре, ходить просто и маршировать... и когда во всем том он привыкнет, начать обучать ружейным приемам, конной и пешей экзерциции...». Все эти вещи были далеко не второстепенными в подготовке кавалериста. Рекруты приходили в армию из деревни, в возрасте от 17 до 35 лет. Русская национальная одежда ничего общего с униформой не имела, а внешнему виду солдат тогда придавали очень большое значение. Научить его надевать мундир и сапоги (а носили крестьяне лапти), содержать обмундирование в порядке было не так уж просто. На это требовалось время.

Обер-офицер, унтер-офицер и штаб-офицер Карабинерных полков, 1763—1778 гг. «Историческое описание одежды и вооружения Российских войск», том 4, № 578. Спб., 1899—1902.

Попутно солдату внушали, что, надев мундир, он становится воином, слугой царю и Отечеству и перестает быть «крепостным мужиком».

В связи с этим определялись и обязанности офицера. Ротмистру предписывалось смотреть за своими подчиненными: «умеют ли порядочно обуться, одеться, ходить, стоять, пристойно говорить, ружьем верно ли делают, приемы тверды ли, лошадь порядочно ли вычищена и оседлана, замундштучена, обовьючена, седание и низседание с оной, держание ног, корпуса и поводов в твердой ли позитуре производят...».

Также «Инструкция» утверждала, что «каждый при кавалерии служащий офицер недостойным чина своего почитается, который знаний в верховой езде не имеет» и запрещала производить в капралы, унтер-офицеры и офицеры людей, которые бы «пристойно и настоящей твердостью на лошадях не сидели». Все это, конечно, имело значение для повышения индивидуальной подготовки всадников в верховой езде. Ведь раньше ни один устав не рассматривал таких подробностей и не обращал внимания на этот вопрос.

Интересно и то, что «Инструкция» очень много говорила о конском составе: какие лошади нужны, как их покупать, как обучать, как за ними смотреть. Все это должен был знать и «благоразуметь» полковой командир в кавалерии. Так постепенно складывалось понимание того, что служба в коннице имеет свою специфику, что кавалерийским офицерам нужно особое, дополнительное знание по сравнению с офицерами пехоты.

Обучение рядового состава поодиночке, как и раньше, проводили на зимних квартирах, с 1 августа по 16 мая. Летом полки выходили в лагеря, где отрабатывались эскадронные и полковые эволюции. Завершалось пребывание в лагере общим смотром. Достигнуть высокого уровня в верховой езде мешало то, что конница зимой стояла по уездным и губернским городам, по деревням, где манежей не было, а по снегу проводились лишь небольшие проездки.

Иначе дело обстояло в Западной Европе, где зима была более короткой и мягкой, где еще с XVI века строили манежи для занятий верховой ездой. В начале XVIII века там приобрел известность Робишон де ла Гериньер (1688—1751 гг.), французский наездник, издавший книгу «Школа кавалерии» в Париже в 1733 году. В ней было немало нового и интересного: о посадке (ноги слегка согнуты в коленях, и шенкель отведен чуть назад от вертикали, чтобы постоянно соприкасаться с боком лошади), об упражнениях, которые помогают развивать физические возможности лошади, способствуют ее лучшей выездке и гармонии средств управления ею. Нет сомнения в том, что представители русского просвещенного дворянства книгу де ла Гериньера читали и, как все другие, восхищались этой «библией верхового искусства». Что-то из этих новых знаний нашло свое отражение и в «Инструкции полковничьей конного полку».

О каждодневной службе и жизни русской кавалерии можно судить по другому документу — «Инструкции дежурному ротмистру лейб-гвардии Конного полка», датированной 1762 годом и действовавшей до XIX века. «Каждый день по утру,— говорится в ней,— в начале 5-го часа приказывать трубачу играть сигнал к чищению лошадей, по которому все рейтары без исключения должны идти в конюшни и собирать солому и, вынеся навоз, лошадей чистить сколь возможно чище, при чем быть караульному унтер-офицеру и за сим смотреть. В 7 часов утра трубачу играть сигнал к водопою, что и исполнять при караульном унтер-офицере... В начале 8-го часа трубачу играть сигнал на первую задачу овса... В 1-м часу пополудни трубачу еще раз трубить и тогда делается вторая задача овса... В начале 3-его часа класть сено... В 6-м часу трубачу играть сигнал на водопой. В 7-м часу трубачу играть на последнюю задачу

Трубач, обер-офицер и полковник кирасирских полков, 1763—1778 гг.
«Историческое описание одежды и вооружения Российских войск», том 4, № 590. Спб., 1899—1902.

овса. В 9-м часу без сигнала всех лошадей и конюшни вычистить, заложить в последний раз сена, разостлать соломы, попоны снять и привязать их троками к столбам, повода отпустить, чтобы лошади могли лечь, и наконец, в 1-м часу ночи смотреть, все ли сено съедено и оставшееся забрать... В хорошую погоду во всем полку всех рейтарских лошадей приказывать проезжать при дежурном ротмистре... По кончании проездки ставить лошадей и смотреть, чтобы они были хорошо выстроены до задачи корма...»

Такой размеренный распорядок дня был характерен для мирной жизни конницы на зимних квартирах. Но эта мирная жизнь была прервана осенью 1768 года, когда Турция при поддержке Франции и Англии объявила войну России. При этом Османская империя преследовала сугубо агрессивные цели и стремилась подорвать растущее русское влияние в Польше. Для Русского государства война явилась продолжением борьбы за выход к Черному морю — борьбы, начатой еще Петром I в годы его царствования.

Для боевых действий правительство сформировало две армии под командованием генералов Голицына и Румянцева. Голицын начал осаду крепости Хотин. Румянцев уже в декабре 1768 года столкнулся с войсками крымского хана Каплан-Гирея (70—80 тысяч человек), который по старой традиции крымцев двинулся грабить украинские земли. Но Румянцеву удалось остановить татарский набег, отразить его, выйти к Азовскому морю и блокировать Крым.

Румянцев отлично понимал силу и слабость своего противника — татарской и турецкой феодальной конницы, основную массу которой составляли прекрасные наездники, искусно владеющие холодным оружием, но не подчинявшиеся никакой дисциплине, не знавшие никакой организации. Их боевые построения имели вид толпы, сгущенной на коротком участке фронта и довольно растянутой в глубину. Тактика оставалась одинаковой при всех столкновениях: действиями ловких наездников, видом свирепой, шумно окружающей врага массы всадников произвести устрашающее впечатление, оторвать от пехоты русскую регулярную конницу, уступающую турецко-татарской в индивидуальной подготовке воинов, в их числе, навязать ей отдельный бой, превратить сомкнутый и правильный строй наших эскадронов в такую же толпу и подавить своей массой (бой десяти против одного), ибо турки и татары не начинали сражений без многократного превосходства в силах.

Потому Румянцев выдвинул на первое место в действиях русской кавалерии сомкнутый строй и удар холодным оружием как главное средство конницы для нанесения поражения противнику, но все-таки не исключал и стрельбы с коня: ни из Устава, ни из боевых инструкций. Практика показала, что полководец был прав. Сражения при Рябой Могиле, на реках Ларге и Кагуле, где кирасиры, карабинеры, гусары и казаки не только рубились с противником, но и отстреливались от него, стали яркими страницами в истории русской армии.

Первое крупное столкновение в русско-турецкой кампании в 1770 году произошло при Рябой Могиле — кургане на западном берегу реки Прут. Турки здесь возвели сильные укрепления, и армия под командованием Каплан-Гирея (22 тысячи турок и 50 тысяч татар, 44 орудия) заняла их, намереваясь разгромить русских. У Румянцева было всего 38—39 тысяч человек и 115 орудий, но он решил занять укрепления внезапной атакой. Для этого он разделил все войско на четыре отряда под командованием генералов Бауэра (Баура), Репнина, Потемкина и своим собственным. К ним присоединилась конница генерала Салтыкова, предназначавшаяся для нанесения удара во фланг и тыл. В составе этого отряда были 10 полков кирасир и карабинеров, 5 гусарских полков и казачьи части.

Сражение при Рябой Могиле было очень удачным для русских. На рассвете 17 июня 1770 года, скрыто совершив марш-маневр, войска начали наступление. Активно действующие отряды Баура и главные силы под командованием Румянцева отвлекли внимание противника, дав возможность отрядам Потемкина и Репнина зайти в тыл укреплений и создать видимость их окружения. Турки и татары обратились в бегство. Конница преследовала противника 20 километров и рубила вражеских солдат палашами и саблями.

После Рябой Могилы русская армия продолжала наступать на юг, стремясь окончательно разгромить противника и овладеть местностью в нижнем течении Дуная. В начале июля последовало новое столкновение с крупными силами турок и татар за рекой Ларгой. Здесь находилось 65 тысяч татарской конницы и 15 тысяч турецкой пехоты под командованием крымского хана Каплан-Гирея. Румянцев располагал всего 38 тысячами солдат и офицеров. Повторив прежний маневр, он опять ночью скрытно сосредоточил главные силы — корпуса Баура и Репнина, за ними резерв из 11 тысяч пехоты и 8 тысяч конницы, всего — 30 тысяч человек — против правого фланга противника и на рассвете внезапно атаковал турецкие позиции, построив войска в несколько каре. Сражение продолжалось несколько часов: с 4 часов утра до полудня. Не выдержав натиска, турки и татары опять отступили на юг, потеряв более 1 тысячи убитыми, 2 тысячи пленными, всю артиллерию (33 орудия) и большой обоз.

В сражении при Ларге отличились полки донских казаков. Например, один из донских есаулов, казак Пятиизбянской станицы Федор Денисов лично зарубил в рукопашном бою семь османских воинов. Никакой награды за свой подвиг Денисов тогда не получил. Орденами награждали лишь офицеров и генералов. Так, Военный орден святого великомученика и победоносца Георгия, учрежденный в ноябре 1769 года, за победу при Кагуле получил Румянцев (крест 1-го класса за № 1), генерал-поручик П. Г. Племянников (крест 2-го класса за № 1), генерал-поручик князь Н. Н. Репнин (крест 2-го класса за № 2), генерал-квартирмейстер Ф. В. Баур (крест 2-го класса за № 3). Но для Федора Петровича Денисова бой с турками под Ларгой был только началом карьеры. В 1787 году он был произведен в генерал-майоры, в 1795 году — в генералы от кавалерии, а потом стал первым командиром лейб-гвардии Казачьего полка и первым донским казаком, возведенным в графское достоинство. И орден св. Георгия он тоже потом получил за свои подвиги: 4-й, 3-й и 2-й степени (или класса, как называли вначале)...

Однако при Ларге был разбит лишь авангард турецко-татарских войск. Успешным завершением операции по уничтожению живой силы противника явилось сражение на реке Кагул, левом притоке Дуная. Тактика, проверенная Румянцевым в двух предыдущих схватках, и здесь дала прекрасный результат. Ночной марш, расчлененный боевой порядок, каре, искусное маневрирование на поле боя, атака на турецкие позиции — все это снова привело русскую армию к победе.

Главные силы турок (по преувеличенным данным: 50 тысяч пехоты, 100 тысяч конницы и 130—180 орудий) под командованием великого визиря Халиль-паши располагались в укрепленном лагере и готовились нанести удар с фронта по армии Румянцева (38 тысяч человек и 119 орудий). Несмотря на огромный численный перевес, Румянцев задумал упредить турок и дать им сражение. Замысел полководца заключался в том, чтобы, прикрывшись 11-тысячным отрядом от нападения татар (около 80 тясяч) с тыла, концентрическими ударами главных сил (27 тысяч пехоты, 6 тысяч конницы, 119 орудий) разбить армию Халиль-паши.

Рядовой и штаб-офицер Харьковского
и рядовой и обер-офицер Ахтырского
полков, 1765—1776 гг.
«Историческое описание одежды и вооружения Российских войск», том 5,
№ 622.

В ночь на 21 июля 1770 года русские пятью дивизионными каре выступили из своего лагеря в Гречанах. Конница располагалась между каре и за ними: Сербский гусарский полк — между каре Баура и Племянникова, шесть эскадронов карабинеров — между каре Племянникова, шесть эскадронов карабинеров — между каре Племянникова и Олица. Главные силы кавалерии под командованием Салтыкова: кирасирский Новотроицкий, карабинерные Астраханский и Рязанский полки находились между каре Олица и Брюса. Два конных полка: Нижегородский карабинерный и кирасирский Наследника — занимали место между каре Брюса и Репнина.

Во время движения войск к турецкому лагерю, в 6 часов утра, на них бросилась стотысячная турецкая конница спаги. Основной удар пришелся на каре Брюса и Репнина. Но они смогли отразить это нападение беглым ружейным и артиллерийским огнем. Сделав несколько неудачных попыток вломиться в каре, османские конники хотели завязать бой с кавалерией. Но карабинеры и кирасиры, держа сомкнутый строй, отбились, ведя огонь из карабинов и пистолетов. Затем им на помощь прибыли два батальона с оружиями, и спаги откатились назад.

В 8 часов утра турки повторили нападение, на сей раз в атаку на русских пошли янычары. Им удалось нарушить строй каре Племянникова, но развить успех помешали действия наших артиллеристов и встречная атака Первого гренадерского полка. Довершила удар кавалерия. В бой пошли находившиеся в резерве кирасиры Новотроицкого полка, карабинеры Астраханского и Рязанского, а также уже участвовавшие в сражении кирасиры Наследника полка и карабинеры Нижегородского.

«Наша тяжелая кавалерия,— писал впоследствии Румянцев,— великую часть янычар положила на месте, а остальных погнала и вместе с ними вскочила в ретраншаменты». За кавалерией спешила пехота. В окопах началась жестокая рукопашная схватка. В 10 часов утра турки начали отступать. Их отступление превратилось в паническое бегство. Увидев это, войска крымского хана бросили своих союзников и поспешно отошли к Аккерману (совр. Белгород-Днестровский). Генерал Баур преследовал турецкую армию и у переправы через Дунай у Картала нанес ей новый удар. В общем, потери турок составили около 20 тысяч человек убитыми и пленными. Русские потеряли в сражении около 1,5 тысячи человек.

Для истории конницы битва на Кагуле интересна тем, как талантливый полководец использовал буквально горсть своей кавалерии против несметных полчищ спаги. До поры до времени Румянцев укрывал карабинеров и кирасир за пехотными каре, чтобы не дать многочисленной коннице противника подавить их. Благоприятная минута для действий русских кавалеристов наступает тогда, когда турки, обстрелянные артиллерией и пехотой, покидают поле боя. Здесь конница и подкрепляет решительный перелом в ходе боя, на плечах противника врывается в укрепления, а потом преследованием довершает победу.

Летом 1770 года турки потерпели еще одно поражение. В Чесменской битве русская эскадра разбила турецкий флот и заняла все крупные острова Адриатического архипелага. Этот морской бой оказал влияние... на развитие русского коневодства. Один из военачальников, А. Г. Орлов, получил богатые трофеи, в числе которых находился жеребец арабской породы по имени Сметанка. Выйдя в отставку, граф Орлов занялся разведением лошадей и взял Сметанку в основатели новой, широко известной во всем мире породы сегодня — орловской рысистой...

Боевые действия в 1770 году успешно продолжались. Русская армия заняла Измаил, Бендеры, Килию, Браилов, Аккерман. В начале 1771 года

Унтер-офицер Острогожского гусарского полка, 1776—1783 гг.
«Историческое описание одежды и вооружения Российских войск», том 5, № 623. Спб., 1899—1902.

была занята крепость Журжа, блокированы крепости Тульча и Исакча. Вторая армия под командованием В. Н. Долгорукова штурмом овладела Перекопом и вступила в Крым.

Русская конница активно участвовала в боях. Ее боевой опыт и подготовка росли. Наши конники смело вступали теперь в отдельные столкновения с турецкими всадниками и все чаще выходили победителями. Особенно большой скачок в боевом мастерстве сделала легкая конница, гусарские полки, сформированные из казаков.

Вот несколько фактов из истории старейшего в России Ахтырского полка (годом его основания считался не 1765-й, а 1651 год, когда возникла казацкая слобода Ахтырка, отражавшая набеги крымцев на южных границах Московского царства): в 1770 году под Измаилом ахтырцы напали на большой арьергардный отряд неприятеля, «срубили великое число турок», захватили 6 знамен, 20 пушек и 4 тысячи пленных; кампанию 1771 года гусары начали «блистательной атакой» под крепостью Журжа, где встретились в поле с массами турецкой конницы, дрались с ней «на палашах» и обратили в бегство, преследуя до крепостных стен. Командир Ахтырского гусарского полка полковник Пашкевич, лично руководивший атакой, получил орден св. Георгия 4-й степени, так как этот бой оказал решающее действие на взятие предместий Журжи, гарнизон которой через два дня после таких событий капитулировал. В октябре 1771 года под Бухарестом ахтырцы атаковали отряд янычар, принудили их к отступлению и гнали, рубя саблями, 8 верст, захватили знамя и пушку...

В 1773 году боевые действия развернулись на Балканском театре.

Армия Румянцева взяла Силистрию. Под стенами этой крепости отличились и кавалеристы. Кирасиры Новотроицкого полка под командой Потемкина атаковали неприятельскую конницу, превосходившую их по численности, и отбили пушку. Харьков-

ский гусарский полк напал на большой отряд янычар и захватил 9 орудий из 18. Карабинеры Рижского полка под командой полковника Леонтьева ударили в тыл турецким войскам и тем остановили их атаку.

В мае 1773 года генерал-майор Суворов, недавно прибывший в армию Румянцева, предпринял «поиск на Туртукай». В его отряде находилось около 2300 человек: два полка — Астраханский мушкетерский и Астраханский карабинерный, казачий полк Леонова. Туртукай оборонял 4 тысячи турок. Нападение началось ночью. Войска переправились через Дунай в лодках, причем кавалеристы находились на судах, держа в руках поводья плывших за ними лошадей. Интересно отметить и тот факт, что карабинеры были вооружены ружьями со штыками и, спешившись, поддержали атаку пехоты на укрепления. Туртукай был взят, победителям достались пушки, знамена, перевозочные суда, обоз. Суворов получил за эту операцию орден св. Георгия 2-й степени.

Летом 1774 года корпус Суворова разбил 40-тысячную турецкую армию у Козлуджи. Войска Румянцева блокировали крепости Шумла, Рущук, Силистрия, а передовой отряд продвинулся за Балканы. В этой обстановке и был подписан Кучук-Карнарджийский мирный договор 1774 года, закрепивший победу России в войне и обеспечивший ей выход к Черному морю.

Однако и турки и русские отнеслись к договору 1774 года как к перемирию, за которым должна обязательно последовать новая, решительная схватка. К этим грядущим боям нужно было готовиться, учитывая ошибки и опыт прошлых сражений. В России по традиции эти задачи возлагались на военачальников, отличившихся в предыдущей войне.

Несомненно героем первой русско-турецкой войны можно назвать Румянцева. За победу под Кагулом он был награжден чином фельдмаршала и почетной должностью командующего всей русской конницей. Его имя знали в Европе. Прусский король Фридрих II устроил в его честь маневры, на которых воспроизвел ситуации Кагульского сражения. В 1774 году один из кирасирских полков (Третий) был назван полком Военного ордена. Его почетным полковником также стал Румянцев, который первым из военачальников был удостоен высшей степени Военного ордена св. Георгия-Победоносца.

Все эти награждения, звания и посты свидетельствовали о том, что полководец занял одно из первых мест в армейской иерархии, получив таким образом право проводить самостоятельную политику в этой области, выступить автором реформ, план которых он коротко изложил в своей книге «Обряд службы». Но, увы, судьба его сложилась иначе.

Сорокапятилетний фельдмаршал был полон сил и энергии, однако на арену военно-административной и реформаторской деятельности выдвинулась совершенно другая фигура — Григорий Александрович Потемкин (1739—1791 гг.).

Среди молодых гвардейцев, сопровождавших императрицу в 1762 году в верховой поездке из Петербурга в Ораниенбаум, где находился Петр III, был вахмистр лейб-гвардии Конного полка Григорий Потемкин. Еще совсем недавно бедный дворянин из Смоленской губернии учился в университете, но вдруг бросил занятия, увлекшись фехтованием и верховой ездой. Когда Потемкина исключили из университета за нехождение на лекции, он записался в конногвардейцы. В день переворота он привлек внимание Екатерины Алексеевны своей мужественной красотой. Через несколько дней он уже корнет, затем — подпоручик, послан курьером в Стокгольм, по возвращении «пожалован поручиком» и камер-юнкером, допущен в общество императрицы. В 1768 году Потемкин уже генерал-майор и действительный ка-

мергер. Он принял деятельное участие в сражениях первой русско-турецкой войны, проявил большую личную храбрость, отбивая атаки турок на Кагуле. Затем он получил в армии Румянцева в командование корпус, но как корпусной командир особой славы не снискал. В войсках его стали называть «мертвым капитаном». Но это никак не повлияло на дальнейшую карьеру Потемкина. В 1773 году он генерал-поручик, затем — генерал-адъютант, царедворец, пользующийся доверием и благосклонностью императрицы. В 1774 году Потемкин получил орден св. Андрея Первозванного и, как Меншиков когда-то, чин подполковника лейб-гвардии Преображенского полка. Он стал вице-президентом Военной коллегии и генерал-губернатором Новороссии. Один из современников писал, что с 1775 года «Россия управлялась умом Потемкина».

Этот выдающийся военный организатор, политик и дипломат, человек, получивший всестороннее европейское образование, знавший несколько языков, в одном из писем к Екатерине II скромно писал о себе, что единственное дело, в котором он действительно разбирается до тонкости,— это конная служба.

Став вице-президентом Военной коллегии, Потемкин провел сразу же реформу в коннице. Он вернул драгунам доброе имя — воскресил их для полевой службы и дал усиленный состав, уменьшив соответственно число тяжелой кавалерии. Поводом для этого послужил суворовский «поиск на Туртукай», где карабинеры действовали как в конном, так и в пешем строю, имея на вооружении ружья со штыками. Потемкин назвал драгун «оружием полезнейшим и самонужнейшим».

По штатам 1775 года драгунским полкам было положено состоять из 10 рот по 157 человек каждая, а кирасирским и карабинерным — из 6 эскадронов по 160 человек. Таким образом количество драгунской, сред-

Офицер и рядовой Воронежского гусарского полка, 1788—1796 гг.
«Историческое описание одежды и вооружения Российских войск», том 5, № 640. Спб., 1899—1902.

ней кавалерии резко возросло: при 6 кирасирских полках (4595 строевых лошадей) и 19 карабинерных (14 461 строевая лошадь), 8 драгунских полков имели 12 520 строевых лошадей. Драгунам дали новое обмундирование: зеленые кафтаны с красной отделкой, палевые камзол и штаны из сукна, короткие сапоги. Вместо палашей они получили сабли и вместо тяжелых немецких седел — легкие, венгерские, из ленчика с потником. Такие седла имели гусары.

Во время войны 1768—1774 годов Потемкин много раз видел массовые атаки турецкой и татарской конницы, которая продолжала оставаться грозным оружием Османской империи в борьбе с регулярными армиями европейских государств. Вероятно, он задавался вопросом о том, что делает турецкую кавалерию такой сильной, подвижной, маневренной. Ответ был простым: хорошие, легкие и быстрые кони, легкое и удобное конское снаряжение, особые качества наездников, которые обучаются верховой езде с детства и всю жизнь проводят в седле.

Потемкин хотел, чтобы такую конницу имела и Россия, ведь Русскому государству еще предстояло утвердиться на черноморских берегах. Потому все мероприятия Потемкина были направлены на разрушение прежнего стереотипа о главенстве тяжелой кавалерии и создание русской легкой конницы, способной противостоять феодальной коннице Турции и крымских татар.

В 1784 году Потемкин был назначен президентом Военной коллегии с чином фельдмаршала и званием командующего русской конницей. Реформа, начатая им в 1783 году, без помех была закончена в 1786 году. Эта реформа совершенно преобразила нашу кавалерию, и о ней стоит рассказать подробнее.

Итак, состав конницы по ее родам. Гусарские полки заняли место в регулярной кавалерии, все поселенные конные части были переформированы в регулярные полки. Затем гусар

переименовали в легкоконников, лишив их роскошных мундиров. В результате состав конницы стал таким: 13 легкоконных полков, 4 конноегерских, 11 драгунских, 17 карабинерных и 5 кирасирских. Их штатное расписание, утвержденное в 1786 году, оставалось неизменным до 1796 года, то есть до воцарения Павла I.

По этому штатному расписанию кирасирские, карабинерные и легкоконные полки имели 6 эскадронов: 35 офицеров, 72 унтер-офицера, 828 рядовых, 12 трубачей и 2 литаврщика, 31 нестроевого, 33 мастеровых, 30 извозчиков. Всего в эскадроне 159 человек и 151 строевая лошадь, в полку —1105 человек, 907 строевых лошадей. Драгунские и конноегерские полки имели 10 эскадронов. В драгунском полку: 59 офицеров, 120 унтер-офицеров, 1380 рядовых, 20 трубачей, 2 литаврщика, 43 нестроевых, 55 мастеровых, 53 извозчика, всего в эскадроне 159 человек, 150 строевых лошадей, в полку —1816 человек, 1565 строевых лошадей. В конноегерском полку: 60 офицеров, 130 унтер-офицеров, 1480 рядовых, 20 трубачей, 2 литаврщика, 43 нестроевых, 47 мастеровых, 56 извозчиков, всего в эскадроне 179 человек, 150 строевых лошадей, в полку —1838 человек, 1565 строевых лошадей.

Таким образом количество легкой конницы достигало почти 20 тысяч строевых лошадей и составляло примерно треть от всей регулярной русской кавалерии (63 тысячи строевых лошадей). Потом к ней были прибавлены еще 6 регулярных казачьих полков (по 8 сотен каждый, всего — 1341 человек).

В 1786 году Потемкин осуществил коренную реформу обмундирования, замахнувшись на «святую святых»— тогдашний европейский мундир. И русская конница вместе с пехотой получила очень практичную, удобную и единообразную одежду: куртки вместо кафтанов, длинные шаровары вместо коротких штанов, фетровые каски с

Нестроевой и обер-офицер Донецкого
пикинерного полка, 1764—1776 гг.
«Историческое описание одежды и вооружения Российских войск», том 5,
№ 649. Спб., 1899—1902.

козырьком вместо треугольных шляп. У нижних чинов была отменена «куафера» из буклей и кос. Офицеры же удержали весь прежний мундир и эту традиционную прическу. Драгуны носили зеленые куртки и красные шаровары, карабинеры и легкоконники — синие куртки и красные шаровары, конные егеря — темно-зеленые куртки и темно-зеленые шаровары, вместо каски — черные кивера, одного вида с прежними гусарскими. Кирасиры носили палевые куртки и шаровары в каждом полку особого цвета (например, в Лейб-кирасирском — зеленые, в Екатеринославском — голубые, в Казанском — синие).

В это же время вся конница получила единообразное вооружение: сабли, ружья, пистолеты в конном строю. Палаш — обычное оружие средней и тяжелой кавалерии — был изъят из обихода.

Большое значение имела и отмена немецких седел, которыми в нашей кавалерии пользовались с начала XVIII века. Вместо них полки получили так называемые венгерские седла с ленчиком. Потемкин писал, что они гораздо легче, «лошадей не саднят и делать их в каждом полку можно дешевле прежних». Эти седла были позаимствованы у венгерских гусар, но не в Венгрии придуманы. Венгры переняли их у турок, а турки — у азиатских кочевых племен. Основа конструкции — две полки, опирающиеся на спину лошади, две луки, между которыми находится сиденье — встречается также у русских седел XVI—XVII века, хранящихся в Оружейной палате.

В строю венгерские седла употреблялись с вальтрапами. У драгун и легкоконников они были красными, у конных егерей — зелеными, у кирасир — в каждом полку особого цвета.

Все эти изменения, во-первых, удешевили содержание кавалерии, а во-вторых, сделали солдатскую выкладку и конский убор значительно легче и удобнее: например, вес одежды и сна-

ряжения солдата карабинерного полка уменьшился на 6 кг, седло и его принадлежности стало легче на 12 кг.

В отношении конского материала для полков было решено, что основные закупки будут делаться на Украине и Дону, где выращивали лошадей, вполне подходящих для армии: выносливых, неприхотливых в корме и уходе, легких.

О боевой подготовке конницы Потемкин писал в приказе от 27 января 1789 года: «Господа полковые командиры должны употребить все старание поставить свои полки соответственно званию легкоконных: для сего убегать должны неги, употребляемой для лошадей в коннице так называемой тяжелой, которая тяжела только сама по себе, а не ударом по неприятелю. Лошадей заводских отнюдь не иметь, людям сидеть вольно, действовать саблей хорошо, оборачиваться частями и поодиночке проворно... Иметь о людях большее попечение, нежели о лошадях, и для того меньше мучить чищением лошадей, ибо не в сем состоит краса полка, но в приведении его в исправность, нужную к бою...» В других приказах светлейший князь внушал офицерам, что «солдаты должны сидеть на лошади крепко, со свободою, какую казаки имеют, а не по манежному принуждению и стремена чтоб были не длинны...».

Ссылка на казаков далеко не случайна. В казаках Потемкин видел прекрасных кавалеристов и отважных воинов, много перенявших хорошего от азиатской конницы. Казацкий образ действий в бою, их вооружение, снаряжение, одежда и даже казацкая посадка на лошади (на коротких стременах) — все казалось Потемкину достойным подражания и применения в регулярных конных полках. По предложению Потемкина правительство предприняло меры, направленные на поощрение казацкой «старшины», на привлечение казаков к царской службе. Так, многие из «начальных людей» получили патенты на офицерские должности.

Надо заметить, что к концу XVIII века окончательно сложился тот уклад жизни казаков, а также те особенности их службы и военной организации, которые с незначительными изменениями просуществовали до начала XX века. Главный принцип заключался в том, что за каждым войском закреплялись земельные наделы, передававшиеся в пользование казачьим станицам. Казаки же по приказу правительства должны были быть готовы выступить в поход на своих лошадях, со своим оружием, снаряжением, обмундированием и запасом провианта.

Как правило, казачья конница превосходила регулярную кавалерию в индивидуальной подготовке всадников, но уступала ей в дисциплине и организации. В документах XVIII века во множестве встречаются приказы русских главнокомандующих о «продерзостях» казаков. А проступки казаки совершали одни и те же: грабили население, пленных, обозы, лагеря, оставленные противником. В кампании 1770 года был случай, когда казаки, ворвавшись в турецкий лагерь раньше всех, разорвали на платки брошенные турецкие знамена, и Румянцев не смог отправить эти почетные трофеи в столицу. Объяснение этому поведению есть: уходя на войну, казак оставлял дома семью с малыми детьми, хозяйство, где кто-то должен был работать вместо него. С войны он должен был что-то привезти, быть не только воином, но и добытчиком.

Однако все это не умаляет того факта, что военное воспитание и образование казаков стояло на достаточно высоком уровне. Начиналось оно в раннем детстве. Традиции повелевали дарить новорожденному мальчику оружие. Затем, когда у младенца прорезывались зубы, его сажали на отцовскую лошадь и везли к церкви, где служили молебен, чтоб сын стал храбрым казаком. Навыками верховой езды будущие воины овладевали к 5—7 годам. В 17—19 лет молодые казаки отправлялись в лагерь, где войсковой атаман проверял, готовы ли они к службе. Для этого устраивались различные соревнования в скачках, стрельбе в цель из ружья, рубке саблями, вольтижировке.

Потому в казачьи полки приходили уже достаточно умелые, подготовленные конники — выносливые, закаленные, с юных лет усвоившие, что их ждут трудные походы и жестокие сражения. Дух боевого товарищества пронизывал отношения в полку: служили станицами, знали друг друга с детства.

К концу XVIII века сложился и тип лошади донской породы, верного спутника казака в боях и походах. Это были небольшие, но очень выносливые лошади, которых объезжали и специально готовили к участию в боях, приучая к выстрелам, хождению в атаку в лаве.

Во второй русско-турецкой войне 1787—1791 годов казаки показали себя отлично. В ознаменование их подвигов чины Войска Донского, Уральского, Черноморского были сравнены с армейскими (войсковой старшина — майор, есаул — ротмистр, сотник — поручик, хорунжий — корнет) и получили соответствующие своим чинам оклады жалованья...

В этой новой войне с Османской империей ярко проявился полководческий гений Суворова. Труды Суворова по обучению конницы и его новаторские методы использования кавалерийских полков в боевых операциях изучены мало. Понятие «суворовские чудобогатыри» мы привыкли связывать только с доблестной русской пехотой. Однако документы свидетельствуют, что Суворов был прекрасным кавалерийским начальником и глубоко разбирался в тактике конницы. Вот выдержки из его приказов, датированных разными годами:

«Конницу... обучать быстроте, карьеру с замахом, невзирая ни на какие трудности местоположения, не только в одну линию, но и в две с резервом... задним линиям, когда передняя тише пойдет или остановится, проскакивать

Рядовой и трубач легкоконных полков, 1786—1796 гг.
«Историческое описание одежды и вооружения Российских войск», том 5, № 656. Спб., 1899—1902.

сквозь интервалы, а передовой отнюдь не проезжать назад. Сие самое чинить разнообразно, заезжая линиями вправо и влево, отделяя среди карьера один-два эскадрона для рубки...»

«Пехотные огни открывают победу, штык скалывает буйно пролезших в каре, сабля и дротик (то есть конница, вооруженная саблями и пиками.— **А. Б.**) победу и погоню до конца довершают...»

«Кавалерийское оружие — сабля! Строевых лошадей на учениях приучать к неприятельскому огню, к блеску оружия, крикам; при быстром карьере каждый кавалерист должен уметь сильно рубить...»

«Кавалерии атаковать только на палашах; в погоне кавалеристам надлежит только смело врубаться неиспорченным фронтом, кроме фланкеров, кои могут стрелять из пистолетов, но цельно...»

Широкую известность приобрели совместные учения пехоты и конницы, которые Суворов проводил, будучи командиром корпуса. Один из современников писал, что обычно эти учения продолжались не более полутора часов и кончались атакой конницы на пехоту. Пехотинцы по команде вздваивали ряды, всадники на карьере проскакивали сквозь образовавшиеся интервалы. Таким образом Суворов приучал пехоту к грозному виду несущихся на нее стеной эскадронов, а заодно и дрессировал строевых лошадей. После каждой такой атаки немедленно отдавалась команда: «Слезай!», лошади знали, что за усиленной скачкой сразу же будет отдых, и мчались во весь дух.

Суворов не только отрабатывал взаимодействие двух родов войск, но и стремился воспитать выносливых и сильных воинов, способных совершать длительные и быстрые переходы. Особым его вниманием пользовалось индивидуальное обучение конников рубке на больших аллюрах: «низко — пехоту, выше — конницу, но прежде подлинной рубки приучать к отвесу палаша». Здесь требовалась не столько сила, сколько умение, и Суворов указывал на

это: «из тех, коих карабинеры рубили, большая часть ускакали раненные, а малосильные драгуны рубили наповал...» В этих замечаниях чувствуется немалый собственный опыт полководца. Он получил его в рукопашных схватках под Кольбергом, водя в атаки тверских драгун.

В суворовской «Науке побеждать» (редакция 1796 г.) в главе «Словесное поучение солдатам» говорилось: «Коли пехота в штыки, конница тут и есть... обыкновенно конница врубается прежде, пехота за ней бежит — только везде строй. Конница должна действовать всюду, как пехота, исключая зыби; там кони на поводах. В окончательной победе конница гони, руби; конница займется, пехота не отстанет...»

Так получилось, что первое столкновение с противником во второй русско-турецкой войне произошло под командованием Суворова. Это был бой у крепости Кинбурн. Турецкий флот подошел к берегу, высадил большой десант, и началось многочасовое сражение на береговой полосе перед крепостью. Кавалерийские части, выделенные для защиты Кинбурна, располагались довольно далеко от крепости: легкоконные полки Мариупольский и Павлоградский — в 12 километрах, а Санкт-Петербургский драгунский в 44 километрах от места высадки десанта.

Приказ о выступлении они получили в середине дня и выступили в поход, шли ускоренным маршем. Суворов, увидев, что конные резервы прибыли, нанес туркам решительный удар. «Солнце стояло низко, и я обновил атаку в третий раз»,— писал он впоследствии.

Конница и пехота двинулись на турок, а единственное русское судно — галера «Десна», открыв прицельный огонь по неприятельскому флоту, заставила его отойти от берега. Ослаблением огня воспользовались три полка донских казаков под командованием Сычова, Орлова и Исаева. Держа коней в поводу, они по отмелям

Унтер-офицер и рядовой Донской конвойной казачьей команды, 1776—1796 гг. «Историческое описание одежды и вооружения Российских войск», том 5, № 764. Спб., 1899—1902.

пробрались на песчаную косу, сели в седла и атаковали турок с тыла. Завязалась ожесточенная рукопашная схватка. Зажатые в тиски, турки не выдержали удара и обратились в бегство.

Когда бой был почти окончен, где-то между 11 и 12 часами ночи к крепости подошли на рысях драгуны Санкт-Петербургского полка, преодолевшие за пять с небольшим часов пути 36 километров. По тем временам это был блестящий образец форсированного марша. Суворов поздравил конников с прибытием, назвал их своим «знатным резервом» и выхлопотал командиру полка Юшкову награждение орденом св. Георгия 4-й степени.

Кинбурнская победа произвела большое впечатление как весьма удачное начало войны. По всей России служили благодарственные молебны. Участвовавшие в отражении десанта войска получили награды: серебряные медали на черно-желтой георгиевской ленте для ношения в петлице мундира с левой стороны — и денежные премии. В том числе — и 662 драгуна Санкт-Петербургского полка по 1 рублю на человека как «сделавшие поспешный марш». При тогдашнем солдатском жалованье это была немалая сумма.

Следующий эпизод войны — осада Очакова. В ней участвовали значительные силы конницы: Екатеринославский кирасирский полк, 11 легкоконных полков и 13 казачьих. Осада длилась довольно долго. В декабре 1788 года Очаков был взят штурмом. В пешем строю с турками сражалась одна тысяча «охотников» из регулярных конных полков и одна тысяча казаков. Отличились 50 солдат Елисаветградского легкоконного полка, первыми бросившиеся на приступ одной из башен крепости. Удачно подоспел на помощь первой колонне наших войск, ворвавшейся в Очаков, эскадрон екатеринославских кирасир.

Возможно, эта победа и повлияла на решение правительства отметить службу легкой конницы на Украине. В 1788 году для ее солдат, прослуживших 15 лет в этом роде кавалерии и не уволенных в отставку, были учреждены овальные медали на голубой ленте. Для прослуживших сверх срока 3 года — серебряные с надписью «За службу», для прослуживших сверх срока 5 лет — золотые с надписью «За усердную службу»...

Лето 1789 года принесло русской армии замечательный успех. Суворов, действуя вместе с союзниками-австрийцами, разбил турецкую армию сначала при Фокшанах, потом при Рымнике.

В отряде Суворова, двинувшемся к Фокшанам, было три карабинерных полка под командой бригадира Бурнашова: Рязанский полковника Шнейдера, Черниговский полковника Поливанова и Стародубовский полковника Миклашевского — два полка донских казаков под командой Грекова и 800 арнаутов (молдавское конное ополчение). Конница вместе с пехотой совершила форсированный марш — 60 километров за 28 часов. Затем конница, несмотря на затопленные берега и широко разлившуюся из-за дождей реку, без потерь вплавь преодолела эту преграду и прибыла к месту сбора раньше пехоты.

Соединившись с корпусом принца Кобургского (12 тысяч человек), Суворов предложил австрийцам атаковать передовой отряд Осман-паши (30 тысяч ч. л.), который находился в двух пунктах: у переправы через реку Путну и в укрепленном лагере у Фокшан, — и разбить эти два отряда противника по отдельности.

В глухую ночь союзные войска двинулись к Фокшанам. На полпути, у речки Путны, им встретился передовой отряд турок. После упорного боя он был отброшен. Всю следующую ночь под огнем противника союзники наводили понтонный мост, и к утру полки смогли переправиться на другой берег.

Затем началась самая трудная часть предприятия. Дорога к Фокшанс-

Рядовые лейб-гвардии Гусарского эскадрона во вседневной форме, 1776—1796 гг. «Историческое описание одежды и вооружения Российских войск», том 5, № 761. Спб., 1899—1902.

кому лагерю вела через лес, очень густой и труднопроходимый. Подступы к нему защищала 15-тысячная турецкая конница. Отбившись от ее наскоков, войска достигли опушки. Здесь Суворов повел свою колонну в обход леса с одной стороны, принц Кобургский, командующий австрийским корпусом,— с другой. Внезапно Суворов свернул с дороги и пошел напрямик через болота. Увязая в тине, на каждом шагу проваливаясь в грязь, солдаты проделали эту часть пути. Вместе с пехотой через болото и кустарник ломилась и конница, только кавалеристам приходилось гораздо труднее, чем пехотинцам: надо было не только пройти самим, но и провести лошадей.

Результатом этого маневра было появление русских войск с той стороны, откуда турки их никак не ждали. Все турецкие пушки были повернуты в другую сторону, не было даже укреплений. Одним словом, ничего не мешало Суворову нанести противнику мощный фланговый удар, что он и сделал. Русские части, построенные в боевой порядок (пехота в две линии батальонных каре, конница — позади них в развернутом строю поэскадронно), атаковали корпус Осман-паши. Затем, после короткой артподготовки, русские и австрийцы стремительным штурмом овладели укрепленным неприятельским лагерем. Турки, бежав из него, укрепились в нескольких близлежащих монастырях, но вскоре были выбиты и оттуда.

После сражения у Фокшан наступило затишье, но в сентябре 1789 года турки снова собрали огромную армию (свыше 100 тысяч человек и 80 орудий) под командованием великого визиря Юсуф-паши. На сей раз события развернулись под Рымником.

Получив известие от союзников, Суворов со своим отрядом в 7 тысяч человек прошел по размытой дороге, под проливным дождем за двое с половиной суток 100 километров. Он привел с собой 11 батальонов пехоты, 9 эскадронов кавалерии (3 эскадрона Рязанского карабинерного полка —338 человек, 3 эскадрона Стародубовского карабинерного полка —379 человек, 3 эскадрона Черниговского карабинерного полка —406 человек), два полка донских казаков под командованием Грекова —694 человека и 800 арнаутов.

На рассвете 11 сентября русско-австрийские полки, совершив 14-километровый ночной марш, в глубоком построении (две линии пехотных каре, за ними — две линии конницы, на флангах — казаки) внезапно атаковали один из трех турецких лагерей под названием Тыргу-Кукули. Карабинеры Рязанского и Стародубовского полков вместе с австрийскими гусарами первыми ворвались в турецкий лагерь и начали рубить турок саблями.

Карабинеры Черниговского полка находились в другом отряде и выдержали несколько сильнейших ударов турецкой конницы, взаимодействуя с австрийской пехотой и кавалерией.

В финале этого многочасового сражения русские и австрийцы должны были штурмовать основные турецкие укрепления. Они состояли из неглубокого рва и земляной насыпи. Насыпь туркам достроить не удалось, и она была невысокая. Заметив это, Суворов молниеносно принял решение — штурмовать окопы конницей!

Русские и австрийцы построились в одну общую, несколько вогнутую линию. Пехотные каре в этой линии были раздвинуты, и в интервалах между ними поместились русские и австрийские эскадроны. Часть кавалерии расположилась на флангах боевого порядка. Под сильнейшим огнем противника атакующие двинулись вперед. Они приблизились к ретраншементам на 600—800 метров, и тут из интервалов общей линии по команде «Ступай-ступай!» вынеслась конница и на полном карьере поскакала к окопам. За одну минуту всадники преодолели обстреливаемое пространство, перескочили через ров и насыпь, обрушили удары своих сабель на янычар. Пораженные этой невиданной атакой, защитники укреплений настолько растерялись, что прекратили огонь. Это позволило пехоте беспрепятственно добежать до укреплений и вступить в рукопашную схватку.

В ретраншементах кипела жестокая сеча. Впереди атакующих находились карабинеры Стародубовского полка, которым командовал молодой полковник Михаил Миклашевский, один из храбрых и любимых Суворовым офицеров. Прекрасный наездник, Миклашевский, показывая пример своим подчиненным, первым перепрыгнул на лошади через ров и преодолел насыпь, потом зарубил нескольких янычар и захватил с солдатами четыре пушки. За этот подвиг он был награжден орденом св. Георгия 4-й степени и переведен на должность командира кирасирского Военного ордена полка. Суворов, поздравляя его с наградой и новым, почетным назначением, написал Миклашевскому сердечное, дружеское письмо...

Преследуя бегущих турок, карабинеры доскакали до берега реки Рымник и ударили на скопившихся там солдат противника. Один только Черниговский карабинерный полк уничтожил отряд янычар в количестве 500 человек.

Рымникское сражение — образец русского военного искусства, пример сложного маневрирования войсками на поле боя с целью разгрома неприятеля по частям и достижения победы не числом, а уменьем. Суворов не располагал значительными силами конницы, у него было чуть более двух с половиной тысяч всадников. Но их роль на завершающем этапе сражения трудно переоценить. Кавалеристы выступили как главная ударная сила, взломали оборону противника и проложили дорогу пехоте.

При штурме Измаила в декабре 1790 года полки регулярной кавалерии и донские казаки взойти на стены крепости, конечно, не могли. Здесь вся слава принадлежит пехоте, но конники составляли резерв Суворова и участвовали в отражении вылазок, которые предпринимали осажденные. Затем, когда наступавшие ворвались в крепость, 6 эскадронов Северского карабинерного полка и 4 эскадрона Воронежского гусарского полка в пешем строю вошли в город через ворота и вели уличные бои. В частности, два эскадрона карабинеров захватили в рукопашной схватке один из «ханов»— каменных строений, служивших постоялыми дворами, где был убит комендант Измаила Айдос-Мехмет. К 11 часам регулярная кавалерия вновь села на коней и проскакала по крепости, очищая ее от турецких войск.

Падение Измаила ускорило конец войны. Последним крупным ее сражением было Мачинское, которое произошло 28 июня 1791 года. Если Суворов не располагал большими силами кавалерии, то князь Репнин, командовавший войсками у Мачина, имел в своем распоряжении 9 полков регулярной конницы, 9 полков донских казаков, отряд черноморских казаков (800 человек) и отряд арнаутов. Всего русские войска насчитывали 30 тысяч человек, турецкие тоже —30 тысяч.

Репнин разделил свои силы на три корпуса: левофланговый под командованием Кутузова (входили полки Глуховский и Нежинский карабинерные, Воронежский и Ольвиопольский гусарские), центральный под командованием Волконского (входили Северский карабинерный, Харьковский коннoегерский и черноморские казаки) и правофланговый под командованием Голицына (входили Киевский, Черниговский и Стародубовский карабинерные полки). Был еще отряд под командованием Орлова, куда входили полки донских казаков.

Совершив многокилометровый ночной марш четырьмя колоннами, русские на рассвете 28 июня развернулись и начали наступление. Турки, обнаружив их у своего лагеря, предприняли отчаянные попытки задержать их движение и ударами с фронта и тыла разгромить корпуса поодиночке. Однако все контратаки турецких войск были отбиты. Турки бросались на пехотные каре, не выдерживали беглого ружейного и артиллерийского огня и откатывались, тут и выступала на поле боя конница. Она преследовала бегущего противника, рубя его саблями.

Правофланговый корпус овладел укреплениями у города Мачина, центральный — занял укрепленный турецкий лагерь, а кавалерийские полки Глуховский, Нежинский, Воронежский и Ольвиопольский из корпуса Кутузова нанесли решающий удар по правому флангу османской армии, после чего противник начал беспорядочно отступать на Гирсово, где за озером Мачин находился другой укрепленный лагерь. Кутузов организовал преследование отступающих, и его солдаты ворвались и во второй турецкий лагерь.

Поражение турецких войск при Мачине, а также разгром турецкого флота при Калиакрии поставили последнюю точку во второй русско-турецкой войне. Она завершилась выгодным для России Ясским мирным договором 1791 года.

Анализируя почти тридцатилетний период истории русской конницы (1762—1791 гг.), в своей книге «История конницы» Георг Денисон (переведена с английского на русский и издана в Санкт-Петербурге в 1897 году) писал о том, что эта ее деятельность должна быть признана заслуживающей восхищения. Может быть, русским конным полкам и недоставало строевой вышколенности (ровности в движениях, точности в ломке фронта и заездах, какие были в прусской и австрийских армиях), но их боевой дух был очень высок. Они соперничали в выносливости и способности к преодолению разного рода препятствий, совершали поразительные форсированные марши, переплывали большие реки, проходили без малейшей задержки горы и глубокие пропасти, отличались в бою смелостью, стойкостью, наступательным порывом.

Причины этого, по мнению Денисона, заключаются в том, что при недостатке высшего руководства многое было предоставлено личной ответственности полковых командиров, их приучали рассчитывать на условия и знания своих подчиненных, брать ответственность на себя. Безусловно, встречались большие злоупотребления во внутреннем хозяйстве войск, но зато их действия на поле боя и в походе нельзя упрекнуть ни в чем.

«Русская конница во второй половине царствования Екатерины II была отличной и вполне национальной конницей,— делает вывод Денисон.— Особенно это относится к легкой кавалерии...»

Своеобразным заключительным аккордом этой эпохи стали боевые действия в Польше в марте — октябре 1794 года. Здесь русской кавалерии пришлось сражаться с восставшими поляками под командованием генерала Тадеуша Костюшко. Было несколько крупных столкновений: у Щекоцина, Крупчиц, Тересполя, под Мацеовицами и Кобылкой.

В последнем сражении, например, кавалерия составляла большую часть русского корпуса генерал-аншефа графа А. В. Суворова. Это были полки: Мариупольский, Александрийский, Ахтырский и Харьковский легкоконные, Глуховской и Черниговский карабинерные, Кинбурнский и Смоленский драгунские и Ольвиопольский гусарский. Первая атака пехоты и казаков на поляков (около 4,5 тыс. человек) была неудачной. Суворов срочно вызвал главные силы кавалерии. Прибывшие эскадроны с ходу бросились в бой. Поляки начали отходить и вскоре были окружены и сдались в плен. Но другая часть их отряда, сохранившая боеспособность, еще пыталась пробиться через лес. Легкоконники Мариупольского полка и карабинеры Глуховского спешились, обнажили сабли и вместе с егерями кинулись за противником. В результате яростной схватки почти весь польский отряд был уничтожен, и русским досталось около тысячи пленных, девять орудий, знамя и весь обоз.

Павловский вахтпарад

В 1796 году император Павел I унаследовал армию, закаленную в боях, имеющую храбрых солдат, инициативных офицеров, деятельных полководцев, накопивших немалый опыт управления значительными войсковыми соединениями на разных театрах военных действий. Но... именно это ему и не нравилось.

Во-первых, Павел Петрович не собирался ни с кем воевать и сократил армию на 93 тысячи человек. Это в немалой степени коснулось кавалерии. К 1797 году осталось только 40 полков. Во-вторых, Павел решил строго бороться с русским беспорядком и злоупотреблениями, а для того — предписать всем, от рядового до маршала, что и как им должно делать на службе. Появились новые уставы для пехоты и конницы с мелочной регламентацией и предельной централизацией власти в руках одного-единственного человека — его величества государя императора. Следствием этого явилось небывалое доселе распространение бюрократизма и формализма, подавление всяческой инициативы, жестокость в обращении старших с младшими по чину.

В-третьих, считая идеалом, достойным подражания, только Фридриха II и прусскую военную систему, Павел отбросил своими постановлениями русскую армию в прошедший уже XVIII век, к линейной тактике, к бесконечным строевым учениям, вахтпарадам, палкам, шпицрутенам, прогонам сквозь строй, к устаревшей униформе с долгополыми кафтанами, большими треугольными шляпами, косами и буклями.

Кавалерия, которую можно было назвать и потемкинской и суворовской одновременно, претерпела большие изменения в духе перечисленных выше принципов и совершенно изменила свое лицо.

Прежде всего император упразднил карабинерные и конноегерские полки. Таких частей не было у Фридриха II, а значит, не должно было существовать и в армии Павла Петровича. Шесть карабинерных полков стали называться драгунскими, девять — кирасирскими. В итоге уже в конце 1796 года Павел вместо 5 кирасирских полков, доставшихся ему в наследство от Екатерины II, имел 16.

Вероятно, его абсолютно не интересовали вопросы тактической, да и практической целесообразности столь непомерного разрастания корпуса тяжелой кавалерии, весьма дорогостоящей и не отличающейся особой подвижностью на поле боя. Просто Павел слепо следовал соотношению, принятому в прусской армии (правда, много лет тому назад, в эпоху расцвета линейной тактики): 13 кирасирских полков, 12 драгунских и 10 гусарских.

К 1801 году армейская кавалерия и состояла из 13 кирасирских полков, 12 драгунских, 8 гусарских, 2 конных и 1 регулярного казачьего. По штатам 1798 года в них числилось: в кирасирском полку 5 эскадронов, 899 человек, 729 строевых лошадей и 114 обозных, в драгунском полку 5 эскадронов, 908 человек, 729 строевых лошадей и 114 обозных, в гусарском полку 10 эскадронов, 1643 человека, 1358 строевых лошадей и 172 обозных.

Всего —40 полков, 272 эскадрона, 45 649 человек и 32 124 строевые лошади.

К эпохе Павла относится формирование корпуса конной гвардии, в который вошли Кавалергардский полк, лейб-гвардии Конный, лейб-гвардии Гусарский, лейб-гвардии Казачий и уральская сотня. При этом Кавалергардский и лейб-гвардии Конный полки стали кирасирскими, получили кирасирские обмундирование и снаряжение.

При Павле были вновь повышены закупочные цены на лошадей: 120 рублей на кирасирскую, 60—80 рублей на драгунскую и 30—50 рублей на гусарскую. На каждый пятиэскадронный полк полагалось убыли по 150 лошадей ежегодно. В отличие от екатерининского времени покупку и доставку лошадей в полки брала на себя казна. Кроме того, увеличили суточные нормы фуража до 4 гарнцев овса, 15 фунтов сена и 2,5 фунта соломы. Этот рацион давали строевым лошадям весь год, за исключением 6 недель: с 15 июня по 1 августа, когда кормили травой, скошенной на лугах.

Павел предпринял также меры, направленные на то, чтобы облегчить издержки кавалерийских офицеров на лошадей. Все субалтерн-офицеры (от корнета до майора) получили казенных коней: в кирасирском полку — 33, в драгунском —36 и в гусарском — 46. Было повышено офицерское жалованье. В армии годовые оклады стали такими: корнет, прапорщик (у драгун) и подпоручик — 200 рублей, поручик — 240 рублей, капитан и штабс-капитан (у драгун), ротмистр и штабс-ротмистр — 340 рублей, майор — 460 рублей, подполковник — 600 рублей, полковник —900 рублей, генерал-майор — 2066 рублей.

Однако вместе с тем требования к господам офицерам ужесточились. Например, им запрещалось носить какое-либо другое платье, кроме мундира, запрещалось отлучаться из лагеря без разрешения на то самого главнокомандующего, запрещалось

брать отпуск более чем на 28 дней, запрещалось жениться, не испросив разрешения полкового командира. Вопрос об отставке, отпуске, производстве в чин или награждении любого офицера решал только сам государь.

Суворов, в те годы фельдмаршал и главнокомандующий армией, писал: «Сколь же строго, государь, ты меня покарал за мою 55-летнюю прослугу! Казнен я тобою: штабом, властью производства, властью увольнения от службы, властью отпуска, властью переводов». Прежде все перечисленные выше пункты входили в компетенцию главнокомандующих. Теперь же они становились не полновластными командирами, но генерал-инспекторами, призванными наблюдать за порядком в подведомственных частях и доносить обо всем императору, который один принимал решения по всем вопросам. Вся армия была разделена на 12 инспекций, которые были смешанного состава, назывались по местам своего расположения. В инспекции имелось два генерал-инспектора: для конницы и для пехоты.

В 1797 году увидел свет новый «Устав конного полка» в двух частях: 1-я — для кирасир и драгун, 2-я — «Правила конной службы»— для гусар. Современники отмечали, что этот Устав во многом являлся копией прусского кавалерийского Устава. В нем было немало дельного. Например, введение двухшереножного строя при силе взводов в 16 рядов, колонны из середины, развертывание кавалерийских частей, движение «с дирекцией» на определенный предмет, большие требования к точности исполнения перестроений. Впрочем, Устав говорил не только об учениях. Они занимали в общей части из 79 глав —16, в специальной из 26 глав —5. В остальном Устав регламентировал службу конницы вообще: на квартирах, в походе, при гарнизонной службе. Там были главы об отпусках офицеров и об их карточных долгах, о ремонтировании лошадей, обмундировании, шанцевом инструменте, похоронах, встречах глав-

Эстандарт-юнкер Екатеринославского и трубач Казанского кирасирских полков, 1797—1801 гг. «Историческое описание одежды и вооружения Российских войск», том 8, № 1024.

нокомандующих, караулах, пробитии вечерней зори и отдании в гарнизонах «пароля». Трудно даже перечислить все мелочи, которым было уделено внимание. Зато собственно верховой езде, обучению ей и совершенствованию в этих навыках личного состава должного значения не придавалось.

Вот несколько фрагментов из этого Устава. В главе о числе кирасирского полка говорится, что всего в нем офицеров должно быть 37, включая полкового шефа (обычно генерала): штаб-офицеров — 6 (командиры эскадронов и полковой командир), ротмистров — 4, штабс-ротмистров — 2, поручиков — 15, корнетов — 10. Эскадрон состоял из двух рот, а одна рота состояла из: вахмистра, эстандарт-юнкера (возил штандарт), квартирмейстера, 4 унтер-офицеров, трубача, коновала и 87 кирасиров (итого — 96 человек). Далее Устав сообщал, что гарнизонная служба «отправляется поротно, а в экзерциции — поэскадронно», что, за исключением шефа полка и полкового адъютанта, остальные 35 офицеров распределяются так, чтобы в каждом эскадроне было не менее 7 офицеров. Чин адъютанта — «либо младший поручик или старший корнет» (имелось в виду старшинство производства).

В главе 6-й «Общие правила о учении на конях» рассматривались некоторые детали обучения верховой езде. Так, согласно обычаям того времени рекрутов сначала обучали пешему строю, а потом уже сажали на лошадь, но стремян не давали до тех пор, пока они не научатся держаться в седле на шагу и на рыси. Начинали обучение с езды в манеже на корде, «а потом и без оной». На этих занятиях обязательным было присутствие эскадронных или ротных офицеров. Посадка на лошади описывалась так: «Грудь у него была бы назад, голову держал бы прямо, а корпус немного вперед, руки к телу, левую руку как можно более низко, но чтоб лежала на седле, правую

же руку, ежели палаш не в руке, опускал прямо по лядвее локтем к себе, ноги держал бы не очень вперед, шпоры далее от лошади, а носки в прямой линии с коленом». При этом стремена должны были висеть не далее, «как до внутренней шпорной пуговицы, ибо опытом найдено, что сия мера для всякого росту человека верна...».

В пункте 6-м этой же главы говорится о других навыках кавалериста: «Когда рекрут будет уметь ездить верхом, тогда показать ему, как владеть палашом и пистолетами, то есть как рубить, закрывая притом голову и шею, и отводить сзади удар на скаку, рыси и шаге. Заряжание пистолетов сидя на коне показывать ему сколь можно внятно. Как скоро командуется: «Пистолеты вон!» — вынимать проворно и вдруг наперед правый, а потом и левый пистолет, и ставить их прикладом на чушку...» Когда пистолеты вынимаются, гласил пункт 8-й, то палаш надо вешать на темляк на правую руку.

Распорядок дня в конном полку определялся, исходя из следующих требований: «Весьма наблюдать, чтобы за лошадьми было хорошее смотрение, дабы они четыре раза в сутки в одно время кормлены были и два раза чищены были, и для сего разделить роту и эскадрон на столько частей, сколько офицеров налицо и ко всякой части определить по одному или два унтер-офицера, которым после каждого кормления смотреть как за людьми, так и за лошадьми. Вахмистру осматривать конюшни ежедневно один раз. Офицерам смотреть свою часть, ежели не каждый день, то по крайней мере три раза в неделю, а эскадронным командирам — по разу в неделю... А когда же не бывает учение, то неотменно ездить два раза в неделю, хотя бы и на попонах, при чем всегда быть одному офицеру...»

Как и прежде, главной целью обучения было то, «чтобы рейтары лошадей во власти имели бы», то есть ездили по команде шагом, рысью и гало-

Штабс-трубачи полков Рязанского, Ямбургского (1797—1800 гг.) и Глуховского, 1797—1801 гг. «Историческое описание одежды и вооружения Российских войск», том 8, № 1025.

пом, владели палашом, пистолетами, карабином. Этого добивались на одиночных учениях. При групповых «экзерцициях» учили держать сомкнутый строй в шеренге, двигаться и поворачиваться всем строем одновременно.

Таковы были требования Устава. Вопрос только в том, в какой степени соответствовала им действительность, реальный уровень боевой подготовки в полках. Вот, например, любимец Павла, генерал-лейтенант граф фон дер Пален получил в командование лейб-гвардии Конный полк, обследовал его и сообщил, что «люди поодиночке не выучены». Он просил офицеров «стараться всякого человека всемерно поодиночке обучать конной езде и дабы он мог дать помочь лошади одним шенкелем, не болтая руками... дабы

Палаш кирасирский, конец XVIII века. Фонды Военно-исторического музея артиллерии, инженерных войск и войск связи (Санкт-Петербург).

каждый рейтар был господином своей лошади, нужно его довести до того, чтобы он ездил шагом, рысью и галопом, как приказано будет, и наипаче наблюдать, дабы рысью ездил, ибо через сие могут в галоп попасть легко, и атаки всегда будут точные...». Так обстояло дело в те годы с обучением гвардейского, можно сказать, образцового полка. А как были подготовлены армейские, находившиеся далеко от недреманного царского ока?..

Большое значение Павел придавал униформе, и конница вместе со всей русской армией переоделась в мундиры прусского образца. У кирасир это были колеты из кирзы, лосинные штаны, большие и тяжелые ботфорты, кирасы, треугольные шляпы. У драгун — длиннополые и широкие кафтаны одного покроя с пехотными, камзолы и штаны из лосины, ботфорты. У гусар — меховые шапки, ментики, доломаны, чакчиры и короткие сапоги.

На вооружение тяжелой и средней конницы вновь были приняты палаши,

Рядовой и офицер Владимирского драгунского полка, 1797—1801 гг. «Историческое описание одежды и вооружения Российских войск», том 8, № 1034. Спб., 1899—1902.

Офицер и унтер-офицер Изюмского гусарского полка, 1797—1801 гг.
«Историческое описание одежды и вооружения Российских войск», том 8, № 1053. Спб., 1899—1902.

Русские казаки в 1799 году. Иллюстрация из «Хроники Роватти», изданной в Модене (Италия) в начале XIX века.

некогда замененные Потемкиным на более легкие сабли. Карабины и пистолеты остались прежние. Амуниция включала в себя лядунку для патронов, ташку (у кирасир и гусар), портупею из толстой красной юфти, погонную перевязь (для карабина) и лядуночную — обе из лосины.

Седла кирасиры и драгуны получили немецкие, существовавшие у них до реформы 1786 года. Они делались из черной кожи, с черными ремнями и железными уздечками и мундштуками, стременами. Погоны и чемоданы делались из сукна, чепраки и чушки — из сукна по цвету воротников (в каждом полку особого цвета). Седловка, мундштучение и вьюк — все вновь стало таким, как описано ранее, в главе «Кирасиры, гусары, конногренадеры».

Павловская эпоха была пронизана духом самодовлеющего значения показных, внешних сторон службы, плацпарадной подготовки войск. В кавалерии это выразилось в особом внимании к чистке лошадей (как тут не вспомнить Потемкина: «меньше мучить чищением лошадей»), чистке и полировке пуговиц, пряжек, палашей, удил, седел, стремян, в неустанных заботах о белизне кирасирских колетов, штанов (во всех родах кавалерии), перчаток, о красоте «куаферы» с буклями и косами. Но не было достигнуто больших успехов в выездке лошадей (чем прославилась любимая Павлом прусская конница), в индивидуальной подготовке всадников.

Самым крупным военным событием в царствование Павла I был поход русских войск в Италию и Швейцарию в 1799 году. Командовал войсками в Италии Суворов. Он одержал ряд блестящих побед при Адде, Треббии, Нови, совершил беспримерный Швейцарский поход. Русская кавалерия в суворовском корпусе была представлена только полками казаков. Командовали ими полковники Молчанов, Денисов 5-й, Сычов 2-й, Греков 8-й, Поздеев 6-й, Семерников, Курнаков, Поздеев

4-й. Всего в походе участвовало более 4 тысяч донцов и 2 тысяч уральцев.

Казакам предстояло решить одну из важных задач конницы на театре военных действий — вести разведку, рекогносцировку местности. Но разведка была слаба и не раз подводила полководца. Уж очень непривычными оказались условия для казаков, да и местное население не всегда дружелюбно относилось к русским, которые в данном случае выступали союзниками австрийцев, давних угнетателей итальянского народа.

В полевых сражениях казаки действовали хорошо. В бою у реки Адды, например, Денисов со своими казачьими сотнями и австрийскими гусарами быстро переправился через реку и нанес удар по французам, обеспечив тем самым успешное развертывание пехоты.

В битве при Треббии Суворову пришлось торопиться на выручку дивизии генерала Отта. Он взял четыре полка донских казаков под командой Грекова 8-го, Поздеева 6-го, Молчанова и Семерникова, два полка австрийских драгун и поскакал вперед. Донцы прибыли в решительный момент боя, когда корпус Домбровского уже обошел австрийцев. Казаки тотчас устремились в атаку.

«В первый раз войска Макдональда увидели наших донцов,— писал об этом эпизоде военный историк Орлов.— Между тем, как австрийские драгуны опрокидывают неприятельскую кавалерию, казаки облетают левый фланг Домбровского, с криком и визгом бросаются врассыпную на польскую пехоту и приводят ее в совершенное замешательство...»

Но битва продолжалась, и на третий день у реки Треббии полки Грекова 8-го и Поздеева 6-го начали бой с традиционной казачьей атаки левой, поддержанной австрийской кавалерией. После жестокой схватки французы отступили, потеряв 600 человек убитыми и ранеными, 400 человек пленными, 1 знамя и 1 орудие.

Регулярная русская кавалерия находилась только в корпусе генерал-лейтенанта Римского-Корсакова. Это были кирасиры: Лейб-Кирасирский полк Ее Величества и Стародубовский (тогда он назывался кирасирским полком Нумсена, так как Павел отменил старинные русские наименования полков по городам и ввел наименования по фамилиям полковых командиров, как это было принято в прусской армии), драгунские полки Московский (Свечина), Санкт-Петербургский (Шепелева) и Каргопольский (Гудовича 6-го), Сумский гусарский (Лыкошина) и Татарско-Литовский конный полк (Барановского). Кроме того, у Римского-Корсакова были и казаки: 2 полка донцов и 2 полка уральцев.

Всего в корпусе насчитывалось 24 тысячи человек, примерно треть из них составляли кавалеристы. Но это не усиливало группировку, а, наоборот, ослабляло ее, так как месторасположение корпуса, гористое и болотистое, прилегающее к реке, мало подходило для успешных действий кавалерии.

Столкновение с французской армией генерала Массена (главные силы — 38 тысяч человек) произошло у Цюриха в сентябре 1799 года. В этом сражении русские потерпели поражение, потеряв в общей сложности 15 тысяч человек. А во время отступления по труднопроходимой местности они были вынуждены бросить около 80 орудий и большую часть обоза.

Русская конница особой роли в Цюрихском сражении не сыграла.

...Царствование Павла было коротким, но ему удалось быстро сломать военную систему, основанную Потемкиным, перестроить армию, заменить «высокий дух воинский» «духом капральским». Оба его сына, Александр Павлович и Николай Павлович, так или иначе, но продолжали его политику в отношении вооруженных сил. Лишь только годы борьбы с Наполеоном выделяются из этого полувекового периода своей героической романтикой.

В сражениях с армией Наполеона

Пока русские войска, приготовляясь к павловским вахтпарадам, чистили портупеи, перевязи и перчатки, полировали ружья и отрабатывали приемы с ружьем, в Европе набирал силу молодой генерал Наполеон Бонапарт, рождалась новая, революционная армия и новая тактика. Еще совсем недавно «законодателями мод» в военной организации и обучении армии считались пруссаки. Их уставам, маневрам, учениям, униформе подражала вся Европа. И вдруг на поля сражений выступили полки пехоты и конницы, по всем прежним меркам почти что необученные и неорганизованные, но тем не менее сумевшие разгромить вышколенные наемные армии.

Что же нового привнес Наполеон в тактику кавалерии?

Надо сразу отметить тот факт, что французские кавалеристы превзойти конников Фридриха II в верховой езде, выездке лошадей, маневрировании, скорости передвижения на поле боя в те годы не могли. Они были не слишком хорошо обучены. Постоянные войны и походы не позволяли Наполеону довести подготовку всадников до полного совершенства. Но зато число их резко возросло.

Например, в 1803 году в его армии находилось 2 карабинерных полка, 12 кирасирских, 30 драгунских, 24 конноегерских и 10 гусарских. Тяжелая конница имела по 4 эскадрона в полку, легкая — по 5 эскадронов, которые делились на 2 роты по 102 человека в каждой.

Это позволило французскому полководцу впервые в европейской истории применить кавалерию на поле боя в больших и плотных массах. Французские кирасиры, драгуны, конноегеря, гусары строились в 2 или 3 шеренги на дистанции 200 шагов, но чаще — не более 50—80 шагов между линиями. Нередким было построение в колонны, образуемые развернутыми полками или бригадирами. Их ставили друг за другом на малых дистанциях, и в атаке они представляли собой тесно сбитую массу. Это повлекло движение в атаку преимущественно на рыси, так как только на этом аллюре значительные массы кавалерии (к тому же еще и недостаточно владеющие искусством верховой езды) могли соблюдать порядок и сомкнутость строя. Медленный аллюр вызывал большие потери от огня пехоты, и Наполеон принял меры, чтобы уменьшить их. Тяжелая кавалерия (кирасиры и карабинеры) получила кирасы и каски. Драгуны тоже надели каски.

Применение конницы на театре военных действий у Наполеона отличалось большим разнообразием. Он пользовался ею для прикрытия движения армии, для нанесения решающих ударов в бою, для развития успеха и для прикрытия отступления.

В сражении под Иеной в 1806 году Мюрат с 12 тысячами всадников бросился на отступающих пруссаков и завершил их разгром. В битве под Ульмом в 1806 году тот же Мюрат со своими кирасирами, драгунами и карабинерами скрыл от австрийского генерала Мака передвижение французской армии. Французы обошли правое крыло австрийцев и разгромили их. Легкая кавалерия в наполеоновской армии блестяще выполняла функции разведки. Наполеон не колеблясь отправлял в рейд по 3—5 тысяч гусар и улан, чтобы получить данные о перемещениях войск противника.

Успехам французской конницы во многом способствовало и то, что ее генералы имели под своей командой солдат, может быть и не так хорошо обученных, как кавалеристы наемных армий, но зато в высшей степени одушевленных стремлением к славе, желающих отлично выполнить свой воинский долг. Моральное превосходство над противником в войнах (особенно времен революции), безусловно, принадлежало французам.

В России с тревогой наблюдали за событиями, разворачивающимися в центре Европы. Правительство Александра I, в 1801 году взошедшего на престол, понимало, что столкновение с Наполеоном неизбежно и к нему надо готовиться. В реформе прежде всего нуждалась армия.

Особая комиссия под председательством Цесаревича Константина Павловича разработала проект этой реформы. Естественно, что он затронул и конницу. В ней резко сократили корпус тяжелой кавалерии. Осталось всего 6 кирасирских полков, остальные были переформированы в драгунские. Затем ввели в конных полках так называемые резервные эскадроны для лучшей подготовки рекрутов и молодых лошадей к строевой службе. Одновременно с этим шло и формирование новых полков, и один из них по желанию Константина Павловича стал называться уланским.

Уланские полки считались таким же национальным видом конницы в Польше, как в Венгрии — гусары. В XVI веке уланские иррегулярные полки существовали в Литве и Польше, в них служили переселившиеся туда татары. В XVIII веке уланы появились в Австрии и Пруссии, затем — во Франции, где уже были регулярными и принадлежали к легкой кавалерии. Особый предмет в уланской униформе — шапки с четырехугольным верхом — и вооружение: сабли и длинные пики с «хоронжевками» — флюгерами из ткани — на конце.

Такое вооружение имели конные полки Польский и Татарско-Литовский, созданные еще при Павле из польских выходцев. Но наименование «уланский» впервые появилось в русской армии именно в 1803 году. Полк в своем составе насчитывал 10 эскадронов (два батальона) и назывался Уланским Цесаревича Константина Павловича полком. Ему была присвоена совершенно непривычная тогда в русской армии форма одежды: темно-синие куртки с алыми лацканами и воротниками, темно-синие брюки с широкими алыми лампасами, шапки с темно-синим суконным четырехугольным верхом. На плечах уланы первыми в русской армии стали носить эполеты с шерстяной бахромой из желтого и красного гаруса. Однако традиционное уланское вооружение — пики с флюгерами — они сначала почему-то не получили...

До 1805 года формирование кавалерийских полков продолжалось, и к первой войне с французами в русской армии насчитывалось 6 кирасирских, 28 драгунских, 9 гусарских, 1 уланский, 3 конных, 1 регулярный казачий полк. В гвардии — 2 кирасирских полка, 1 гусарский, 1 казачий и сотня казаков. Кирасирские и драгунские полки были пятиэскадронного состава, гусарские и уланский — десятиэскадронного. Всего — 52 полка, 319 эскадронов, 58 439 человек и 44 141 строевая лошадь в мирное время и 48 631 строевая лошадь — в военное. Кроме того, имелось 36 резервных полуэскадронов и 10 эскадронов — 4816 человек. Казаки могли выставить в армию более 110 тысяч человек.

Все эти годы обучение кавалерии шло по павловскому «Уставу конного полка». Но находились конники, которые не довольствовались материалом этого устаревшего издания. Они сами искали пути для усовершенствования боевой подготовки конницы и стреми-

Унтер-офицер лейб-гвардии Конного полка, 1804—1806 гг.
«Историческое описание одежды и вооружения Российских войск», том 15, № 2004. Спб., 1899—1902.

лись поделиться своими знаниями с другими.

Так, в 1805 году увидела свет книга, подготовленная офицерами кирасирского Военного ордена полка «Опыт наставлений, касающихся до экзерциций и маневров кавалерийского полка» объемом в 560 страниц со 100 чертежами. Эту книгу ее авторы — шеф полка князь Голицын и эскадронные командиры Васильчиков, Масюков, Радден, Засс и Линденбаум — издали за свой счет. Многое из нее потом вошло в кавалерийский Устав 1817 года, а отдельные главы переиздавались даже сто лет спустя.

Шеф полка генерал-майор князь Д. В. Голицын написал введение к книге, в котором коротко изложил историю кавалерии с древнейших времен до начала XIX столетия. Первую главу «Об обучении поодиночке» написал полковник Н. В. Васильчиков, вторую главу «Об эскадронном учении» — подполковник Ф. Ф. Радден, четвертую главу «Наставления, касающиеся обучения» — подполковник А. А. Засс. Чертежи выполнил полковник К. И. Линденбаум.

Книга весьма подробно рассматривала приемы и методы индивидуального обучения солдат и выездки лошадей. В ней высказывалось немало смелых по тому времени суждений, противоречивших «Уставу конного полка». Например, утверждалось, что при перестроениях на поле боя предельная скорость движения вовсе не обязательна, а лучше беречь силы лошадей на случай атаки (Устав требовал именно при перестроении максимальной скорости).

Труд кирасирских офицеров пользовался в армии популярностью и очень скоро стал библиографической редкостью...

Почти никаких перемен не последовало в конском снаряжении. У кирасир остались те же немецкие седла. Драгуны в отличие от павловской эпохи получили обратно «венгерские ленчики», введенные для всей кавалерии еще при Потемкине. На этих седлах ездили также гусары, уланы, солдаты и офицеры конных полков Польского и Татарско-Литовского. К немецким седлам полагалось иметь чушки и чепраки из сукна, к «венгерским ленчикам» — вальтрапы.

Мундштуки, уздечки, седельные принадлежности: ольстры, бушмат, паперсти (ремни, охватывающие грудь лошади), пахви (ремень, лежащий на крупе лошади), торока, попона — все осталось в том же самом виде, как было в XVIII веке.

С таким снаряжением русская конница пришла и к Отечественной войне 1812 года, а затем сохраняла его, в сущности, почти без перемен до середины XIX столетия.

В отношении обмундирования перемены были сделаны коренные. Александр I дал русской армии новую униформу, вполне соответствовавшую тогдашней европейской военной моде. Кавалерия наряду с пехотой получила короткие куртки с фалдами и высокими воротниками, застегивающиеся на два ряда пуговиц, белые брюки (их называли панталонами) для парадов и серые, с черной кожей в шагу, на 18 боковых пуговицах суконные рейтузы для походов и повседневного употребления. Зимой войска носили серые («земляного цвета») шинели со стоячими воротниками, на 8 пуговицах, с хлястиком на спине, похожие на современные.

У кирасир куртки были белого цвета, с цветной выпушкой в плечевом шве (они по-прежнему назывались колетами), у драгун — светло-зеленые, у улан и в конных полках — темно-синие. Покрой и вид гусарских доломанов и ментиков не изменился. К 1805 году русская тяжелая кавалерия, драгуны и конная артиллерия имела особые головные уборы — каски из черной пумповой кожи с

Обер-офицер Кавалергардского полка,
1804—1807 гг.
«Историческое описание одежды и вооружения Российских войск», том 15,
№ 2005. Спб., 1899—1902.

двумя козырьками спереди и сзади, с густым пышным гребнем из конского волоса. Гусары носили кивер из черного сукна с козырьком и этишкетами (кистями и шнурами), уланы — шапку с четырехугольным верхом.

Вооружение кавалерии заключалось в палашах (кирасиры и драгуны), саблях (гусары, уланы), карабинах и двух пистолетах в конном строю. В конных полках часть солдат была вооружена пиками с флюгерами.

Жизнь и служба кавалерии начала XIX века строилась по прежним правилам и обычаям: зимой — постой в городах, деревнях, по «обывательским квартирам», летом — лагеря. Свои казармы и манежи имели в то время только гвардейские части.

За лето требовалось и подготовить ремонтных лошадей к строевой службе, и усовершенствовать выездку старых. Срок службы лошади исчислялся 9 годами в армии и 8 годами в гвардии. Требования к ней оставались прежними (см.: «Инструкция полковничья конного полку» за 1763 год), рост для кирасирских полков не ниже аршина 2 вершков (150 см), для драгунских и гусарских — не ниже аршина 1 вершка (146,5 см) в холке.

О том, как шла подготовка лошади к строю в это время, рассказал в своих мемуарах, опубликованных в «Военном сборнике» в 1868 году, генерал от кавалерии граф Д. Е. Остен-Сакен, начинавший службу в 1804 году юнкером в Елисаветградском гусарском полку.

«Приемы выездки,— писал Остен-Сакен,— были вроде следующих: если лошадь дика, то ее повалят, положат мешки с песком пудов 5—6 весом, на морду наденут капцун и на корде гоняют до изнеможения. Через два дня — то же, но уже под седлом. Затем — окончательная выездка: на выгоне лихой всадник, силач с нагайкой, мгновенно вспрыгивал на коня и, подняв ему голову, мчался по кругу версты три до изнурения. Мало-помалу круги уменьшались все ближе к конюш-

не, с переходом в рысцу, потом в шаг, и, дотащившись до конюшни, наконец слезали. Иногда то же повторялось и на следующий день, но уже с меньшим сопротивлением лошади. Этим и заканчивалась вся выездка. Она сопровождалась иногда разбитием, по большей части — надорванием и запалом (болезни лошади.— А. Б.). Большая часть лошадей носила, а некоторые опрокидывались... Существовала приездка, но не выездка лошадей... Ни одно конное учение не обходилось без падения нескольких человек и увечья...»

В кирасирских полках дело с выездкой лошадей обстояло лучше. На это есть указание и в павловском Уставе: «Как ремонтные кирасирские лошади по большей части суть заводские, то обучение их бывает не столь трудно...»

Тут действовали старые правила, заложенные еще при создании корпуса тяжелой кавалерии в России. Рослых и массивных лошадей для кирасир выращивали преимущественно в конных заводах, где молодняк проходил «обтяжку» (приручение) в раннем возрасте, и его заездка не доставляла особых сложностей. Получая отборный конский материал с улучшенными породными данными, в кирасирских полках всегда обращали внимание на тонкости верховой езды и выездки. Это тоже была традиция. Поэтому в привилегированные части тяжелой конницы и шли служить офицерами подлинные знатоки и любители «лошадиного искусства».

К сожалению, кирасирских полков было всего 8 (2— в гвардии, 6— в армии), и следовательно, число правильно выезженных лошадей, прекрасно подготовленных солдат и офицеров в войсках оставалось не слишком большим.

Русско-австро-французская война 1805 года прибавила кирасирам боевой славы. Особенно отличились два гвардейских полка, впервые выступившие на поле боя. Из всех сражений этой войны наиболее известно Аустерлицкое (20 ноября 1805 года), именно в нем и участвовали Кавалергардский и лейб-гвардии Конный полки.

Под Аустерлицем армия Наполеона насчитывала около 74 тысяч человек, русско-австрийские союзные войска — 86 тысяч. Силы кавалерии обеих армий были примерно одинаковы: у французов — 121 эскадрон (около 12 тысяч сабель), у союзников —125,5 эскадрона (около 13 тысяч сабель). Это небольшое преимущество никакого значения иметь не могло.

Из-за грубых ошибок главного командования (Александр I, в сущности, отстранил от управления войсками Кутузова) союзники потерпели под Аустерлицем сокрушительное поражение. Героические действия отдельных русских полков и соединений исхода битвы не изменили, но как пример стойкости и мужества остались в военной истории.

Так, лейб-гвардии Конный полк вместе с лейб-гвардии Гусарским смело атаковал противника, чтобы прикрыть отступление русской гвардейской пехоты. Конногвардейцами командовал генерал-майор Янкович. Они были построены в эскадронные шеренги в две линии (три эскадрона в первой и два эскадрона во второй). Атаку первой линии французы отбили ружейным огнем. Атака второй линии, поддержанная огнем артиллерии, была более удачной. Кирасиры прорвали ряды каре и начали рубить пехотинцев.

Третий взвод второго эскадрона во главе с поручиком Хмелевым 1-м сумел захватить «орла», принадлежавшего французскому 4-му линейному полку. Рядовые Ушаков, Глазунов и Омельченко доставили почетный трофей к Цесаревичу Константину Павловичу, командовавшему тогда гвардией. Впоследствии «орел» находился в полковой церкви лейб-гвардии Конного полка, а затем — в Эрмитаже...

Однако сражение продолжалось. На помощь французской пехоте, бегущей от русской конницы, бросились конные гвардейцы Наполеона: конногрена-

дерский полк, конноегерский и рота мамелюков. Их поддержала огнем французская конная артиллерия.

Генерал-лейтенант Кологривов, увидев эту атаку, поспешил собрать конногвардейцев и лейб-гусар «апелем» и построить в эскадронные шеренги, развернутыми уступами от центра. Но приказа скакать навстречу противнику он не отдал, и русские кавалеристы встретили несущихся на них вражеских всадников стоя на месте. Эта ошибка, совершенно непростительная для такого опытного кавалерийского начальника, как Кологривов, дорого обошлась кирасирам и гусарам. Французские эскадроны опрокинули численно превосходившую их русскую конницу и обрушились на пехоту первой линии.

Конные егеря Морлана и мамелюки Раппа врубились в ряды Преображенского и Семеновского гвардейских пехотных полков. Им пришлось начать отступление к Раусницкому ручью, к Валькмюльской переправе (на крайнем правом фланге позиций союзников).

На помощь пехоте, истекавшей кровью в схватке, вскоре подошли новые части гвардии, в том числе Кавалергардский полк и лейб-гвардии Казачий. Переправившись через ручей (кавалергарды по плотине, лейб-казаки — вброд), конники устремились на помощь пехоте. Лейб-казаки были отбиты, но им на смену прибыл Кавалергардский полк.

Кавалергарды (1-й, 2-й, 3-й эскадроны) во главе с полковым командиром генералом Депрерадовичем 2-м атаковали цепи французских стрелков, сильно теснивших преображенцев. Под прикрытием кирасир преображенцы успели переправиться на другой берег. Вслед за первыми тремя эскадронами кавалергардов плотину перешли 4-й и 5-й эскадроны и ударили на расстроенные в ходе боя эскадроны Раппа. Завязалась ожесточенная рукопашная схватка. На помощь французам подоспели конные егеря и конногренадеры.

Эскадрон кавалергардов (4-й), кото-

Рядовой Лифляндского драгунского полка, 1803—1806 гг.
«Историческое описание одежды и вооружения Российских войск», том 11, № 1441. Спб., 1899—1902.

рым командовал 27-летний полковник князь Н. Г.Репнин, был окружен и некоторое время сражался в окружении. Часть личного состава погибла, часть попала в плен (почти все ранеными). Все офицеры эскадрона во главе с князем Репниным были ранены, а затем пленены. Из эскадрона спаслось всего 18 человек.

Общие потери кавалергардов составили 252 человека (из 800) и 273 строевых лошади. Потери в лейб-гвардии Конном полку, у лейб-гусар и лейб-казаков были значительно меньшими.

Русская гвардейская тяжелая кавалерия в день Аустерлица сражалась храбро, самоотверженно, но, по свидетельствам военных историков, ей в те годы не хватало боевого опыта, в действиях ее командиров, офицеров и солдат сказывалась чрезмерная «манежная» подготовка, которая сама по себе, без проверки на поле боя, не может сформировать настоящих кавалеристов.

Для первых русских улан Аустерлицкое сражение также явилось боевым крещением.

Они находились в составе 5-й колонны князя Лихтенштейна, в которой были только кавалерийские полки: русские и австрийские, всего около 7 тысяч сабель и 24 конных орудия. У селения Блазовиц колонна Лихтенштейна встретилась с колонной гвардии, и Цесаревич, увидев свой полк, шедший в голове этой колонны, отрядил его в атаку против французской конницы генерала Келлермана и следовавшей за ней пехотной дивизии генерала Каффарелли.

Генерал-майор барон Е.И.Меллер-Закомельский, старый и опытный воин, соратник Суворова, командовавший Уланским Его Высочества Цесаревича Константина Павловича полком, развернул все десять эскадронов полка в линию и поскакал в атаку впереди первого батальона. С громким криком «ура!» уланы двинулись за ним. На галопе конники ударили с фланга на два французских гусарских полка, опрокинули их, наскочили на два других полка дивизии Келлермана, тоже обратили их в бегство и вместе с ними помчались

на французскую пехоту и артиллерию (первая линия дивизии Каффарелли).

Здесь уланам удалось смять часть пехотного полка и захватить 3 орудия. Отличился первый эскадрон графа Гудовича. Основные же силы полка очутились между двумя линиями французской пехоты, попали под жестокий ружейный огонь и начали нести большие потери. В документах отмечен и такой факт: плохо объезженные донские лошади улан вышли из повиновения и понесли. Многие всадники, не сумев справиться с ними, попали в самую гущу неприятеля и были вынуждены сдаться в плен. Пользуясь поддержкой пехоты, Келлерман привел в порядок своих гусар и конноегерей и пошел в контратаку, ударил во фланг уже расстроенного боевыми действиями полка. Бросив захваченные пушки, уланы обратились в бегство. Одна небольшая часть полка смогла вырваться из схватки и примкнуть к войскам Багратиона. Другая часть доскакала до села Круг и присоединилась к дивизии генерала Уварова.

Меллер-Закомельский раненым попал в плен. Из 59 офицеров выбыло из строя 28. Кроме того, было убито и пропало без вести, ранено 480 нижних чинов (по другим источникам — 680). При штатном составе уланского полка (в военное время) в 1491 всадника эти потери можно назвать очень большими.

За свой подвиг уланы Цесаревича получили награду — 24 серебряных трубы. Но их геройская атака никакой роли в ходе сражения не сыграла. Единственное, что им удалось сделать, это отсрочить на некоторое время очередной удар французов по союзным войскам...

Как уже говорилось ранее, сражение под Аустерлицем было выиграно французами и ярко проявило превосходство новой тактики Наполеона над прежней, линейной тактикой, которой придерживались его противники. Русские потеряли около 21 тысячи человек, а также почти весь свой орудийный парк (160 орудий), 29 знамен. Армия вернулась в Россию, где немедленно приступили к пополнению старых полков и формированию новых.

Передышка была недолгой. Уже в ноябре 1806 года Наполеон двинул свои войска (около 160 тысяч человек) навстречу русской армии, сосредоточенной в районе Пултуск, Остроленка, Брест-Литовский. Начали разворачиваться события новой войны — русско-прусско-французской 1806—1807 годов. Однако арьергардные бои на реке Вкра, сражения у Голымина, Пултуска и Прейсиш-Эйлау не дали Наполеону желаемого результата: разгромить русскую армию ему не удалось.

У Голымина под командованием генерал-лейтенанта князя Д. В.Голицына русская кавалерия (полки: кирасирские Военного ордена и Малороссийский, драгунские Московский и Псковский, гусарский Сумский — сначала только 2 эскадрона) вместе с пехотой отбивались от французов. Войска были расположены в две линии и защищали артиллерию, которая вела канонаду по противнику и не позволяла ему продвинуться вперед. К вечеру Голицын отступил от Голымина в полном порядке, потеряв в бою около 1 тысячи человек.

У Пултуска конница сыграла более важную роль в сражении. После успешных атак французов на правом фланге главнокомандующий русской армией генерал от кавалерии граф Л.Л.Беннингсен бросил в контратаку пехоту из резерва и массу конницы. Вихрем помчались на врага драгуны Киевского и Каргопольского полков, кирасиры Екатеринославского и Лейб-Кирасирского Его Величества полков, гусары Александрийского и Изюмского полков, донские казаки Иловайского 9-го и Ефремова 3-го. Смелый рейд русских кавалеристов вынудил противника к отступлению. Особенно в атаке отличился Изюмский гусарский полк и его доблестный шеф — генерал-майор И.С. Дорохов, который за свои действия под Пултуском был награжден орденом св. Георгия 3-й степени.

Упорным и кровопролитным было сражение с французами у Прейсиш-Эйлау в конце января 1807 года. На заснеженных полях Восточной Пруссии русские оставили около 26 тысяч убитых и раненых, французы — около 30 тысяч. Современники считали столкновение у Прейсиш-Эйлау неудачным для русских, но в более позднее время историки пришли к выводу, что стратегический выигрыш остался тогда за Россией.

Кавалерия была разделена на три группы и занимала место за правым флангом, центром и левым флангом. Вместе с пехотой она отражала яростные атаки противника. В частности, когда Наполеон ввел в дело 75 эскадронов своей конницы под командованием Мюрата и Бессьера, то удар гвардейской французской кавалерии был отбит не только огнем пехоты, но и смелым выступлением Елисаветградского и Павлоградского гусарских полков, донских казаков Киселева.

Этот эпизод красочно описал Д.В.Давыдов, знаменитый поэт, гусар и партизан. Картину, характерную для массированных атак конницы, Давыдов, сам участник сражения, дал очень точно: «...Более 60 эскадронов обскакало справа бежавший корпус и понеслось на нас, махая палашами. Загудело поле, и снег, взрываемый 12 тысячами сплоченных всадников, поднялся и завился из-под них, как вихрь из-под громовой тучи. Блистательный Мюрат в карусельном костюме своем, следуемый многочисленною свитою, горел впереди бури, с саблею наголо, и летел, как на пир, в средину сечи. Пушечный, ружейный огонь и рогатки штыков, подставленных нашею пехотою, не преградили гибельному приливу. Французская кавалерия все смяла, все затоптала, прорвала первую линию армии и в бурном порыве своем достигла до второй линии и резерва, но тут разбился о скалу напор волн ее. Вторая линия и резерв устояли, не поколебавшись, и густым ружейным и батарейным огнем обратили вспять нахлынувшую громаду. Тогда кавалерия эта, в свою очередь преследуемая конницею нашей сквозь строй пехоты первой линии, прежде ею же смятой и затоптанной, а теперь снова уже поднявшейся на ноги и стрелявшей по ней вдогонку,— отхлынула...

Рядовой и трубач Белорусского гусарского полка, 1803—1809 гг.
«Историческое описание одежды и вооружения Российских войск», том 11,
№ 1501. Спб., 1899—1902.

Погоня нашей конницы была удальски запальчива и, как говорится, до дна...»*

Под Прейсиш-Эйлау сражались и изюмские гусары. Унтер-офицер Изюмского полка Сергей Дудников совершил подвиг, спасши жизнь мало кому известного тогда 46-летнего генерал-майора Барклая-де-Толли. Барклай был тяжело ранен в руку и упал с коня в снег. Дудников подскакал к нему, соскочил на землю, поднял раненого генерала на руки, перекинул через седло и так вывез из огня. Храбрый гусар был награжден Знаком отличия Военного ордена № 1. 660. Для Барклая-де-Толли же началась новая полоса в жизни. Раненым его посетил император Александр I, долго беседовал с ним и поверил в его выдающийся талант полководца. После возвращения в строй Барклай уже генерал-лейтенант, в 1810 году — военный министр, много сделавший для подготовки России к войне, в 1812 году — главнокомандующий 1-й Западной армией...

После Прейсиш-Эйлауского сражения боевые действия прекратились. К этому вынудили погодные условия.

Воспользовавшись затишьем, в некоторых полках, отведенных к западным губерниям империи, занимались приемом нового пополнения. К этому периоду относятся сведения о том, что в кавалерию людей брали не только по рекрутским наборам, но и при помощи вербовки. Об этом упоминали военные историки В. Крестовский («История 14-го уланского Ямбургского полка». Спб., 1873), И.Бурский («История 8-го гусарского Лубенского полка. 1807—1907 гг.». Одесса, 1912). Наиболее подробно «вербунок» описан в книге Н.А. Дуровой «Записки кавалерист-девицы» (Спб., 1836, часть 1). Дело происходило так. По улицам городка гуляли толпы солдат, щедро угощали вином и водкой встречавшихся им лиц мужского пола (независимо от возраста), потом приглашали в корчму продолжить веселье. После такого угощения многие

приходили в себя только на следующий день, в полковом лагере, где им предлагали подписать соответствующие бумаги и просто-напросто не отпускали домой.

Хотя Дурова, бежавшая из отцовского дома в казачьем костюме, пить вино и плясать на улице отказалась, сама эта кампания вербовки помогла ей весной 1807 года без особой проверки и хлопот под именем Александра Васильевича Соколова записаться в конный Польский полк. Там она вместе с другими завербованными прошла ускоренный курс обучения, чтобы уметь «маршировать, рубиться, стрелять, владеть пикой, седлать, расседлывать, вьючить и чистить лошадь», и была определена в лейб-эскадрон рядовым («товарищем»).

Возможно, вербовка в кавалерии в начале XIX столетия отражала стародавние, многовековые представления об особенностях конной службы и качествах, которыми должен обладать всадник. Полностью подчинить своей власти большое и сильное животное мог только бесшабашно смелый, находчивый, энергичный, волевой — одним словом, вольный человек, а не крепостной, с молоком матери впитавший чувство покорности и страха.

Русское дворянство всегда считало службу в кавалерии очень престижной. Но далеко не всем она была по карману из-за покупки собственных лошадей, дорогостоящего конного снаряжения, амуниции, обмундирования. Например, Устав требовал, чтобы у гусарских офицеров все пуговицы, шнуры и галуны (счет их шел на метры) на доломане, ментике и чакчирах действительно были золотыми или серебряными. Характерный предмет амуниции всех кавалерийских офицеров — лядунка (маленькая сумка для патронов) — также должна иметь крышку из чистого серебра или золота (смотря по цвету полкового прибора).

Потому в кирасирских, драгунских, гусарских и уланских полках на обер-офицерских должностях находилось немало молодых людей из знатных и

*Д а в ы д о в Д. Военные записки. М., Воениздат, 1982, с. 70—71.

Рядовые Уланского Его Высочества Цесаревича Константина Павловича полка, 1803—1806 гг. «Историческое описание одежды и вооружения Российских войск», том 11, № 1535.

богатых фамилий. По словам А. Фета, известного поэта и кавалерийского офицера, они хотели «красиво отпраздновать молодость», а потом выйти в отставку. Однако были и другие — небогатые или со средним дворянским состоянием (примерно — 300 душ), но ревностные знатоки службы, избравшие военную карьеру делом всей жизни.

Так или иначе, но почти все крупные русские полководцы эпохи Александра I обязательно имели за плечами службу в коннице. М. И.Кутузов с 1777 по 1783 год командовал на Украине пикинерным (предшественники улан) Луганским полком. М.Б. Барклай-де-Толли начинал службу в Псковском карабинерном полку в 1776 году, получил там первый офицерский чин и только в 1786 году перевелся в пехоту. П.И. Багратион особенно отличился и обратил на себя внимание Суворова в 1794 году, будучи премьер-майором Софийского карабинерного полка. Л.Л.Беннигсен в 1783 году стал командиром Изюмского легкоконного полка, с которым участвовал в русско-турецкой войне 1787—1791 годов. А.П. Ермолов в 1792 году был произведен в капитаны в Нижегородский драгунский полк, где числился недолго. Но в 1802 году он вернулся к конной службе — получил в командование конноартиллерийскую роту и успешно руководил ее действиями в войнах 1805—1807 годов, что дает основание считать его тоже воспитанником кавалерии.

Из кавалерийских начальников, командовавших значительными отрядами войск в этот период, стоит отметить генерал-лейтенанта князя Д.В.Голицына, блестяще образованного человека, большого знатока лошадей, умелого военачальника. Он принадлежал к старой русской аристократии.

Совсем другой тип представлял собой генерал-лейтенант Ф. П. Уваров, участник Аустерлицкого сражения, командир русской конницы в 5-й колонне Лихтенштейна. Он в 13 лет был записан вахмистром в лейб-гвардии Конный полк, но служить в столице не смог из-за недостатка средств и вышел офицером в пехоту. Лишь в годы войны с поляками (1793—1794 гг.) ему удалось перевестись в Смоленский драгунский полк, где он отличился своей храбростью и получил чин подполковника.

Встреча с императором Павлом круто изменила карьеру скромного армейского офицера. Павлу Уваров понравился, он перевел его в лейб-гвардии Конный полк, сделал генерал-майором и генерал-адъютантом. В 1800 году Уваров стал одним из организаторов Кавалергардского полка. С тех пор его дальнейшая служба была связана с конной гвардией.

Красавец в молодости, щеголь, превосходный наездник и отважный человек, Уваров сам, без покровителей и знатной родни, достиг высоких чинов, пользовался симпатией не только Павла Петровича, но и Александра. Современники отмечали, что Уваров не получил в детстве достаточно образования, но упорными занятиями образовал себя сам.

...Военные действия русско-прусско-французской войны возобновились в мае 1807 года. Крупные столкновения произошли под Гутштадтом, Гейльсбергом, Фридландом. Неудачным для русских было Фридландское сражение, когда наша армия, понеся значительные потери (до 15 тысяч убитых и раненых), отошла за Неман в начале июня.

У Гейльсберга масса русской конницы (25 эскадронов под командованием Уварова), выступив в конце сражения, заставила французов отойти. У Фридланда произошло несколько яростных кавалерийских схваток. С драгунами из дивизии генерала Груши успешно рубилась легкая конница: 2-й батальон Уланского Цесаревича полка, 2 эскадрона лейб-гвардии Гусарского и 1 эскадрон лейб-гвардии Казачьего. Лейб-гвардии Конный полк смелой атакой разметал голландских кирасир, спешивших на помощь пехотной дивизии Маршана. И в конце сражения, после отступления русских войск от центра и левого фланга, на правом фла-

Казак и урядник Донского Атаманского полка, **1801—1809** гг.
«Историческое описание одежды и вооружения Российских войск», том 18, № 2430. Спб., 1899—1902.

нге разгорелась большая кавалерийская сеча. Более 50 эскадронов французов схватились на палашах и саблях с 35 эскадронами русских (гусарские полки Гродненский и Александрийский, Уланский Цесаревича, лейб-гвардии Гусарский, лейб-гвардии Казачий). Генерал-лейтенант Уваров, выдвинув для поддержки конную артиллерию, произвел последнюю атаку и отбросил всадников Наполеона до опушки леса. При этом один драгунский и один кирасирский полк противника были почти совсем истреблены. После этого вслед за пехотой правого фланга отошли и кавалеристы Уварова. Поле боя осталось за французами.

Хотя обе эти войны не принесли окончательной победы русскому оружию, события их были памятны для многих. Русские солдаты, простые «нижние чины» пехоты и конницы воевали с таким мужеством и стойкостью, что администрация сочла необходимым отметить их подвиги. В 1807 году была учреждена особая награда для них — Знак отличия Военного ордена. Это был серебряный крестик на георгиевской ленте. Отрадно отметить, что первые награды (№ 1—5) получили кавалеристы. А Знак отличия № 1 был вручен унтер-офицеру Кавалергардского полка Егору Митюхину.

Из наиболее известных в наше время героев Отечественной войны 1812 года — кавалеристов в сражениях 1805—1807 годов боевое крещение получили Д.В.Давыдов и Н.А.Дурова (в 1812 году — поручик Литовского уланского полка А.А.Александров).

В бою при Гутштадте, будучи рядовым конного Польского полка, Дурова спасла русского офицера, одна бросившись с пикой наперевес на группу вражеских солдат. Наградой ей был Знак отличия Военного ордена № 5723 и производство в офицерский чин.

Денис Давыдов, будучи штабс-ротмистром лейб-гвардии Гусарского полка и адъютантом Багратиона, участвовал в сражениях при Прейсиш-Эйлау, Гутштадте, Гейльсберге, Фридланде и получил свои первые ордена: св. Влади-

мира 4-й степени с бантом, св. Анны 2-й степени — и золотое оружие за храбрость.

В этот период выдвинулся и Я.П. Кульнев, в 1807 году — подполковник Гродненского гусарского полка, в 1808 году — генерал-майор. На его счету было несколько лихих кавалерийских дел. Например, при Гутштадте он преследовал противника со своими двумя эскадронами, большой отряд изрубил, 100 человек взял в плен. Затем, верхом переправившись через реку, гусары захватили большой артиллерийский обоз, взорвали его и также вплавь вернулись обратно. Кульнев был награжден орденом св. Владимира 4-й степени с бантом. Под Фридландом гусары Гродненского полка попали в окружение, но Кульнев, встав во главе эскадрона, повел их в атаку. Вихрем помчались, гродненцы на врага, разметали его ряды и пробились к своим. Кульнев украсил грудь орденом св. Анны 2-й степени...

Для подполковника конной артиллерии А. П. Ермолова, опального в недавнем прошлом офицера, события 1805—1807 годов тоже сыграли особую роль. Под Аустерлицем он едва не попал в плен. Но при Прейсиш-Эйлау отличился, отбив картечными выстрелами все атаки противника и продержавшись на позициях до подхода подкреплений. Под Гутштадтом его конноартиллерийская рота метким огнем подавила неприятельскую батарею. Под Гейльсбергом Ермолов был атакован французской конницей с тыла, на приказ открыть стрельбу ответил, что будет стрелять, когда отличит белокурых от черноволосых, и действительно, подпустив противника на кратчайшее расстояние, открыл ураганный огонь и обратил вражеских солдат в бегство. За эти подвиги Ермолов получил ордена св. Владимира 3-й степени и св. Георгия 3-й степени. Великий князь Константин Павлович представил его к званию генерал-майора, но Александр I задержал производство, так как Ермолов не ладил с его любимцем — Аракчеевым. Лишь в конце 1808 года Ермолов надел генеральские эполеты.

День Бородина

Когда отгремели последние залпы сражений с Наполеоном, то казалось, что для русской армии должно наступить время отдыха от долгих походов и жестоких схваток. Однако боевые действия начались сначала у северных границ империи, а затем — у юго-западных.

В 1808—1809 годах некоторые части русской кавалерии, в частности, эскадроны Гродненского гусарского, Уланского Цесаревича, Польского уланского, Митавского драгунского полков, а также лейб-казаки, донские и уральские казаки участвовали в войне со Швецией. Шведские войска потерпели поражение, но кампания была трудной из-за суровых зимних погодных условий.

В 1810—1811 годах русские опять воевали с турками. Крупные столкновения произошли у Батина, Рассевата, Рущука, Калафата, Слободзеи. Наше командование располагало там немалыми силами конницы.

Например, у Рущука у генерала от инфантерии Кутузова было 40 эскадронов и 4 казачьих полка: Лифляндский, Кинбурнский и Санкт-Петербургский драгунские полки, Ольвиопольский и Белорусский гусарские, Чугуевский уланский, донские казачьи полки Мельникова 5-го, Грекова 8-го, Астахова 4-го, Луковкина 4-го. Под Рущуком русская кавалерия несколько раз ходила в атаку на турецкую феодальную конницу, рубилась с ней и обращала ее в бегство.

Эта война с Османской империей окончилась победой России...

Несмотря на столь сложную внешнеполитическую ситуацию, правительство принимало меры к тому, чтобы подготовиться к неизбежной войне с главным противником — наполеоновской Францией. Опыт сражений на полях Европы показывал, что нужно как можно быстрее увеличивать армию, учить ее новой тактике, перенимать и осваивать все то, что уже прошло апробацию в войсках французского полководца.

В итоге к началу боевых действий в 1812 году пехота уже насчитывала 6 гвардейских полков и 1 батальон, 14 гренадерских, 96 пехотных, 50 егерских и 4 морских полка, что составляло в общей сложности более 400 тысяч человек. Численность регулярной кавалерии тоже увеличилась, но не так значительно — до 75 тысяч строевых лошадей. Для новой войны, где, как предполагалось, будут действовать массы наполеоновской конницы, этого было явно недостаточно. Но военная администрация считала, что казачьи формирования (до 90 тысяч всадников) смогут восполнить этот недостаток.

Работа по формированию новых конных полков, усилению их состава велась в течение трех лет перед Отечественной войной 1812 года.

Прежде всего была увеличена численность конной гвардии. В 1809 году Уланский Цесаревича полк перевели в состав гвардейских частей и разделили на два полка: лейб-гвардии Уланский и лейб-гвардии Драгунский. Таким образом в гвардии стало 6 полков: 2 кирасирских, 1 драгунский, 1 гусарский, 1 уланский (по 5 эскадронов в каждом), 1 казачий (3 эскадрона) и 2 сотни казаков. Всего — 28 эскадронов и 2 сотни, 5308 человек и 4416 строевых лошадей.

В 1810 году все резервные эскадроны и полуэскадроны были распущены и постановлено, что в военное время из числа существующих и действующих полков остается на месте в виде запасных частей по одному эскадрону из кирасирских и драгунских полков и по два эскадрона из гусарских и уланских полков по усмотрению командира полка, а в поход выступают в первом случае 4 эскадрона, во втором — 8 эскадронов. Люди из бывших резервных частей были распределены по полкам так, чтобы во взводах насчитывалось по 14 рядов (28 всадников).

Эта мера, конечно, способствовала усилению конных полков. Если при прежнем штате в армейском кирасирском эскадроне было 149 человек и 137 лошадей, то при новом стало 166 человек и 145 лошадей, в гусарском и уланском эскадроне соответственно: 146 человек и 134 лошади сначала и 164 человека и 143 лошади после изменения штата.

К 1812 году в русской армии (кроме гвардии) кавалерия имела следующий вид и состав:

8 кирасирских полков по 5 эскадронов — 949 человек и 727 строевых лошадей.

36 драгунских полков по 5 эскадронов — 955 человек и 727 строевых лошадей.

11 гусарских полков по 10 эскадронов — 1825 человек и 1432 строевые лошади.

5 уланских полков по 10 эскадронов — 1825 человек и 1432 строевые лошади. Всего — 60 полков, 484 эскадрона, 88 892 человека и 70 490 строевых лошадей.

В иррегулярной коннице насчитывалось 80 донских, 10 уральских и 2 ногайских полка по 5 сотен (578 человек), 10 черноморских, 3 бугских и 2 дунайских полка по 5 сотен (501 человек), астраханский полк (5 сотен) и 6 отдельных команд, оренбургский полк (1074 человека), 5 поселенных кавказских полков и 3 отряда, 10 сибирских полков по 5 сотен и 3 отряда. Кроме того, имелись команды и отряды башкир, тептяр, калмыков, татар, тунгузов, бурят. Всего — 141 полк, около 90 тысяч человек *.

Перед Отечественной войной в русской армии появилась более совершенная система организации войск. Это коснулось и кавалерии. В 1840 году она была выделена из состава общевойсковых дивизий, и из ее полков впервые были сформированы особые, кавалерийские дивизии. Например, все 8 армейских кирасирских полков вместе с Кавалергардским и лейб-гвардии Конным объединили в две кирасирские дивизии (по 5 полков в каждой). Остальные армейские полки составили 7 кавалерийских дивизий по 6 полков в каждой.

Лишь в 4-й кавдивизии было не 6, а 7 полков. Как правило, каждое кавалерийское соединение имело 4 драгунских полка и 2 полка легкой конницы. Гвардейская кавдивизия состояла из лейб-гвардии Драгунского, лейб-гвардии Уланского, лейб-гвардии Гусарского, лейб-гвардии Казачьего полков и черноморской сотни. Дивизии делились на бригады, насчитывающие по 2—3 полка.

В это же время были созданы корпуса из 2—3 пехотных дивизий. К корпусам причислялась и конница: дивизии и полки тяжелой кавалерии.

Уланы и гусары хотя и причислялись к пехоте, но должны были «состоять под особым начальством дивизионных и бригадных кавалерийских начальников, которые обо всем, до службы касающемся, относятся к корпусным командирам и состоят под их начальством...».

Когда все стянутые к западным границам войска были разделены на корпуса и армии, то конница, отдав каждому корпусу по 1—5 полков, объединилась в пять кавалерийских корпусов силой примерно в 20—24 эскадрона и один резервный корпус под командова-

* Все данные по книге Г. Денисова «История конницы» (Примечания Брикса). Спб., 1897, с. 197—198.

нием генерала Ламберта (36 эскадронов)...

Как уже указывалось выше, к 1812 году самым массовым видом в русской коннице стали драгуны (36 полков). Но теперь они являлись отнюдь не «родом кавалерии, способной действовать в пешем строю», как это было раньше, а просто конницей, которая вооружалась палашами, ружьями и пистолетами и занимала как бы среднее, промежуточное положение между латниками-кирасирами и легкоконниками — гусарами и уланами. Черные кожаные каски роднили драгун с тяжелой кавалерией, темно-зеленые куртки напоминали о том, что когда-то драгуны были «ездящей пехотой», а седла и вальтрапы, покрывающие их, были сходны с тем, что имела легкая конница. Барабанщики, состоявшие в штатах драгунских полков и необходимые при пеших эволюциях, теперь исчезли, и это тоже указывало на коренное изменение функции драгунских частей.

Перед самой войной 1812 года кирасирам вернули традиционный предмет их боевого снаряжения — кирасу. Она изготовлялась из железа, сверху покрывалась черной масляной краской и состояла из двух половин: нагрудной и спинной. Они скреплялись при помощи двух ремней, приклепанных к спинной половине у плеч и застегивающихся на две медные пуговицы на груди.

В снаряжении и экипировке гусар и улан особых изменений не произошло. Они продолжали носить свое традиционное обмундирование.

Вооружение конницы также осталось прежним: у кирасир и драгун — палаши, у гусар и улан — сабли, пики. Из огнестрельного оружия кавалеристы имели гладкоствольные кремневые ружья, штуцера, мушкетоны и пистолеты (пара при седле). Новые образцы кирасирского и драгунского ружья, а также пистолета были введены в 1809 году. Пистолет, например, отличался от прежнего тем, что был легче и короче: вес — 1,5 кг, длина ствола — 26,3 см, калибр — 17,7 мм. Кирасирские и драгунские ружья имели длину ствола до 95 см *.

Однако эти ружья были в ноябре 1812 года отданы ополчению и вновь возвращены в полки лишь в сентябре 1814 года. Так что кончала кампанию 1812 года кавалерия с мушкетонами, штуцерами и пистолетами. Весьма своеобразным оружием был мушкетон, состоявший на вооружении только в гусарских полках (по 16 штук на эскадрон). Стрелял он дробью, имел на конце ствола раструб около 4 см по горизонтали. Общая его длина была около 80 см, вес — более 3 кг. Кавалерийский штуцер был и у кирасир, и у драгун, и у улан (по 16 штук на эскадрон, для фланкеров). Он имел граненый ствол с восемью нарезами внутри...

Обучение конников в полках, учения полковые и эскадронные в это время шли по павловскому Уставу 1797 года. Основные его принципы: двухшереножный сомкнутый строй (дистанция между шеренгами в одну лошадь), три вида атаки (сомкнутым строем, с фланкерами и рассыпная).

Кавалерию всегда атаковали сомкнутыми шеренгами, против пехоты нередко использовались фланкеры. Для преследования отступающего противника применяли рассыпную атаку.

Описание атаки в сомкнутом строю и его схема дана на стр. 121. Представление об особенностях атаки с фланкерами дает схема и ее описание на стр. 124.

При рассыпной атаке командовали: «Врозь! Марш-марш!» Тут каждому кавалеристу следовало «не держать ни линии, ни шеренги, а ехать вперед». Стреляли и рубили до тех пор, пока сигнал «аппель» не заставлял прекратить преследование и собраться к штандарту. При этом свое место в шеренге можно было не отыскивать, но желательно встать в свою шеренгу (первую или вторую). Штандарт обозначал место сбора и был виден издалека. Для его прикрытия оставались с правой и с левой стороны по три ряда рядовых с команди-

* Ф е д о р о в В. Г. Вооружение русской армии за XIX столетие. Спб., 1911, с. 18.

ром 3-го взвода, замыкающий офицер, трубачи...

Работа над новым уставом для конницы все-таки шла, и в 1812 году в Санкт-Петербурге была издана его часть под названием «Предварительное постановление о строевой кавалерийской службе», включавшее в себя два раздела: «Основание учения» и «О эскадронном учении». В «Основании учения» указывался расчет эскадрона и полка, их боевой порядок, в котором предусматривался строй полка из шести эскадронов в развернутом фронте, вытянутых в одну линию, со взводными интервалами. Изложение раздела об эскадронном учении начиналось с обуче-

Схема построения эскадрона в развернутом строю.

Схема предусматривает довольно жесткий порядок размещения всех чинов эскадрона на определенных местах: командир — на четыре лошади впереди, за ним на расстоянии двух лошадей от общего фронта — командиры взводов каждый перед своим подразделением. Унтер-офицеры — на правом фланге каждого взвода и в «замке», то есть позади фронта. Трубач — на правом фланге. Два офицера — также в «замке». Их задача — следить за порядком. Устав 1797 года, действовавший тогда в русской кавалерии, признавал важной ее задачей сохранять

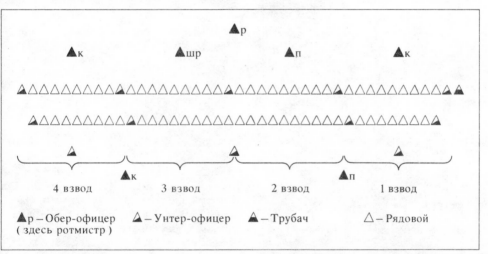

4 взвод   3 взвод   2 взвод   1 взвод

▲р — Обер-офицер   △ — Унтер-офицер   ▲ — Трубач   △ — Рядовой
(здесь ротмистр)

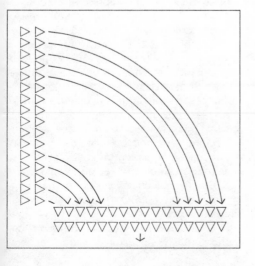

этот строй как главный инструмент воздействия на противника. Поэтому все строевые эволюции предусматривали его неизменность, исходили из этого. Повороты, заезды, переход из аллюра в аллюр — при всем при этом эскадрон должен был двигаться как бы единой живой стеной: сомкнутость строя — «колено о колено», дистанция между шеренгами (или один шаг, или пол-лошади, или лошадь), равнение как по линейке.

На рисунке слева — схема поворота (заезда) эскадрона или взвода налево. Левофланговые всадники при этом двигались с максимальной скоростью, правофланговые — с минимальной.

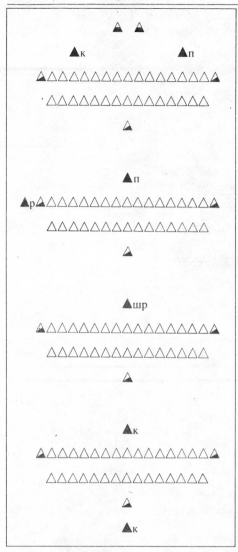

ния конников правилам построения в составе взвода и эскадрона. Основное внимание уделялось внешнему виду строя: равнению в шеренгах, различным эволюциям и перестроениям (например, из колонны — в развернутый строй), видам марша. Предусматривались «атаки с места в карьер».

Но в общем «Предварительное постановление» внесло мало изменений в Устав 1797 года. Да и неизвестно, когда оно поступило в войска, смогли ли в полках освоить его и начать применять в практическом обучении...

Схема построения эскадрона во взводную колонну.

Эскадроны могли строиться не только развернутым строем. Например, часто применялось также построение, именуемое «взводной колонной», когда взводы (каждый из двух шеренг состоящий) двигались один за другим на строго определенных дистанциях. Места чинов во взводной колонне: два трубача — впереди, за ними — два обер-офицера на левом и правом флангах. Унтер-офицеры — на флангах первой шеренги и один — в «замке». Дистанция между взводами: от 9 лошадей до одного шага (от головы лошади задней шеренги до крупа лошади первой шеренги). Эскадронный командир имел право ездить вдоль всего эскадрона, быть на левом или на правом фланге своего подразделения. Перестроение эскадрона из взводной колонны в один эскадронный развернутый строй и обратно было одной из важнейших строевых эволюций, которые тщательно отрабатывали на учениях. При этом отдавалась команда: «Строй эскадрон!»

К лету 1812 года русские войска были соединены в четыре армии. 1-я Западная армия под командованием генерала от инфантерии М. Б. Барклая-де-Толли располагалась в районе Вильно (Вильнюса): в ее составе находилось 5 пехотных, 3 кавалерийских корпуса и казачий отряд. 2-я Западная армия под командованием генерала от инфантерии князя П.И.Багратиона имела 2 пехотных, 1 кавалерийский корпус и казачий отряд. Они сосредоточились к югу от Волковыска. 3-я армия (ее называли резервной или обсервационной) под командованием генерала от кавалерии А.П.Тормасова находилась в районе Луцка. Она состояла из 3 пехотных корпусов, 1 кавалерийского и отряда казаков. Дунайская армия адмирала П.В.Чичагова в составе 4 пехотных корпусов и нескольких отрядов располагалась в Молдавии.

К 1 июня 1812 года Наполеон сосредоточил у берегов Немана огромные по тем временам силы — 444 тысячи человек, 940 орудий. Они были разделены на три группировки. Перед ними стояла задача — охватывающими ударами окружить и уничтожить по частям 1-ю и 2-ю Западные армии. Французы имели почти двукратное численное превосходство, развернулись на фронте в 300 километров (русские — более 600 километров). Все это давало Наполеону существенные преимущества.

Он был уверен в том, что в течение короткой кампании сокрушит своего противника и победителем войдет в Москву.

Как известно, эти планы Наполеону осуществить не удалось. 1-я и 2-я Западные армии уходили от генерального сражения и отступали в глубь страны, ведя жестокие арьергардные бои. Русская кавалерия активно участвовала в этих боях.

В частности, яркую страницу в истории войны 1812 года представляют собой схватки с французами у деревень Кореличи и Мир. Здесь наши кавалеристы действовали без поддержки пехоты и сумели разбить части француз-

Схема построения эскадрона в колонну «справа по три».
Это построение было также весьма распространенным в кавалерии. Оно часто применялось в походах. Места чинов в такой колонне: командиры взводов едут на левом фланге своего взвода у первого отделения. Если во взводе есть второй офицер, то он едет на левом фланге последнего отделения у первой шеренги. Один из офицеров обязательно едет замыкающим. Трубачи эскадрона — впереди, командир эскадрона — за ними. В походе они могут ехать в интервалах посреди эскадрона, но при прохождении через город — только впереди, играя при этом на трубах. Унтер-офицеры (по три на каждый взвод) едут на правых флангах первых отделений и на правом и левом флангах вторых отделений.

Драгунские и кирасирские полки имели эскадронные штандарты (в полках легкой конницы их не было в это время).

Штандарт-юнкера ехали в интервале между вторым и третьим взводами.

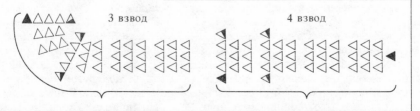

ского авангарда, задержать его продвижение вперед. Это были первые победы над захватчиками. Они вызвали большой патриотический подъем в русской армии.

Арьергардом 2-й Западной армии командовал М. И. Платов, легендарный донской атаман, соратник Суворова, награжденный орденом св. Георгия 3-й степени еще за штурм Измаила. В его корпусе находились казачьи полки Грекова 8-го, Харитонова 7-го, Карпова 2-го, Сысоева 3-го и четырех Иловайских, 5-го, 10-го, 11-го и 12-го, а также донская конноартиллерийская рота. У

Схема атаки «с фланкерами».

В этой атаке полк или эскадрон, построенный в развернутом строю, подходил к неприятелю на 350—400 шагов. Вызывались четвертые взводы каждого эскадрона (или один взвод — № 4), которые на карьере вырывались вперед и выстраивались перед фронтом эскадрона или полка. Полк переходил на малую рысь, а цепь фланкеров мчалась вперед к вражескому фронту, стреляла из пистолетов, карабинов или штуцеров. Затем по сигналу «аппель» фланкеры возвращались и строились в две шеренги.

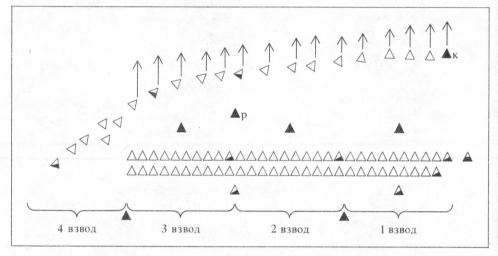

Кореличей в рукопашной схватке казаки почти целиком уничтожили один уланский полк из бригады генерала Турно и сильно потрепали два других. Ночью к французам и русским подошли подкрепления (к Платову — отряд генерал-майора Васильчикова: Ахтырский гусарский, Литовский уланский, драгунские Киевский и Новороссийский и 5-й егерский полки).

Утром следующего дня (28 июня) противник перешел в наступление, занял деревню Мир и двинулся по Несвижской дороге. Когда он достиг деревни Симаково, казаки, до того скрывавшиеся в засаде, бросились в атаку лавой. Завязался шестичасовой кавалерийский бой, в котором французские и русские полки то теснили друг друга,

то отступали. Но к вечеру на помощь Платову подоспела казачья бригада Д.Е.Кутейникова. Она с ходу атаковала противника и заставила отступить.

В начале июля Платов точно так же задержал кавалерию Латур-Мобурга у деревни Романов. Передовые казачьи полки, отступая, подвели вражеских кавалеристов под удар главных сил. Шедший впереди французский конноегерский полк потерял в этом бою около половины своего состава и вынужден был отступить. Прибытие новых подкреплений (легкая конница Латур-Мобура) к французам заставило Платова прекратить преследование. Казаки отошли на другой берег реки Вусвы и сожгли за собой мосты.

Но не только французы несли поте-

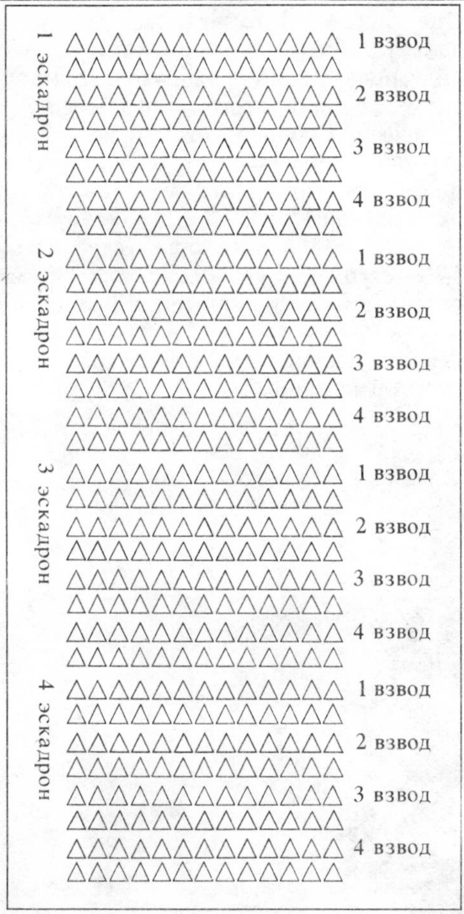

1 эскадрон
△△△△△△△△△△△△△△ 1 взвод
△△△△△△△△△△△△△
△△△△△△△△△△△△△△ 2 взвод
△△△△△△△△△△△△△
△△△△△△△△△△△△△△ 3 взвод
△△△△△△△△△△△△△
△△△△△△△△△△△△△△ 4 взвод
△△△△△△△△△△△△△

2 эскадрон
△△△△△△△△△△△△ 1 взвод
△△△△△△△△△△△
△△△△△△△△△△△△ 2 взвод
△△△△△△△△△△△
△△△△△△△△△△△△ 3 взвод
△△△△△△△△△△△
△△△△△△△△△△△△ 4 взвод
△△△△△△△△△△△

3 эскадрон
△△△△△△△△△△△△ 1 взвод
△△△△△△△△△△△
△△△△△△△△△△△△ 2 взвод
△△△△△△△△△△△
△△△△△△△△△△△△ 3 взвод
△△△△△△△△△△△
△△△△△△△△△△△△ 4 взвод
△△△△△△△△△△△

4 эскадрон
△△△△△△△△△△△△ 1 взвод
△△△△△△△△△△△
△△△△△△△△△△△△ 2 взвод
△△△△△△△△△△△
△△△△△△△△△△△△ 3 взвод
△△△△△△△△△△△
△△△△△△△△△△△△ 4 взвод
△△△△△△△△△△△

ри. Так, 20 июля у Боярщины погиб Кульнев. Еще два дня назад в упорном сражении при Клястицах, где русские войска под командованием Витгенштейна остановили корпус генерала Удино, наступавший на Санкт-Петербург, Кульнев во главе русской кавалерии несколько раз ходил в атаку, и ни одна пуля не задела генерала. У Боярщины кульневский отряд ушел слишком далеко, преследуя противника, и попал под сильный огонь артиллерии. Ядром Кульневу оторвало обе ноги, он скончался на руках своих боевых товарищей — гусаров Гродненского полка.

В начале августа при новом столкновении войск Витгенштейна с корпусами Удино и Сен-Сира у Полоцка французы едва не захватили в плен самого генерала от кавалерии Витгенштейна. Скрытно сосредоточив крупные силы, Сен-Сир внезапно бросил их в наступление в 5 часов дня, когда русские обедали. Наша пехота с трудом выдержала три атаки, а после четвертой начала

Схема построения полка. 1. Во взводную колонну (на предельно короткой дистанции — один шаг между шеренгами).
2. «Ан эшелон» (в шахматном порядке, взводные колонны эскадронов).

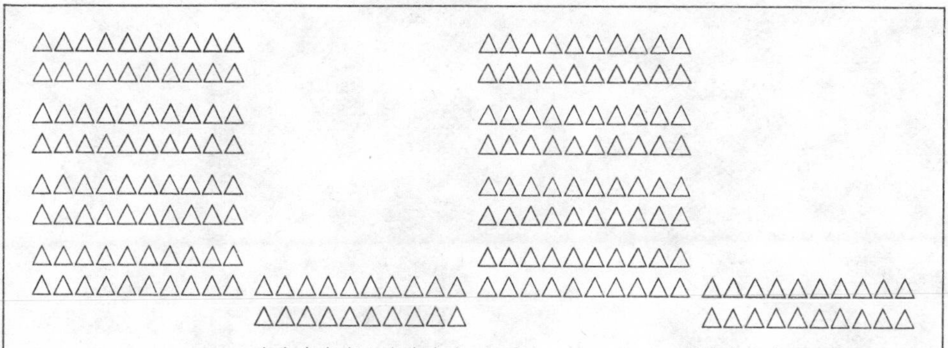

отступать. Положение спас смелый рейд двух эскадронов Сводно-кирасирского полка: кавалергардского и конногвардейского — под командованием полковника А. И. Альбрехта, в прошлом офицера-кавалергарда, участника Аустерлицкого сражения, за храбрость награжденного золотым оружием.

Его латники в рассыпном строю пронеслись через весь французский лагерь и подняли панику в тылу противника.

Фрагмент панорамы «Бородинская битва». В атаку идут русские кирасиры.

Они спасли Витгенштейна от плена, захватили несколько оружий и остановили новую атаку французов. Два других эскадрона этого полка вместе с гусарами Гродненского и драгунами Рижского полков съехались в открытом поле с конниками из легкокавалерийских бригад Кастекса и Корбино, рубились с ними и обратили в бегство. Только выступление свежих кавалерийских резервов Сен-Сира помогло французам восстановить порядок на их левом фланге, разбитом лихим нападением русской конницы...

На главном же направлении русская армия продолжала отступать, отбиваясь от Наполеона. Схватка конницы Мюрата и пехотной дивизии Неверовского под Красным, кровопролитное сражение за Смоленск, бой у Валутиной горы (или Лубино). Повсюду наша кавалерия действовала вместе с пехотой.

Грандиозной «битве гигантов» на Бородинском поле предшествовало столкновение у Шевардинского редута. Здесь отряд русских насчитывал 18 тысяч человек. Наполеон ввел в дело 35 тысяч.

Шевардинский бой историки называют кавалерийским. Русская пехота дралась за редут, а конница — за поле перед ним. Участвовало в схватке 4 драгунских полка (Черниговский, Харьковский, Новороссийский, Киевский), Ахтырский гусарский полк и кирасирская дивизия генерал-майора Дуки: полки Глуховский, Малороссийский, Новгородский, Военного ордена и Екатеринославский. Драгуны и кирасиры имели в каждом полку по 4 эскадрона, гусары — 8 эскадронов.

Бой начался в 5 часов вечера 24 ав-

густа. В первой половине баталии наша кавалерия (драгуны Киевского полка и гусары Ахтырского) отразила попытки неприятеля обойти фланг отряда по Ельнинской дороге. Драгуны Новороссийского полка отбили первые атаки французской пехоты на редут и опрокинули конницу.

Вот как описывались в донесении действия Новороссийского полка: «С отличной храбростью сей полк исполнил сие повеление (атаковать противника.—А. Б.). Первый эскадрон под командой графа Сиверса атаковал одну пехотную колонну, второй эскадрон под командой поручика Станюковича — другую, третий эскадрон под командой майора Борграфа, подкреплявший оные эскадроны,— неприятельскую кавалерию, четвертый эскадрон под командой майора Милфельда взял неприятельских стрелков в тыл. Каждый эскадрон имел наилучший успех... Новороссийский драгунский полк опрокинул неприятеля... После атаки командир полка майор Теренин устроил (то есть «построил») полк, быстро и мужественно атаковал неприятеля, опрокинул и истребил... Успел атакою своей прикрыть отступление пехоты...»

Кирасиры были построены левее редута во второй линии. Здесь особых похвал главнокомандующего фельдмаршала Кутузова удостоились солдаты и офицеры Малороссийского и Глуховского полков. Во второй половине боя за редут кирасиры отбили наступление двух неприятельских колонн и захватили пушки. Около 11 часов вечера русские войска покинули Шевардинский редут, потеряв 6 тысяч убитых и раненых. Они отошли на главные позиции у Бородина. До великой битвы оставался один день...

Как известно, замысел Кутузова состоял в том, чтобы построить на поле укрепления, расположить на них орудия, а потом защищать эти позиции силами пехоты и конницы. В этом плане русской кавалерии никакой особой роли не отводилось. Главной задачей было выстоять под ударами противника, имеющего численное превосходст-

во, отразить его атаки, не уступить своих позиций.

В армии Кутузова к началу Бородинского сражения насчитывалось 164 эскадрона регулярной кавалерии (17 500 всадников) и 7 тысяч казаков. Разделена средняя и легкая конница (драгуны, уланы, гусары) была на четыре кавалерийских корпуса.

В 1-й корпус под командованием генерал-адъютанта Уварова входили полки: лейб-гвардии Драгунский, лейб-гвардии Гусарский, лейб-гвардии Уланский, лейб-гвардии Казачий, Нежинский драгунский и Елисаветградский гусарский. Всего — 28 эскадронов. Кроме того, корпусу была придана конноартиллерийская рота № 5 (12 орудий).

Во 2-й кавкорпус генерал-адъютанта барона Корфа входили полки: Псковский, Московский, Каргопольский, Ингерманландский драгунские, Польский уланский и Изюмский гусарский. Всего — 32 эскадрона. Конноартиллерийская рота № 4 (12 орудий).

В 3-й кавкорпус генерал-майора Крейца входили полки: Курляндский, Оренбургский, Сибирский и Иркутский драгунские, Сумский и Мариупольский гусарские. Всего — 32 эскадрона, Конноартиллерийская рота в 12 орудий.

В 4-й кавкорпус генерал-майора графа Сиверса 1-го входили полки: Харьковский, Черниговский, Киевский, Новороссийский драгунские, Ахтырский гусарский и Литовский уланский. Всего — 32 эскадрона. Конноартиллерийская рота № 10 (12 орудий) *.

Располагались кавкорпуса следующим образом. На правом крыле, от деревни Маслово до деревни Горки, вместе с 2-м и 4-м пехотными корпусами стоял 2-й кавкорпус генерал-адъютанта Корфа. В центре, от деревни Горки до высоты Курганная, находились 6-й пехотный и 3-й кавкорпус генерал-майора Крейца. Здесь в резерве скрытно размещался 1-й кавкорпус генерал-адъютанта Уварова и отдель-

---

* Расписание полков по корпусам дано по книге П. А. Иванова «Состав и устройство регулярной русской кавалерии с 1700 по 1864 год». Спб., 1864.

Рядовой Стародубовского кирасирского полка, 1813—1814 гг.
«Историческое описание одежды и вооружения Российских войск», том 11,
№ 1423. Спб., 1899—1902.

Рядовой и штаб-офицер Волынского уланского полка, 1808—1811 гг.
«Историческое описание одежды и вооружения Российских войск», том 11, № 1545. Спб., 1899—1902.

Обер-офицеры лейб-гвардии Казачьего полка, 1801—1809 гг.
«Историческое описание одежды и вооружения Российских войск», том 15, № 2110. Спб., 1899—1902.

ный казачий корпус генерала от кавалерии Платова: донские полки Иловайского 5-го, Грекова 18-го, Харитонова 7-го, Денисова 7-го, Жирова, 5 сотен Атаманского полка и Симферопольский татарский полк. На левом крыле, между батареей Раевского и Утицким лесом размещались 7-й и 8-й пехотные корпуса и 4-й кавкорпус генерал-майора графа Сиверса 1-го.

Тяжелая конница не входила в состав корпусов. 1-я кирасирская дивизия генерал-майора Бороздина (Кавалергардский, лейб-гвардии Конный, лейб-кирасирский его Величества и лейб-кирасирский ее Величества, Астраханский кирасирский полки) числилась в главном (общем резерве) и располагалась за центром позиции в районе Князьково, 2-я кирасирская дивизия генерал-майора Дуки (кирасирский Военного ордена, Глуховский, Малороссийский и Новгородский полки) находилась за открытым левым флангом и состояла в резерве левого фланга.

Кроме того, в районе Утицы располагался казачий отряд Карпова (6 полков) и Московское ополчение Маркова.

Боевой порядок русских войск был глубоким и устойчивым и давал возможность осуществлять широкий маневр силами и средствами на поле боя. Вся кавалерия строилась на расстоянии 300—400 метров позади пехоты в две линии эскадронов. За кавалерией располагались частные и общие резервы (расстояние — около 800 метров).

Наполеон планировал разгромить русскую армию в генеральном сражении у Бородина. Однако позиция, выбранная Кутузовым, затрудняла осуществление его излюбленного маневра: охват армии противника с фланга. Французскому полководцу пришлось применить фронтальный удар с целью прорвать оборону русских на сравнительно узком участке в районе Багратионовых флешей, выйти в тыл армии Кутузова, прижать ее к Москве-реке, уничтожить и открыть путь к древней русской столице.

Вместе с «Великой армией» у Боро-

дина находилось 294 эскадрона кавалерии — 28 тысяч всадников. Силу французского эскадрона в это время историки определяли в 95—97 лошадей: сказался трудный переход, отсутствие хороших кормов, боевые действия в авангарде армии Наполеона, которые его конница вела энергично и активно. Первая большая группа французских кавалеристов (182 эскадрона) под командованием маршала Мюрата, в которую входили корпуса Нансути, Монбрена, Латур-Мобура и легкокавалерийские бригады от корпусов Нея и Даву, должна была действовать на левом фланге, атакуя Багратионовы флеши и Семеновские высоты. Вторая группа (60 эскадронов: кавалерийский корпус генерала Груши в 32 эскадрона и еще 28 эскадронов из других корпусов) была придана корпусу вице-короля Евгения для атак на центр русских позиций — батарею Раевского. Кроме того, 8 эскадронов находилось при корпусе Жюно, 12 эскадронов при корпусе Понятовского, а 32 эскадрона конной гвардии состояли в отдельном отряде.

...И вот около 7 часов утра 26 августа 1812 года огромная французская батарея из 102 орудий открыла канонаду по Багратионовым флешам — одному из трех главных пунктов обороны русских. Честь почина кавалерийских схваток на поле Бородина принадлежала гусарам Ахтырского полка и драгунам Новороссийского. Защищая флеши, они яростно врубились в колонны неприятельской пехоты. В донесении с поля боя упоминается командир первого эскадрона новороссийцев капитан граф Сиверс, отличившийся у Шевардина (сын командира 4-го кавкорпуса генерал-майора графа Сиверса). Он вместе со своими солдатами ворвался на батарею из 12 орудий, перебил прислугу, но не смог эти пушки вывезти, так как «на оной батарее храбрый капитан Сиверс тяжело ранен пулею в ногу, лошадь под ним убита: полк под прикрытием своих фланкеров (это те, кому достались 16 штуцеров, выданных на каждый эскадрон.—А. Б.) отступил в порядке...».

Обер-офицер Кинбурнского драгунского полка, 1812—1814 гг.
«Историческое описание одежды и вооружения Российских войск», том 11, № 1448. Спб. 1899—1902.

Однако атаки на флеши продолжались до 12 часов утра. Для усиления пехоты Наполеон бросил в бой кавалерию Мюрата. Наши конники тоже пришли на помощь защитникам флешей. «Приблизившиеся неприятельские стрелки... были прогнаны астраханскими кирасирами (Астраханский кирасирский полк из 1-й кирасирской дивизии.—А. Б.), командовал ими подполковник Немцов. Он врезался в неприятельские колонны, где получил сильную рану в левую руку, от которой и кость перебита. Во вторичной, таковой же с мужеством произведенной атаке майор Костин убит, а майор Белавин ранен в грудь навылет пулею; полковой командир полковник Каратаев, предводительствуя мужественно полком, получил сперва контузию в плечо, но, невзирая на оную, возвратился к фронту, где вскоре получил и другую, но и тут оставался на месте. Пример сей удвоил рвение его подчиненных, и полк, защищая свои батареи, производил мужественные атаки, в коих вели себя отлично ротмистр Львов (контужен), ротмистр Ребиндер (ранен пулей), штабс-ротмистр Задонский (контужен), поручики Гаярин (контужен), Паткуль (ранен пулею и изрублен), Тритгоф (ранен пулею). Исполняя долг свой, все были вместе в атаке...»

У Багратионовых флешей в то утро сражались не только драгуны, гусары и кирасиры, но и уланы Литовского полка. В своих «Записках кавалерист-девицы» Н.А.Дурова упоминает об этом. Она командовала полуэскадроном, водила своих солдат в атаки на французскую конницу и пехоту, была, как и многие офицеры-кавалеристы, контужена ядром, ударившим в землю недалеко от ее лошади.

«Адский день!» — так в своей книге она назвала 26 августа. Возможно, эта оценка боевого и опытного конника была связана с тем, что при Бородине, как никогда, мощно действовала артиллерия: и русская, и французская (в общей сложности — более тысячи орудий). Конные полки несли большие потери от артогня, когда ждали приказа об атаке, когда сталкивались с противником, когда вновь строились по сигналу «аппель» у своих штандартов. Например, в Сибирском драгунском полку уцелело лишь 120 рядовых и 3 офицера, старший из них — поручик...

Когда Багратионовы флеши все-таки были взяты французами, Наполеон перенес основной удар в направлении батареи Раевского, сосредоточив для ее атаки 35 тысяч человек и около 300 орудий. В этот критический момент боя Кутузов направил 1-й кавкорпус Уварова и отряд Платова в обход левого фланга наполеоновской армии для того, чтобы внезапно атаковать французов в районе Балуева, Беззубова.

1-й кавкорпус двинулся к Беззубово, имея в первой линии Елисаветградский гусарский и лейб-гвардии Казачий, во второй линии — лейб-гвардии Драгунский, лейб-гвардии Уланский, лейб-гвардии Гусарский и Нежинский драгунский полки, 12 конноартиллерийских орудий.

У Беззубова корпус Уварова встретили французы: 84-й линейный пехотный полк и кавалерийская бригада Орнано. Лейб-гусары бросились в атаку на 84-й полк, но он свернулся в каре и отбил один за другим три нападения, не дрогнув. Лишь вступление в дело русской конноартиллерии заставило пехотинцев отойти за реку Войну. В качестве трофея лейб-гусарам досталась одна пушка. Платов с 9 казачьими полками в это время переправился через реку севернее Беззубова, рассыпал всадников в кустарнике и перелеске, угрожая флангу и тылу противника. Французы стали отходить от плотины. Лейб-гвардии Казачий полк проскакал по плотине и ударил им в тыл. Слух о прорыве казаков полетел по французским войскам и заставил Наполеона задержать исполнение приказа о нападении на центр русских позиций.

Но все-таки этот рейд нельзя назвать особенно удачным. Его результаты могли быть более весомыми. Платов почему-то действовал нерешительно. Регулярная конница не продвинулась дальше деревни Бородино, занятой дивизией французского генерала Дельзона. По приказу Барклая-де-Толли вся кавалерия к 4 часам дня отошла к деревне Горки.

В 2 часа дня противник возобновил атаки. Укрепления батареи Раевского вместе с массами французской пехоты штурмовала и конница. К месту сражения по приказу командования на рысях подошли полки Кавалергардский и лейб-гвардии Конный. Они остановились за скатом, у перекрестка двух дорог. Отсюда виднелось все Бородинское поле, а в метрах 600 — Центральная батарея (Раевского), которой к этому времени овладела французская тяжелая конница. Вправо и влево от батареи твердо и мужественно стояли полки 7-й, 11-й и 23-й пехотных дивизий. Вокруг них носились тысячи всадников, в том числе и русских (драгуны Псковского, Иркутского и Сибирского полков, гусары Сумского и Мариупольского).

В 3 часа дня кавалергардам и конногвардейцам пришлось встретиться с превосходящими их численно силами неприятельской конницы — с кирасирской дивизией Лоржа из корпуса Латур-Мобура. Это столкновение произошло в небольшой лощине. Французы наступали в эскадронных колоннах. Кавалергарды тоже выстроили фронт: шеренги четырех эскадронов в двух линиях. С фланга их поддерживали конники лейб-гвардии Конного полка.

Кавалергардским полком командовал полковник барон Левенвольде. Он пустил первый эскадрон в галоп и, повернув лошадь налево, успел крикнуть командиру четвертого эскадрона ротмистру Давыдову: «Командуйте, Евдоким Васильевич, левое плечо!», как был убит картечью. Его место перед полком занял полковник Левашов. Пока это произошло, первая линия на секунду замешкалась, но, поддержанная второй, смело врубилась в неприятельскую колонну. Части кавалерии противника (польским кирасирам) удалось развернуться вправо и взять кавалергардов во фланг, но конногвардейцы выручили их, бросились в атаку и отбили поляков.

Началась рукопашная схватка между латниками.

Ее участник, офицер кирасирского Цастрова полка барон фон Шрекенштейн писал о том, что его полк был атакован гвардейскими кирасирами примерно на версту за батареей. После фронтальной атаки всадники, смешавшись, помчались обратно: французские конники отступали, русские их преследовали, рубя палашами. Превосходство русских было очевидно, они имели свежих еще и сильных лошадей, а сами люди впервые вступали в сражение. Все атаки, которые затевал Латур-Мобур, пишет фон Шрекенштейн, разбивались о русские резервы, то есть полки Кавалергардский и лейб-гвардии Конный, которые были «в отличном виде».

Атаки наших кирасир отвлекли французов от русской пехоты. К месту схватки прибыл генерал-майор Панчулидзев с Изюмским гусарским и Польским уланским полками. Едва они вступили в бой с кирасирами Ватье и карабинерами Дефранса, как были атакованы и опрокинуты. Им на помощь устремился Псковский драгунский полк. Затем еще подошли полки из 3-го кавкорпуса. Закипело ожесточенное кавалерийское сражение. Атаки следовали за атаками с переменным успехом. Отступающих и наступающих одинаково разили картечные залпы, а съехавшиеся конники яростно рубились на палашах и саблях. Целые табуны лошадей без всадников носились по полю...

Поздним вечером 26 августа, отправляя первое донесение Александру I, Кутузов писал: «Сражение было общее, продолжалось до самой ночи; потери обеих сторон велики, урон неприятельский, судя по его упорным атакам на нашу укрепленную позицию, должен весьма наш превосходить. Войска вашего императорского величества сражались с неимоверной храбростью: батареи переходили из рук в руки, и кончилось тем, что неприятель нигде не выиграл ни на шаг земли, с превосходными своими силами...»

В партизанах

По решению военного совета в Филях русская армия 2 сентября 1812 года (все даты по старому стилю) оставила Москву без боя. Наполеоновские войска вошли в древнюю столицу, но война не была закончена, как полагал французский полководец. Она только вступила в новую фазу. Русская армия находилась в Тарутинском лагере, где получила подкрепления и готовилась к новым боям, а вокруг захваченной французами Москвы, во всех губерниях, где были захватчики, началась партизанская война.

Было немало партизанских отрядов, созданных самими крестьянами. Но Кутузов, придавая большое значение партизанскому движению, подчинил его своим стратегическим замыслам и способствовал формированию специальных отрядов из регулярных войск, которые действовали партизанскими методами. В основном в состав этих отрядов входила кавалерия, как регулярная, так и иррегулярная. Всего в партизанах в сентябре 1812 года насчитывалось 36 казачьих полков и одна команда, 7 кавалерийских полков и 5 эскадронов, 5 пехотных полков и 3 батальона.

Известен и такой любопытный факт: в отряде генерал-адъютанта графа Орлова-Денисова, состоящем из 1 гусарского, 2 донских и 2 украинских казачьих полков и 1 егерского, батальон егерей был посажен на отбитых у неприятеля лошадей и действовал в качестве конных стрелков.

Первый партизанский отряд из ахтырских гусар и донских казаков (130 человек) по разрешению Кутузова создал Денис Давыдов, в то время подполковник Ахтырского гусарского полка. Первая стычка с противником произошла у него 2 сентября, в день вступления Наполеона в Москву. В селе Токареве партизаны захватили в плен отряд мародеров в количестве 90 человек.

Но Давыдов считал, что его обязанность «не состояла в поражении бродяг, но в истреблении транспортов жизненного и военного продовольствия французской армии». Для этого требовалась особая тактика, и первый партизан понимал это. «Надобно один раз навсегда знать,— писал он впоследствии в своих «Военных записках»,— что лучшая позиция для партии есть непрестанное движение оной, причиняющее неизвестность о месте, где она находится, и неусыпная осторожность часовых и разъездных, ее охраняющих... «Убить да уйти» — вот сущность тактической обязанности партизана».

В коротких схватках, которые разворачивались обычно на дорогах, сельских улицах и площадях, невозможно было применять уставный сомкнутый двухшереножный строй или «атаку с фланкерами». Поэтому партизаны действовали исключительно в рассыпном строю.

Давыдов испытал и «рассыпное отступление», необходимое при столкновении с противником, имеющим численное превосходство. По первому сигналу отряд рассыпался по полю или по дороге, и всадники во весь опор скакали кто куда, лишь бы уйти от преследования, но каждый, «проехав по своевольному направлению несколько верст, пробирался к предварительно назначенному в десяти, а иногда и в двадцати верстах от сражения сборному месту».

При таком образе действий, при многочасовых (до 30 часов) беспрерывных переходах на лошадей падала огромная нагрузка. Дать им отдых, хоть как-то восстановить их силы — это тоже было немалой проблемой для партизан.

Давыдов описывал следующий способ. Он выделял из отряда четырех конников для пикетов и двадцать — для резерва, который был готов к действию по первому сигналу тревоги. Остальные образовывали две группы. В каждой рассёдлывали по две лошади на один час «для промытия и присыпки ссадин и также для облегчения. Чрез час сии лошади вновь седлались, а новые рассёдлывались; таким образом в 24 часа освежалось 96 лошадей...».

Но этот способ, видимо, мало помогал сбережению конского состава. В «Военных записках» часто встречаются указания на то, что партизаны меняли своих лошадей. Захватывая обозы и отдельные воинские части противника, они прежде всего забирали себе верховых коней, а своих отдавали крестьянам.

О том, что лошади в коннице во время военных действий в 1812 году почти все время находились под седлом, писали и другие военные историки. В частности, В.Крестовский («История лейб-гвардии его величества полка», Спб., 1876) и Е.Альбовский («История Иркутского 50-го драгунского полка», Минск, 1902). Все это, конечно, вело к большим потерям конского состава в полках, к уменьшению их боеспособности.

Лошади нагрузок не выдерживали, но люди, одушевленные высоким патриотическим порывом и ненавистью к захватчикам, не знали устали и страха. Рассказывая о действиях своего отряда, Давыдов не раз подчеркивал это. Его храбрыми соратниками были майор Волынского уланского полка Храповицкий, однополчане, офицеры Ахтырского гусарского полка Бекетов, Макаров, Бедряга, унтер-офицеры Шкляров,

Иванов, Колядка, Скрыпка, а также 50 рядовых гусар, которые были «отличного военного поведения».

Писал Давыдов и о донских казаках. Например, об уряднике из полка Иловайского 10-го Крючкове, «молодом парне, ездоке отличном и неутомимом, храбрости чистой, сметливости черкесской», дослужившемся до чина хорунжего и убитом под Лейпцигом в 1813 году. Когда к его отряду присоединился полк Попова 13-го, то Давыдов отметил, что, совершив длительный переход от Дона к Москве, казаки прибыли тем не менее в отличном виде и вскоре хорошо показали себя в боях, ни в чем не уступая опытным и бывалым партизанам. Лучшим офицером этого полка Давыдов считал сотника Бирюкова, а также хорунжих Александрова и Персианова...

Более крупные отряды подчинялись генерал-лейтенанту Дорохову, генерал-адъютанту графу Ожаровскому, генерал-адъютанту графу Орлову-Денисову. У Ожаровского, например, было 6 донских полков и Нежинский драгунский.

Известны имена и других партизан. Капитан гвардейской конной артиллерии Сеславин с эскадроном Сумского гусарского полка оперировал в районе между Боровском и Москвой. Штабс-капитан Фигнер, отличавшийся особой дерзостью,— в окрестностях Москвы.

Два рядовых кавалериста: Ермолай Четвертаков из Киевского драгунского полка и Федор Потапов из Елисаветградского гусарского полка — создали свои отряды из крестьян. Потапов из-за ранения отстал от полка, его приютили жители подмосковной деревни. Оправившись от ран, он объединил крестьян в отряд и начал военные действия против французов в своей округе. Вел он их умело и решительно, командуя в общей сложности тремя тысячами человек.

Очень интересное описание действий конного партизанского отряда есть у писателя А.А.Бестужева-Марлинского в рассказе «Латник». Бестужев начал службу в армии после 1812 года, но несомненно встречался и дружил с боевыми кавалерийскими офицерами. Хотя в самом его произведении немало романтики и мистицизма, рассказ об атаке русских конников отличается очень точными, психологически достоверными деталями и дает представление о той обстановке, в которой им приходилось действовать:

«...Выбрав чистое место, я развернул (повествование идет от имени командира отряда, ротмистра.— А.Б.) фронт, в надежде смять натиском неприятеля и захватить пушку, но он угадал меня, на бегу выстроил каре, маскировал орудие и стал недвижим. Люди у меня были сорви-голова, наезжены лихо, оружием владеть мастера, прокопчены до костей и так приметались ежедневными стычками к нападениям, что слушались сло-

Сабли легкой кавалерии образца 1802 года. Фонды Военно-исторического музея артиллерии, инженерных войск и войск связи (Санкт-Петербург).

ва начальника пуще пули неприятельской; со всем тем атаковать опытную пехоту конницей — заставит хоть у кого прыгать ретивое. Впрочем, фланговые и замочные унтер-офицеры — это нравственное основание строя — были у нас в отряде народ отличной храбрости. Ходили мы в атаку не иначе, как рысью, затем, что нестись во весь опор за версту кончается обыкновенно тем, что строй разорвется, многие кони задохнутся, многие понесут и лишь одна горсть отважных доскакивает до неприятельского фронта и, опрокинутая, улепетывает назад быстрее натиска. Кричать «ура» не было заводу, затем что те, которые ревут прежде других и раньше поры, первые осаживают под шумок коней и оттого расстраивают купность удара. Напомнив гусарам, что и как должно делать, я повел атаку ровно, смело. Мерзлая земля загудела под мерной рысью; уланские пики, которыми тогда вооружены были и гусары, залепетали флюгерами, и бренчанье оружия раздалось в осен-

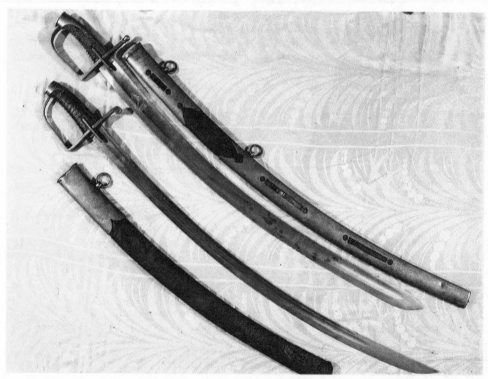

нем воздухе. Все это покрывалось изредка словами: «Равняться, не волноваться, не заваливать плеч!»

В неприятельском фронте была мертвая тишина, мы близились быстро; можно было уж различать бледные лица и сверкающие над стволами глаза гренадеров под наклонными их шапками. В ста шагах я скомандовал: «Марш-марш!» — и с поднятою саблею кинулся на рогатку штыков. В то же мгновение за криком: «Фей!» — грянул пушечный выстрел, запрыгали около картечи, и густой батальный огонь покатился вдоль фасов, — он развеял наш фронт как пух. Кони смешались, на раненых натыкались здоровые, мы принуждены были обратиться назад. Картечь и штыки — нестерпимые вещи для лошадиной натуры. Три раза еще мы

Сабля легкой кавалерии образца 1802 года с портупеей и темляком. Фонды Военно-исторического музея артиллерии, инженерных войск и войск связи (Санкт-Петербург).

порывались пробить каре, и три раза были отбиты...»

Отбив партизанские атаки, отряд французов двинулся дальше, но все же когда противник расположился на ночлег в деревне, ротмистр снова повторил нападение, но уже в пешем строю: «Впереди шли драгуны в штыки, гусары с карабинами подкрепляли их, казаки зажигали дома с боков, — это подействовало: мы потеснили их до самого замка (дело происходило в Литве, на Виленской дороге.— **А. Б.**), ворвались во двор, и наконец, они заняли только самый корпус дома панского и в нем отстреливались...» *

Благодаря активности партизан французская армия попала в Москве как бы в блокаду. Перекрыв дороги на столицу, партизаны препятствовали подвозу боеприпасов, продовольствия и фуража, перехватывали эстафеты — по-

---

* Б е с т у ж е в - М а р л и н с к и й А. А. Латник (в сборнике «Русская романтическая новелла». М., «Худ. литература»), 1989, с. 125—126.

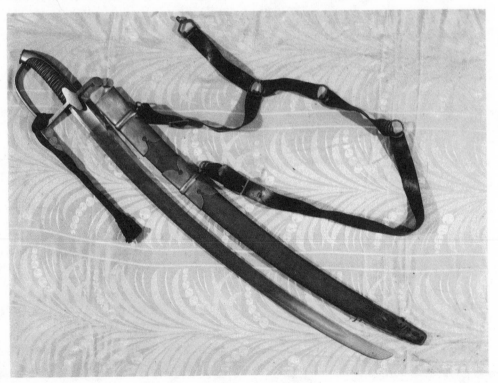

сыльных, с которыми отправлялась полевая почта,— громили отряды пополнения для «Великой армии», которые двигались от западных границ России к Москве. Для такого рода военных действий — быстрых налетов, коротких стычек и таких же быстрых отходов с поля боя, засад, рейдов по тылам противника — кавалерия подходила больше всего. Особенно удачно выступали казаки.

«...Казаки рыщут на наших флангах,— сообщал французский губернатор Смоленской губернии Бараге-Дильер.— Разъезд, состоявший из 150 гвардейских драгун под командой майора Мартода, попался в засаду казаков между дорогами Московской и Калужской».

«...Казаки показались на Смоленской дороге,— писал начальник генерального штаба «Великой армии» Бертье в письмах к маршалам Мюрату и Бессьеру.— Они в числе 30 человек напали на подвоз артиллерийских снарядов, состоявший из 15 ящиков, и сожгли их... Пятьсот или шестьсот казаков, перекрывших Можайскую дорогу, причинили нам много вреда. Они подорвали 15 артиллерийских повозок и взяли в плен два резервных эскадрона, шедших в армию, то есть 200 конных солдат...»

Что можно сказать о донских казаках (а именно они составляли большую часть иррегулярной конницы в 1812 году), столь энергично и отважно воевавших с французами на заснеженных полях в дорогах Подмосковья?

Штаты Донского Войска на этот период в Полном Своде Законов Российской империи не обнаружены. Однако указано, что ногайские полки, которые предполагались к формированию, но не были окончательно образованы, имели тот же состав, что и донские. По ним в каждом полку полагалось иметь 1 полкового командира (штаб-офицера), 5 есаулов, 5 сотников, 5 хорунжих, 1 квартирмейстра, 20 урядников и 500 рядовых казаков.

Форменная одежда казаков состояла из темно-синей короткой куртки (с 1 мая до 1 сентября) и длинной (чекменя — с 1 сентября до 1 мая), которые застегивались на крючки, темно-синих широких шаровар с лампасами, черной смушковой шапки высотой до 22,5 см с суконным шлыком. Впрочем, известно, что эту шапку казаки носили не всегда и заменяли ее фуражками с козырьком, с высоким закругленным верхом. В отличие от рядовых кавалерийских полков казаки (кроме офицеров) не носили шпор и погоняли своих лошадей нагайками. В амуницию казаков входила лядунка из черной кожи с такой же черной кожаной перевязью. Офицеры казачьих полков были вооружены саблями и двумя пистолетами, урядники — саблями и одним пистолетом, рядовые — саблями, ружьями и пиками с красными древками.

Так описывает их вооружение военный историк Висковатов в 18-м томе «Исторического описания одежды и вооружения Российских войск». Однако есть и другие свидетельства. Немецкий кавалерийский офицер фон Ганцауге сообщал: «Большую часть последней кампании (1813—1814 гг.) я был прикомандирован к донским казакам. В это время они очень мало были знакомы с употреблением огнестрельного оружия. Но во время движения по Западной Европе они оценили все выгоды, ими доставляемые, особенно при действиях на пересеченной местности, и понемногу вооружились французскими ружьями. При этом, на удобной для того местности, они стали спешиваться и вести бой в рассыпном строю...»

Ездили казаки на лошадях донской породы, низкорослых (до 150 см в холке), но очень выносливых. Казачье седло, унаследованное от древней азиатской конницы, заметно отличалось от седла, употребляемого в регулярной кавалерии: высокие луки и подушка, перетянутая чересседельником, между ними. Седло положено было накрывать темно-синим чепраком, отделанным обшивкой по краям.

Все предметы униформы, амуниции и вооружения, а также и лошадей казаки должны были приобретать на соб-

Офицеры Гродненского и Лубенского гусарских полков, 1809—1811 гг.
«Историческое описание одежды и вооружения Российских войск», том 11, № 1513. Спб., 1899—1902.

ственные средства. Оружие стоило дорого, и потому нередко сабли, седла переходили в одной семье от отца к сыну и внуку и служили по многу лет (от 50 и больше). С этой же традицией связано и присвоение номеров представителям одной фамилии, ведь быть на царской службе должны были все члены рода по достижении 16—17-летнего возраста.

Большую роль сыграли казаки не только в партизанском движении, но в тех полевых сражениях, которые проходили при отступлении французов из Москвы. Например, при Тарутине, где был разбит авангард маршала Мюрата, насчитывающий 25 тысяч человек, на решающем этапе боя десять казачьих полков под командованием генерал-адъютанта графа Орлова-Денисова атаковали и обратили в бегство части 2-го кавалерийского корпуса. В трофей казакам достался один штандарт, 38 орудий, 40 зарядных ящиков, полторы тысячи пленных, большой обоз.

В бою при Малоярославце казаки, отправленные Платовым в рейд по тылам наполеоновских войск, чуть не захватили в плен самого императора французов. Он находился в небольшой деревеньке, рядом с артиллерийским обозом из 40 орудий, на который напали донцы и начали грабить. Лишь приближение конной гвардии под командованием маршала Бессьера вынудило казаков отступить за реку.

Как свидетельствует французский кавалерийский генерал Моран, сначала конники Наполеона не придавали большого значения действиям казачьих отрядов, даже презирали их. Но потом изменили свое мнение, оценив достоинства этой иррегулярной конницы.

«Этим диким всадникам совершенно неизвестны наши подразделения, правильное равнение, сомкнутость строя, которой мы придаем столько значения,— писал Моран.— Они крепко держат лошадь ногами и упираются в широкие стремена, которые служат им точкой опоры при действии оружием. Они умеют мчаться с места карьером и на карьере круто останавли-

ваться. Лошади кажутся одним телом с ними. Они всегда бдительны, поворотливы, нетребовательны и исполнены воинского честолюбия...»

Победы русской армии при Тарутине, Малоярославце и Полоцке положили начало разгрому «Великой армии». Когда выяснилось направление отступления Наполеона, Кутузов организовал параллельное преследование. Платов с казаками должен был постоянно тревожить арьергард французов. Параллельно Смоленской дороге, по которой шли отступающие, двигался Милорадович с двумя пехотными и двумя кавалерийскими корпусами. Кутузов с главными силами направлялся к Вязьме.

В это время положение французской конницы было очень тяжелым. Недаром современники писали, что в снегах России Наполеон растерял свою многотысячную блестящую кавалерию. Лошади падали от бескормицы. Совершенно не готовы оказались французы и к ранней суровой зиме с ее гололедицей и снегопадами. Конский состав нужно было перековать на подковы с шипами, но таких подков в «Великой армии» не хватало.

В боях у Вязьмы, под Красным, при Лосьмине русская конница вместе с пехотой громила противника.

На рассвете 22 октября у Вязьмы Ахтырский гусарский и Киевский драгунский полки первыми нанесли удар по корпусу маршала Даву и корпусу Евгения Богарне. Атака, поддержанная казаками Платова, была удачной, но отсутствие пехоты, отставшей от конницы, помешало закрепить успех. Лишь к вечеру, после упорного боя, штыками русской пехоты французы были вытеснены из Вязьмы.

Под Красным полки 2-й кирасирской дивизии князя Голицына сначала с помощью пехоты и артиллерии уничтожили гвардейский вольтижерный полк, брошенный Наполеоном в бой, чтобы остановить продвижение русских. Затем кирасиры Военного ордена полка и Екатеринославского удачно атаковали корпус Даву.

Офицер и урядник Донского войска, 1812—1814 гг.

«Историческое описание одежды и вооружения Российских войск», том 18, № 2436. Спб., 1899—1902.

В бою при Лосьмине особенно отличился лейб-гвардии Уланский полк, которым командовал 56-летний генерал-майор А.С.Чаликов, участвовавший еще в русско-турецкой войне 1787—1791 годов, в сражениях под Цюрихом, Аустерлицем, Фридландом. Во время этой атаки у французов был отбит «орел» 18-го полка линейной пехоты.

Бой у Лосьминского оврага 6 ноября 1812 года завершил четырехдневное сражение под Красным, в ходе которого были разбиты и обращены в бегство три французских корпуса. Русские взяли в плен 26 тысяч человек, захватили 116 орудий и огромный обоз.

25 декабря было объявлено об окончании Отечественной войны. В приказе по армии Кутузов писал: «Храбрые и победоносные войска! Наконец вы — на границах империи. Каждый из вас есть спаситель Отечества. Россия приветствует вас сим именем...»

Декабрь 1812 года для истории русской кавалерии памятен еще и тем, что в это время была проведена коренная ее реорганизация. Во-первых, резко увеличено число легкой конницы путем переформирования драгунских полков в уланские, гусарский, конноегерские. Гусарским стал только один полк — Иркутский. Конноегерскими — 8 полков (Арзамасский, Дерптский, Лифляндский, Нежинский, Переяславский, Северский, Тираспольский, Черниговский). Уланскими — 7 полков (Владимирский, Житомирский, Оренбургский, Серпуховский, Сибирский, Таганрогский, Ямбургский). Так было создано 3 уланских дивизии, 3 гусарских дивизии, 2 конноегерских дивизии.

Оставшиеся 16 драгунских полков объединили в 4 драгунских дивизии.

Число тяжелой кавалерии увеличили всего на два полка: Псковский и Стародубовский. Причем Псковскому полку были даны трофейные французские кирасы из светлого металла (русские носили крашенные черной краской). В армии стало 10 кирасирских полков, и составили они 3 дивизии.

Во-вторых, реформа существенно увеличила численный состав полков, изменила их штатное расписание. Было установлено, что конные полки, как гвардейские (за исключением лейб-гвардии Казачьего), так и армейские будут иметь по 7 эскадронов: 6 — действующих и 1 — резервный. В действующем эскадроне будет по 213 человек и 179 строевых лошадей (по 20 рядов во взводах). Всего же в полку — 1639 человек и 1254 строевых лошади.

Штат действующего эскадрона включал в себя 7 обер-офицеров, 18 унтер-офицеров, 180 рядовых, 3 трубача, 2 нестроевых и 3 мастеровых. Штат полка — 1 шеф, 5 штаб-офицеров, 50 обер-офицеров, 126 унтер-офицеров, 1260 рядовых, 1 штаб-трубач, 21 трубач, 33 нестроевых, 32 мастеровых, 23 фурлейта, 87 денщиков.

Два эскадрона составляли дивизион, которым командовал штаб-офицер, одновременно бывший командиром одного из эскадронов, в этот дивизион входившего. Эти преобразования, такой заметный численный рост регулярной конницы в конце Отечественной войны 1812 года стали возможными потому, что правительство после Бородинского сражения предприняло ряд мер по созданию резервов для армии. Войска формировались из рекрутов 82-го и 83-го наборов (каждый набор давал примерно 90—100 тысяч человек).

Собирать и формировать кавалерийские резервы было поручено генералу Л.С.Кологривову, который хорошо справился с этим поручением. Центром формирования был город Муром, где для каждого кавалерийского полка в действующей армии создавали по 2 эскадрона (всего — 94 эскадрона). Хотя формирование шло медленно и трудно из-за нехватки предметов обмундирования, амуниции и вооружения, и особенно — из-за недостатка годных к строю лошадей, все-таки к концу 1812 года первоначальный план был перекрыт, и армия получила 26 тысяч конников (124 эскадрона). Вот эти резервы и позволили увеличить численность полков.

В заграничных походах русской армии в 1813—1814 годах участвовали многочисленные отряды конницы. Кампания 1812 года научила русских генералов использовать кавалерию так же, как использовал ее Наполеон: в больших массах и достаточно разнообразно — то для нанесения решающего удара, то для фланговых атак, то для обходных маневров.

К этому времени французская кавалерия восстановила свою боеспособность. Так, например, сражение у Дрездена в августе 1813 года Наполеон выиграл во многом благодаря своим конникам. Мюрат под прикрытием тумана обошел левый фланг союзных войск (русские, австрийские и прусские части), построил свои полки перпендикулярно к их линиям и достаточно близко от них, не будучи замеченным. Пока союзные войска вели ожесточенную борьбу с французской пехотой с фронта, эти 12 тысяч всадников неожиданно атаковали их с фланга и тыла. Линия обороны союзников была прорвана, большая часть войск, составлявших левое крыло, перебита или взята в плен.

Но при Кацбахе исход дела в пользу союзников решило выступление на поле боя русской кавалерии. Когда французские кирасиры из дивизии Себастиани обратили в бегство прусскую конницу (10 эскадронов), то ей на помощь пришли гусары Александрийского и Мариупольского полков с фронта, гусары Ахтырского и Белорусского полков — с левого фланга, казаки шести донских полков под командованием генерал-майора Карпова — с тыла. Эту атаку поддержала 27-я пехотная дивизия. Французская кавалерия была окружена и опрокинута. Отступая, конники привели в расстройство свою же пехоту. Французам пришлось отходить, бросив пушки.

Следующим был бой при Кульме. Здесь с превосходящими силами противника сначала стойко и мужественно сражался отряд генерала графа Остермана-Толстого (17,5 тысячи человек). Затем прибыла часть главных сил (44 тысячи человек) под командованием Барклая-де-Толли, и французам было нанесено поражение. В бою участвова-

ли 1-я и 2-я кирасирские дивизии, полки конной гвардии, а также отряд генерала Кнорринга (Татарский уланский и лейб-гвардии Кирасирский его Величества полки, донской полк Иловайского 12-го). Этот отряд и вступил первым в схватку с войсками генерала Вандама, атаковал высоту между Кульмом и Нейдорфом и отбил 3 орудия. Когда французы начали отступать, преследование вели на левом фланге полки лейб-гвардии Гусарский, лейб-гвардии Драгунский, лейб-гвардии Уланский, левее, вдоль гор, казаки Иловайского и кирасиры Псковского полка.

Решающим в кампании 1813 года было Лейпцигское сражение. Оно длилось четыре дня, в нем участвовало с обеих сторон около 500 тысяч человек (в том числе — 127 тысяч русских). Союзники имели численное превосходство над Наполеоном примерно в 100 тысяч человек. Наполеоновские войска потерпели поражение.

Во время сражения французский полководец применил свой обычный прием: масса конницы (10 тысяч человек) под командованием Мюрата, поддержанная сильным артиллерийским огнем, нанесла мощный удар по боевым порядкам союзников в центре на направлении к Госсе. Начало этой атаки было удачным. Вихрем пронеслись кавалеристы, сбивая с позиций русскую пехоту и артиллерию. В плен едва не попали три монарха: русский, австрийский и прусский, но лейб-гвардии Казачий полк, составлявший конвой Александра I, геройским ударом отбросил кирасир Латур-Мобура и тем спас государей союзных держав от плена.

Однако кончилась эта атака неудачно. На французских конников двинулась русская гвардия и гренадеры из резерва. Вступила в бой артиллерия. В общем, наполеоновская кавалерия была отброшена, порядок восстановлен, а захваченные ею орудия отбиты назад.

В 1814 году военные действия переместились на территорию Франции. Одно за другим следовали столкновения под Бриенном у Ла-Ротьера, Монмираля, Краона, Лаона, Реймса. Войска со-

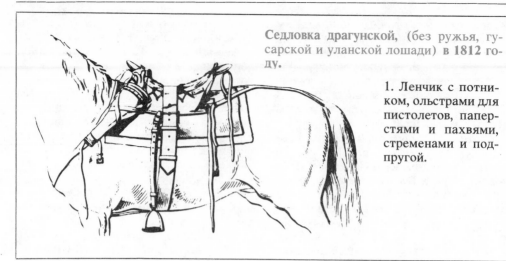

Седловка драгунской, (без ружья, гусарской и уланской лошади) в 1812 году.

1. Ленчик с потником, ольстрами для пистолетов, паперстями и пахвями, стременами и подпругой.

2. На ленчик положена попона, к передней луке приторочена свернутая в трубку шинель.

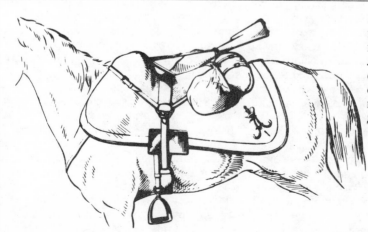

3. На ленчик с попоной положен вальтрап, к задней луке приторочены суконный чемодан с одеждой солдата и саква с фуражом для лошади.

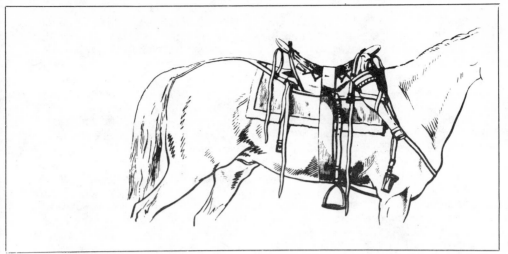

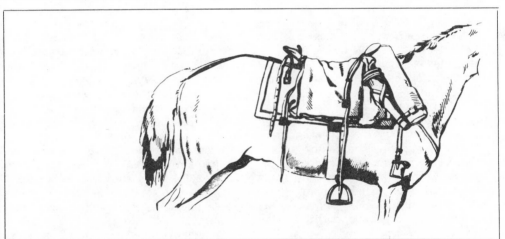

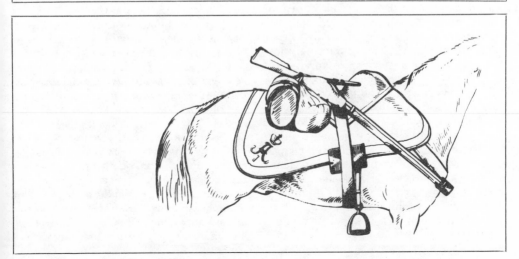

юзников постепенно приближались к Парижу.

Начало бою положили гусары Ольвиопольского и Луенского полков, изрубив французский арьергард. Затем, у Фер-Шампенуаза, русская и австрийская кавалерия пытались охватить фланги боевого порядка неприятельских войск. На левом фланге наступали кирасиры из нашей 2-й дивизии, в центре — австрийские кирасиры, на правом фланге — австрийские гусары. Но французская артиллерия, ведя интенсивный огонь по австрийским кирасирским полкам, построенным в густые колонны подивизионно, нанесла им большой урон и смешала их ряды. Наполеоновские кирасиры под командой генерала Бордесуля атаковали австрийцев и обратили их в бегство. За австрийскими латниками начали отходить и вюртембергские конноегеря и гусары. В это время в тыл французам помчалась русская конная гвардия: лейб-гвардии Уланский, лейб-гвардии Драгунский, лейб-гвардии Гусарский полки, эскадрон лейб-гвардии Казачьего и 6 конноартиллерийских орудий. За ними следовала 1-я кирасирская дивизия, построенная в эскадронные колонны. Обход удался, и противник вынужден был отступить. Во время его отхода группа русской конницы (лейб-гвардии Уланский, Кавалергардский, лейб-гвардии Кирасирский его Величества) вновь нанесли удар по левому флангу французов, взяли много пленных и 15 орудий.

У самого Фер-Шампенуаза вражеская пехота попала в сложную ситуацию. Разразился сильный ливень, и потоки воды вывели из строя кремневые ружья и гладкоствольные пушки. Этим воспользовались австрийцы. Их конница четырежды атаковала и смяла одно каре, захватив 24 орудия и обоз. За Фер-Шампенуазом отступающие вновь построились, чтобы отразить удары. Командующий русским отрядом Цесаревич Константин Павлович послал вперед лейб-гвардии Конный полк. Наши латники сбили кавалерийское прикрытие и ворвались в каре, сокрушив пехоту.

Последний эпизод сражения был связан с французской дивизией генерала Пакто (3500 человек). Построившись в шесть каре, пехотинцы стойко оборонялись. На них ходил в атаку кавкорпус генерала Корфа. Затем прибыл отряд графа Палена 2-го (2 конных полка). Наконец подошел генерал Васильчиков (20 эскадронов). Из шести каре у Пакто осталось четыре, но он отверг предложение о сдаче в плен. Вся масса конницы вновь бросилась на противника. Император Александр I во главе двух эскадронов Кавалергардского полка сам поскакал в атаку. Строй каре был сломан, русские начали рубить пехотинцев. Пауто лично отдал шпагу русскому царю.

После боя, в котором русские потеряли более 7 тысяч человек, а союзники — более 9 тысяч, Париж был взят 18 марта 1814 года. Въезд победителей в столицу Франции проходил очень торжественно. Впереди шла прусская гвардейская кавалерия, за ней — русская гвардейская легкая кавалерийская дивизия, охраняющая монархов, австрийские гренадеры, русский гренадерский корпус, русская, прусская и баденская гвардейская пехота, русские кирасирские дивизии: 3-я, 2-я и 1-я. Александр Павлович ехал в вицмундире Кавалергардского полка, с андреевской лентой через плечо, на сером коне по кличке Эклипс.

Завершить описание этого периода, без сомнения, занимающего особое место в нашей военной истории, можно перечислением наград, которые были пожалованы доблестной русской армии. Все чины, участвовавшие в боевых действиях, должны были получить серебряные медали с изображением Всевидящего Ока и надписями «1812 г.» и «Не нам, не нам, а Имени Твоему» на андреевской (голубой) ленте.

Кроме того, подвиги отдельных кавалерийских полков были отмечены особо.

Металлические знаки в виде щита, прикреплявшиеся к головному убору и имевшие надпись «За отличие», получили рядовые и офицеры Киевского и

Санкт-Петербургского драгунских полков. Металлические знаки в виде ленты с надписью: «За отличие 14-го августа 1813 года» получили гусары Александрийского, Ахтырского, Белорусского и Мариупольского полков. Таких же знаков, но с простой надписью «За отличие» удостоились гусарские полки Гродненский, Лубенский, Сумский, Елисаветградский, Изюмский и Павлоградский, Лифляндский конноегерский.

Кроме того, кавалерийские полки награждались трубами: Георгиевскими и простыми серебряными. Их получили все полки конной гвардии и лейб-гвардейская Черноморская сотня. Из кирасирских полков: Лейб-Кирасирский ее Величества, Астраханский, Новгородский, Екатеринославский (б.Новотроицкий) и Военного ордена. Из драгунских полков: Курляндский, Рижский, Санкт-Петербургский. Из конноегерских: Дерптский, Лифляндский,

Северский, Черниговский. Из уланских: Волынский, Сибирский, Татарский, Чугуевский. Из гусарских: Александрийский, Ахтырский, Белорусский, Елизаветградский, Гродненский, Изюмский, Мариупольский, Ольвиопольский, Сумский. Из казачьих полков эту почетную награду получили четыре украинских полка: 1-й, 2-й, 3-й и 4-й.

Награждались конные полки и особыми штандартами — Георгиевскими. Такие штандарты были пожалованы всем полкам конной гвардии, кирасирским полкам: Глуховскому, Екатеринославскому и Малороссийскому; драгунским полкам: Санкт-Петербургскому, Рижскому, Стародубовскому, Новороссийскому и Черниговскому; гусарским полкам: Павлоградскому, Ахтырскому, Изюмскому, Сумскому.

Держание поводьев по-боевому (в левой руке).

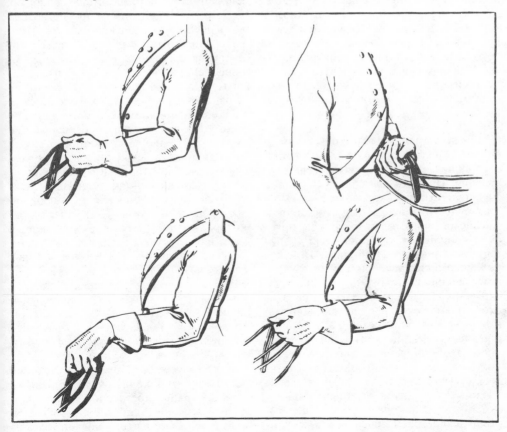

На высочайшем смотру

Один из современников, оценивая русскую конницу, вступившую в Париж, писал, что среди кавалеристов того времени было сильно развито наездничество, что солдаты более, чем когда-либо, обнаруживали привязанность к лошадям, которых они сами приручали и объезжали, что войска отличались выносливостью, стойкостью, духом мужества и отваги. В качестве недостатка была отмечена лишь неодинаковая подготовка нижних чинов, когда в одном и том же полку рядом могли служить и прекрасные наездники, и явно неудовлетворительно подготовленные солдаты. Причину этого видели в том, что в русской армии практически отсутствовала манежная работа с лошадьми и людьми, ей не уделяли никакого внимания.

Однако заграничные походы сыграли большую роль в последующем распространении манежной езды в русской кавалерии. Проведя два года в Западной Европе, сотни русских офицеров смогли хорошо познакомиться с принципами боевой подготовки и службы прусской конницы, в которой жили традиции, заложенные Фридрихом II и его выдающимися кавалерийскими генералами Зейдлицем и Цитеном, с французскими школами верховой езды Версальской и Сомюрской. Версальская школа и в начале XIX века оставалась школой парадных выездов, каруселей, котильонов. Необыкновенная тонкость и точность работы с лошадью здесь сочеталась с выполнением сложных и сверхсложных элементов верховой езды.

Сомюрская школа была создана гораздо позднее, чем Версальская, и отличалась программой, максимально приближенной к повседневным задачам кавалерии: правильно объездить лошадь и научить ее быстро и точно выполнять требования всадника в поле. Один из теоретиков этой школы де ла Бальм в своей книге о кавалерии (1773 г.) выступал за упрощение работы с лошадью и требовал, чтобы в результате выездки она хорошо выполняла только «четыре движения»: шаг, рысь, галоп и карьер.

Эпоха Наполеона способствовала возвышению Сомюрской школы. Потребовалось быстро обучать элементарным навыкам верховой езды тысячи новобранцев, объезжать и подготавливать в строй лошадей для десятков вновь формируемых кавалерийских полков. Конникам же, совершавшим многодневные марши, бросавшимся с ходу в самое пекло сражений, было не до изящных построений в манеже...

Русские поклонники «лошадиного искусства», конечно, читали книги мастеров выездки из Версаля и Сомюра, но мало были знакомы с их практикой, которая имеет огромное значение в этом виде деятельности. Ведь в России не существовало школ верховой езды, где культивировали бы искусство выездки и работу с лошадью. Попав во Францию, они получили уникальный шанс восполнить пробелы в своем кавалерийском образовании и на месте изучить методы знаменитых берейторов и наездников.

Когда русская армия вернулась из заграничного похода домой, то военная администрация достаточно точно определила главное направление работы в кавалерии: заложить основания систематического, планомерного и всеобщего обучения солдат и офицеров верховой езде.

В 1816 году вышел в свет «Эскадронный Устав», затем — брошюра «Школа кавалерийского солдата», где рассказывалось о некоторых приемах верховой езды и на рисунках изображалась правильная посадка. В 1823 году был издан новый кавалерийский Устав. Основные его положения были такими: строй — сомкнутый двухшереножный, сила взводов — 20 рядов; атаки сомкнутые и рассыпные; походные движения — в колоннах по 6, по 4, по 3 всадника, рядами и по одному. Для встречи командующего эскадрон строился во взводную, полк — в сомкнутую эскадронную или полуэскадронную колонну. Атаки колоннами, как делали французы, не производили. Несколько полков в боевом порядке строились в две или в три линии, в шахматном построении, эскадроны в каждой линии — развернутым строем.

Пока Устав не был принят, офицеры кавалерийских полков посылались в Петербург «для узнания конной службы».

Следующим шагом было создание в 1819 году гвардейской Берейторской школы (5 преподавателей, 30 учеников, 100 лошадей для выездки и обучения). Наконец, в 1823 году появилось и первое кавалерийское училище — Школа гвардейских подпрапорщиков и юнкеров. В ее штабе был начальник школы, 1 инспектор классов, 8 обер-офицеров в чине не ниже поручика, и 120 слушателей.

Если Берейторская школа должна была обеспечить армию квалифицированными инструкторами конного дела, то в Школе гвардейских подпрапорщиков и юнкеров дворянских юношей основательно обучали верховой езде и затем выпускали офицерами в полки гвардейской кавалерии. Один из известных выпускников этой школы — Михаил Лермонтов. В своих шутливых стихах он описал нравы юнкеров, далекие от идеала, но вот об обучении почти ничего не сказал, хотя оно было достаточно серьезным. Во всяком случае, сам Лермонтов был, по отзывам современников, неплохим наездником, и даже легкую хромоту, которой он гордился (она делала его похожим на лорда Байрона), поэт получил во время занятий в манеже — его ударила молодая лошадь.

Но еще до организации школы в полках конной гвардии стали вводить курс верховой езды с экзаменами для молодых дворян, записавшихся юнкерами (обычное для тех лет начало военной карьеры: производство из юнкера в первый офицерский чин). Эти экзамены выдерживали не все претенденты. Например, Михаил Бестужев-Рюмин, один из активных деятелей Южного общества декабристов, в 16 лет поступил юнкером в Кавалергардский полк, но сдать экзамена по верховой езде не смог и был переведен в пехоту — лейб-гвардии Семеновский полк.

Вслед за нововведениями в столице при некоторых корпусах, расквартированных у западных и южных границ государства, появились особые учебные эскадроны. Например, заслуженной славой пользовался учебный эскадрон во 2-й драгунской дивизии генерала Ридигера, где успешно готовили из солдат настоящих конников, объезжали и обучали лошадей.

Интересные воспоминания об этом периоде оставил генерал Броневский, молодым офицером вступивший в кавалерийский полк после 1814 года: «Знали они (до 1817 года), и то понаслышке, о манежах, об особенном искусстве берейторов в обучении лошади, но не знали, как взяться за дело. Припомнили, однако же, что в одном конноегерском полку (Арзамасском) есть берейтор Бальбони (он принадлежал к цирковой труппе), к нему обратились за наставлениями. Бальбони дал для образца рабочую уздечку, бич и корду. Без промедления принялись делать эти манежные принадлежности, и по изготовлении оных, а также полевого манежа, обнесенного камышом и устланного навозом, приступили к новому для всех делу: выездке лошадей по правилам

Обер-офицер, унтер-офицер и рядовой Кавалергардского, лейб-гвардии Конного и лейб-гвардии Подольского кирасирского полков, 1828—1829 гг.

манежного искусства... Труд был нелегкий: многие лошади не шли вольтом, на корде, противились, били задом, не шли вперед, несмотря на град ударов бичом. Некоторые, закусив удила, пробивали головами камышовые стены манежа. В продолжение зимы, однако же, большая часть лошадей была усмирена и повиновалась ездокам на шагу и на рыси. Более от них не требовали, потому что не умели заставить что-либо другое сделать... Боковые движения (траверс) и галоп, исполняемые с соблюдением дистанций, были совершенной новостью для нас и примером для подражания. С новым усердием принялись мы за работу... А в 1819 году, эскадрон, в котором я служил, мог представиться на смотре с аллюрами уравненными и с правильной посадкою. Бывший тогда начальник Главного штаба Первой армии генерал-лейтенант Дибич при осмотре (зимой) полков нашей дивизии нашел, что это — лучший эскадрон во всей армии,— так мало было развито еще образование нашей кавалерии!»

Генерал Броневский писал о правильной посадке. Что понимали под этим словом в то время, ясно из сохранившихся инструкций. В 1816 году при содействии Цесаревича Константина Павловича было установлено, что правильная посадка —это та, когда плечо, колено и носок всадника находятся на одной отвесной линии. Обучить этой жесткой и натянутой посадке новобранцев было не так-то просто. Солдаты в кавалерии годами числились в рекрутах (не менее 2 лет), подвергались телесным наказаниям. Да и сама система их обучения гуманностью не отличалась: без седла и без стремян, на попонке, подложив под каждое колено и локоть по хлыстику («чтоб не болтал ими при езде и потому не выронил бы хлыстиков»), с первого дня — рысью на корде, усиливая ход всякий раз, когда всадник начинает терять посадку (чтоб больнее было падать).

В связи с увлечением манежной работой распространилось мнение, будто красоту и изящество выездки армейских лошадей составляют только короткий галоп и собранная рысь. Это приводило к тому, что конницу, идущую коротким галопом, на смотрах обгоняла пехота. От постоянного усиленного сбора строевые лошади сильно страдали и так слабели ногами, что преждевременно (срок их службы длился 9 лет) приходили в негодность.

Из Европы привезли и новую моду на внешний вид строевой лошади — ширококостных, массивных и рослых коней. Для того чтобы представить конский состав в «требуемом виде», применяли испытанные методы: обильный корм в сочетании с малой подвижностью. Потому в походах кавалерия двигалась только шагом. Делать хотя бы короткие репризы рыси и галопа строжайше запрещалось, дабы не потерять «тела» у строевых лошадей.

В общем, этот тип строевого коня вполне достоверно изображен на гравюрах той эпохи: желоб на спине, огромное брюхо, притом ни единой лишней шерстинки, все подобрано и выстрижено, шерсть лоснится от бесконечных чисток...

Для всемерного распространения правильной системы обучения всадников и лошадей при Александре I впервые стали проводить так называемые «высочайшие смотры», когда летом в какой-нибудь из городов для маневров и проверки боевой готовности на несколько дней стягивались кавалерийские полки. Первый такой смотр был проведен в Козлове в 1820 году. Следующий смотр организовали в Орле в 1826 году, и затем при Николае I такие смотры сделались регулярными, их проводили с интервалом в 2—3 года.

Еще одно нововведение Александра I — военные поселения. Задача была простая — создать военнообученный запас на случай новой войны, но не меняя изжившей себя рекрутской системы. Это нововведение коснулось и конницы. К 1822 году в Харьковской и Херсонской губерниях было поселено 8 кирасирских и 12 уланских полков (120 действующих эскадронов), занимавших около 800 деревень с 30 тысячами государственных крестьян.

Поселенный кавалерийский полк состоял из 6 действующих, 3 резервных, 3 поселенных и 1 учебного эскадронов. Всего — 12 эскадронов, 2673 человека, 1525 строевых лошадей. Делился он на два состава: строевой (пахотные солдаты) и поземельный. Кроме того, между ними была как бы прослойка — резервисты (заместители).

Нижние чины поселенных полков не занимались земледелием, но располагались в известном районе у крестьян по квартирам, крестьяне же в известной степени приобщались к составу полка и подчинялись военному командованию в административном и судебном порядке. При этом все мужское население расписывали на 7 разрядов по роду службы и возрасту. Они получали от казны жалованье, землю (90 десятин в кавалерии и 60 — в пехоте,), дом с инвентарем, семена для посева, провиант за первый год, земледельческие орудия и скот, (на один двор — 3 пары волов, 2 лошади, 2 коровы и 12 овец). За это поселенцы были обязаны размещать у себя и кормить солдат с их семействами и лошадьми. Все поселенцы были обмундированы, обучены и выводились на учение три раза в неделю (во время жатвы — 2 раза). Пахотными солдатами были рядовые действующих эскадронов. В свободное от службы время они должны были помогать поселенцам в работе. Резервистами (заместителями) назывались сыновья или родственники поселенцев. Они должны были замещать пахотных солдат в случае их смерти и вообще выбытия из строя. Они были вполне обучены, получали от казны обмундирование, как и строевые, составляли 3 резервных эскадрона полка и являлись готовым резервом для комплектования и усиления действующих частей.

О конском составе поселенных полков администрация тоже позаботилась. Каждый полк имел свой конный завод (с 1819 до 1843 года), который по числу 3 поселенных эскадронов разделялся на 3 отделения по 9 жеребцов и 115 кобыл.

«Что бы там ни говорили, но кавалерия на поселениях каталась как сыр в масле,— писал в своих воспоминаниях А.Фет, служивший в кирасирском Военного ордена полку с 1845 по 1854. — В конюшни доставлялось сколько угодно превосходной июньской травы, и лошади выходили освеженные и точно смазанные маслом после месячного продовольствия. Офицеры, имевшие малейшую возможность бежать, уезжали домой чуть не на целое лето, т.е. до августа, до дивизионного кампанента...»

Однако это точка зрения офицера николаевской эпохи. А вот нижние чины поселенных полков и крестьяне, ставшие военными поселенцами, протестовали против решения правительства. Летом 1819 года в городе Чугуеве Харьковской губернии вспыхнуло восстание в двух поселенных уланских полках, Чугуевском и Таганрогском. Восставшие требовали вернуть солдат в казармы и отдать крестьянам земли, отнятые у них. Восстание было подавлено войсками под командованием Аракчеева, жестокость которого гневно заклеймили в своих стихах Пушкин и Рылеев...

К кончине Александра I русская конница состояла из гвардии (4 кирасирских полка, 1 драгунский, 2 гусарских, 2 уланских и 1 конноегерский, 1 казачий полк, эскадрон и сотня) и армии (9 кирасирских полков, 17 драгунских, 12 гусарских, 20 уланских и 8 конноегерских). Всего — 77 полков, 619 эскадронов, 7 резервных пеших частей, 135 241 человек и 93 328 строевых лошадей.

В этот список вошли не все конные части. Например, отсутствовали жандармы: гвардейский полуэскадрон и полк семиэскадронного состава, которые появились в России в 1815 году. В жандармский был переименован драгунский Борисоглебский полк. Принадлежность жандармов к кавалерии подчеркивала их униформа: кирасирские каски из черной пумповой кожи, ботфорты — и вооружение: палаши. В 1826 году шефом жандармов стал генерал-лейтенант, начальник 1-й кирасир-

Рядовой Кавалергардского и унтер-офицер лейб-гвардии Конного полков, 1846—1851 гг. «Историческое описание одежды и вооружения Российских войск», том 23, № 703.

ской дивизии граф Бенкендорф, который во время Отечественной войны 1812 года проявил себя умелым кавалеристом, командуя авангардом в отряде Винценгороде. Став по воле императора Николая I шефом жандармов, Бенкендорф прославился совсем другими своими качествами.

К событиям 14 декабря 1825 года кавалеристы имели отношение самое непосредственное. В особо привилегированном Кавалергардском полку в разное время служили почти все основатели движения декабристов: М.Ф.Орлов, М.С.Лунин, С.Г.Волконский, П.П. Лопухин, П.И.Пестель, А.З.Муравьев. Членами Петербургской группы Южного общества были в 1823—1824 годах 12 молодых офицеров-кавалергардов.

Непосредственно в восстании конные полки не участвовали — в каре на Сенатской площади стояли солдаты лейб-гвардии Московского, лейб-гвардии Гренадерского пехотных полков и Гвардейского Экипажа. На это каре ходили в атаку эскадроны Кавалергардского, лейб-гвардии Конного полков, Конно-Пионерного дивизиона. Атаки эти были безуспешными, так как в тот день был сильный гололед, и лошади, подкованные на учебные подковы без шипов, скользили и падали на нем.

Царствование Николая I, начавшееся столь бурно, тем не менее не было отмечено ни большими войнами, ни значительными переменами в военном деле. Николай Павлович продолжал военную политику своего старшего брата.

Особых изменений не произошло и в кавалерии. Современники отмечали, что без малого тридцатилетний (с 1825 по 1853 год), в общем-то, мирный период жизни помог русской коннице освоить те формы обучения и службы, которые при Александре I были привнесены из Западной Европы и сначала казались чуждыми для нашей армии. Теперь же они вошли в ее плоть и кровь.

Речь в данном случае идет о повсеместном распространении в полках работы в манеже, о пристальном внимании к выездке лошадей, к правильной посадке, выправке, подгонке амуниции,

обмундирования и вооружения. Все это способствовало усилению плац-парадной подготовки войск в ущерб полевой, и в конечном счете — боевой.

Численность и состав кавалерии менялись мало. В 1826 году было уменьшено число драгунских полков. Три из них переименовали в гусарские, четыре — в уланские. Таким образом в армии насчитывалось 9 кирасирских полков, 9 драгунских, 8 конноегерских, 24 уланских и 16 гусарских. Из них 8 кирасирских и 12 уланских полков были поселенными. Штатное расписание для непоселенных полков оставалось прежним, введенным в декабре 1812 года, о штате поселенных полков говорилось на предыдущих страницах.

Как и раньше, полки объединялись в бригады (по два), а бригады — в дивизии (по две).

Было три кирасирских дивизии: 1-я (Кавалергардский, лейб-гвардии Конный, лейб-гвардии Кирасирский и лейб-Кирасирский Ее Величества полк, который числился по армии), 2-я (Екатеринославский, Глуховский, Астраханский, Псковский) и 3-я (Военного ордена, Стародубовский, Малороссийский, Новгородский полки). Состав кирасирских дивизий не менялся в течение всего царствования.

Драгуны после переименования семи полков составили две дивизии: 1-я (Московский, Каргопольский, Кинбурнский, Новороссийский полки), 2-я (Казанский, Рижский, Финляндский и Тверской полки). Вне дивизий числился Нижегородский драгунский полк, который находился на Кавказе.

Конноегеря по-прежнему составляли две дивизии: 1-я (Северский, Черниговский, Нежинский, Дерптский полки), 2-я (Переяславский, Лифляндский, Арзамасский, Тираспольский полки).

Далее по армейской «табели о рангах» следовали уланы. После 1826 года они являлись преобладающим родом кавалерии в армии и образовывали шесть дивизий: 1-я (Владимирский, Сибирский, Оренбургский и Ямбургский полки), 2-я (Таганрогский, Чугуевский,

Борисоглебский, Серпуховский полки), 3-я (1-й, 2-й, 3-й, 4-й Украинские полки), 5-я (Санкт-Петербургский, Харьковский, Смоленский, Курляндский полки), 4-я (1-й, 2-й, 3-й, 4-й Бугские полки), 6-я (Литовская: Польский, Татарский, Литовский, Волынский полки). Гусары были объединены в четыре дивизии: 1-я (Сумский, Ольвиопольский, Клястицкий (бывш. Гродненский), Лубенский полки), 2-я (Изюмский, Павлоградский, Елисаветградский, Иркутский полки), 3-я (Ахтырский, Александрийский, Мариупольский, Белорусский полки), 4-я (Ингерманландский, Нарвский, Киевский, Митавский полки).

Кроме того, существовала гвардейская легкая дивизия: лейб-гвардии Дра-

Палаш кирасирский, офицерский, образца 1826 года. Фонды Военно-исторического музея артиллерии, инженерных войск и войск связи (Санкт-Петербург).

гунский, лейб-гвардии Конноегерский, лейб-гвардии Уланский, лейб-гвардии Гусарский и лейб-гвардии Казачий полки,— а также — Варшавский отряд: лейб-гвардии Подольский кирасирский, лейб-гвардии Гродненский гусарский (создан в 1824 году) и лейб-гвардии Уланский Цесаревича.

Первая гвардейская дивизия, все четыре гусарских, 3-я, 4-я и 6-я уланские дивизии, Варшавский отряд состояли при пехотных корпусах. Остальные были сведены по две в пять резервных кавалерийских корпусов, которые предназначались для самостоятельных операций на театре военных действий или служили бы конным резервом на поле сражения.

Приверженность традициям, заложенным в эпоху наполеоновских войн, и консерватизм, присущий царствованию Николая I, в полной мере проявились в отношении к обмундированию конницы и ее вооружению. Кроме незначительных изменений в деталях, об-

щий вид униформы сохранился до середины XIX столетия.

В 1826 году был введен новый мундир для всей армии: однобортный вместо двубортного, на 9 пуговицах. Такой мундир получили кирасиры (белого цвета), драгуны и конноегеря (темнозеленого). Уланы удержали свой прежний мундир — темно-синюю куртку, застегивающуюся как на крючки (летом), так и на пуговицы (зимой), с разноцветными (по полкам) лацканами. Гусары точно так же продолжали носить доломаны и ментики со шнуровой расшивкой.

Главное изменение в форменной одежде при Николае I заключалось в введении в 1826 году во всех полках конницы серо-синих рейтуз на штрипках с выпушкой в боковом шве прикладного цвета. Их носили поверх сапог, и у рядовых в шагу они были обшиты черной кожей.

Строевые головные уборы остались традиционными. У кирасир — каски из черной кожи с гребнем из конских волос, у гусар — кивера, но цветные (цвет по полка́м), у улан — шапки с четырехугольным суконным верхом (цвет по полка́м). Драгуны и конноегеря имели кивера одного типа с пехотными. Вне строя, для повседневного обихода казна отпускала кавалеристам фуражки.

Почти ничего не изменилось и в вооружении. Из холодного оружия у кирасир были палаши, у драгун, конноегерей, улан и гусар — сабли, дополнительно у улан — пики с флюгерами. Кроме того, в 1831 году в тяжелой кавалерии первым шеренгам эскадронов дали пики с флюгерами. Из огнестрельного оружия кавалеристы имели ружья, карабины, пистолеты при седле. В 1834 году у рядовых кирасир, драгун и гусар пистолеты отменили, у улан оставили — по одному, чтобы носить не в ольстре, а при себе, в чушке. В 1837 году пистолеты отменены и у улан, но оставлены унтер-офицерам, штаб-трубачу и трубачам, как это сделано в кирасирских, драгунских и гусарских полках. Но этот пистолет носили в особой кобуре поверх вальтрапа.

Если говорить о конском составе полков николаевской кавалерии, то главные требования к нему также остались неизменными. Покупали для строя лошадей в возрасте 4—6 лет, для кирасирских полков ростом не менее 2 аршин и 4 вершков в холке (160 см), для прочих — не менее 2 аршин и 2 вершков (151 см). С 1823 года в русской армии был введен так называемый одношерстный состав для полков. Так, например, в драгунских дивизиях первые полки сидели на конях рыжей масти, вторые — на вороных, третьи — на серых, четвертые — на гнедых, а трубачи во всех полках — только на серых лошадях. Такое расписание не было установленным раз и навсегда. В документах тех лет встречаются и приказы о том, что один полк должен поменяться лошадьми с другим.

Одношерстный состав — это, конечно, было очень красиво, особенно на парадах, на высочайших смотрах, при построениях в манеже. Однако стремление к красоте ранжира, к единообразию даже в масти полковых лошадей ничего не прибавляло к боевой подготовке конницы, которая проверяется не в манеже, а в походе и в атаке.

Массивных и рослых лошадей для кирасир по-прежнему выращивали в основном конные заводы. Об их породах точных сведений нет, но, вероятно, преобладали, как и встарь, мекленбургские, ганноверские, датские лошади. Для легкой конницы рекомендовалось закупать лошадей степных пород — черноморских и украинских.

С 1822 года кавалерийским офицерам советовали иметь лошадей «англизированных», то есть чистокровной верховой породы, с которой русские хорошо познакомились во время заграничных походов русской армии в 1813—1814 годах. С этого времени этих лошадей стали завозить в Россию больше и даже разводить в местных конных заводах. Но едва ли их хватало для более чем трехтысячного офицерского корпуса кавалерии.

Во всяком случае есть воспоминания о том, что в 1851 году на такой «англи-

Обер-офицер и рядовой Новороссийского драгунского полка, 1833—1836 гг. «Историческое описание одежды и вооружения Российских войск», том 20, № 237.

зированной» лошади — вороной кобыле по кличке Москва на высочайшем смотре в Елисаветграде ездил император Николай I. Он был неплохим наездником, понимал толк в верховой езде и в свои 55 лет отлично держался в седле и управлял норовистой, но необыкновенно красивой Москвой...

Постановление Павла I о выдаче кавалерийским офицерам казенных лошадей было давно забыто, и каждый из них должен был приобретать лошадь на собственные средства. Точного расписания цен по чинам, как при Екатерине II, не существовало. Но известно, что самые дорогие лошади были у кавалергардов (до 300 рублей) и конногвардейцев, дешевле — у кирасир и гусар, самые дешевые — у драгун. Все это приводило к тому, что в коннице могли служить только состоятельные люди.

«Гражданская служба была на низкой ступени развития,— писал один из современников,— и молодежь стремилась к военной службе, зачислялась юнкерами в полки. От поступающего в гусары и кирасиры требовался взнос в полковой ящик по 1500 рублей, а в драгунские полки — по 500 рублей на обмундирование и лошадь при производстве...»

Конский убор не претерпел изменений: трензель, мундштук, чумбур (для привязывания лошади), пахви, наперсти, у драгун и легкой конницы — прежний «венгерский ленчик» с вальтрапом. В 1834 году такое легкокавалерийское седло получили и кирасиры, расставшись с тяжелыми седлами, которые в России еще со времен Петра I называли немецкими, с чепраками и чушками, которые были заменены вальтрапами.

Фураж выдавался лошадям по норме 1817 года: 4 гарнца овса, 10 фунтов сена и 3 фунта соломы.

Распорядок дня в кавалерийском полку зимой был следующим: в 5 часов утра солдаты вставали и завтракали, в 6 часов начиналась уборка лошадей, которая длилась два часа в присутствии всех офицеров эскадрона, после чистки — первая дача овса и водопой; в 9

часов утра в конюшне раскладывали сено и солому; в 12 часов — поили второй раз и снова задавали овес (надевали торбы); в 6 часов вечера — вторая уборка лошадей, после нее третья дача овса и водопой; в 9 часов вечера — раскладывали сено на ночь, и на этом день кончался. В 9 часов же играли «вечернюю зорю», при которой в полку должны были присутствовать все офицеры.

Зимой проводились учения: езда в манеже и выездка лошадей, пешие одиночные учения в экзерциргаузах (рубка, приемы с саблями, у кирасир и улан фехтование пиками). Весной начинались эскадронные учения на плацу, сначала «пешие по-конному», то есть когда солдаты пешком разучивали конные построения. В середине июня полки выезжали в лагерь, где отрабатывались уже настоящие конные эволюции, как эскадронные, так и полковые. Лагерные учения кончались маневрами, длившимися по нескольку дней, после чего в начале августа полки возвращались на свои квартиры. Лошадям давали отдых — 6 недель «травяного довольствия», когда их выпускали пастись на луга и не привлекали ни к какой работе.

Однако было замечено, что за это время лошади сильно дичают и потом их приходится снова объезжать, приучать к седлу и уздечке. При Николае I, заботясь о выездке лошадей, их перестали выпускать в луга, а 6 недель кормили травой на конюшнях, но не работали с ними в манеже, а устраивали только небольшие проездки. Через неделю после «травяного довольствия» в полках вновь начинали занятия и приступали к службе (например, аванпостной).

В Петербурге, кроме лагерей, конница участвовала в парадах. При Николае Павловиче их проводили три раза в год. Весной — в столице, летом — в лагере в Красном Селе, зимой — на Дворцовой площади.

Обучение конницы шло сначала по Уставу 1828 года. Но в 1835 году вышел в свет один Устав кавалерийского полка, в 1847 году — второй. В 1852 году

Штаб-офицеры Волынского и Ольвиопольского уланских полков, 1833 г.
«Историческое описание одежды и вооружения Российских войск», том 21,
№ 304. Новосибирск, 1944—1945.

Унтер-офицер Ахтырского гусарского полка, 1833 г.
«Историческое описание одежды и вооружения Российских войск», том 21, № 344. Новосибирск, 1944—1945.

был издан в виде дополнения к ним Устав для драгунских полков. Все они не затрагивали основных принципов боевого применения конницы, уже описанных в предыдущих главах. Сомкнутый двухшереножный строй продолжал оставаться главным. Однако в отличие от прошлых изданий николаевские уставы вводили в практику очень сложные строевые эволюции, которые, по отзывам современников, имели значение лишь для «красоты фронта», строго регламентировали всевозможные мелочи службы. Они были довольно многословны, сложны и запутаны, так как их составители ставили перед собой заведомо невыполнимую задачу: предписать офицерам абсолютно все от А до Я, что им следует делать в многообразных и быстро меняющихся ситуациях кавалерийского боя.

Подобный подход порождал в войсках особый тип командира — начисто лишенного инициативы, теряющегося при малейшем усложнении обстановки, невежественного «экзерцицмейстера», способного только жестоко муштровать солдат.

Пополнялась конница, как и вся армия, рекрутскими наборами. О вербовке людей в конные полки в это время сведений не обнаружено. Самых рослых и красивых рекрутов отбирали в гвардейские части и кирасирские полки. Остальные (рост не менее 165 см) — в легкую конницу и драгуны.

Офицерский корпус в основном формировался из дворян, прошедших юнкерскую школу в полках (от 6 месяцев до полутора лет) и выдержавших экзамен. При Николае I получил распространение и другой способ. Гвардии рядовых, беспорочно прослуживших 12 лет и получивших чин вахмистра, после экзаменов выпускали корнетами и прапорщиками (у драгун) в армейские полки. Кроме того, часть вакансий занимали выпускники военно-учебных заведений.

В эти годы успешно продолжала свою деятельность Берейторская школа, Школа гвардейских юнкеров и подпрапорщиков. К этим учебным заведе-

ниям в 1826 году прибавился Образцовый кавалерийский полк, учрежденный для «единообразия в строевом обучении, в обмундировании, в пригонке и приготовлении людского и конского снаряжения, а равно для подготовки учителей во всех этих областях для армии».

Но были и другие нововведения. В 1833 году, после войны с Польшей, был создан отдельный драгунский корпус из двух прежних драгунских дивизий (8 полков) при 32 орудиях.

Полки корпуса имели 10 действующих эскадронов и 1 — резервный. Причем 9-е и 10-е эскадроны были вооружены саблями, карабинами и пиками с флюгерами, остальные — саблями и ружьями. При спешивании этих восьми эскадронов полка солдаты с пиками оставались в седле, прикрывали коноводов, преследовали противника и фланкировали в конном строю. Таким образом драгунский корпус, спешившись, давал 8 батальонов пехоты, 16 эскадронов конницы, 32 орудия и имел в придачу ко всему свой коннопионерный дивизион с 16 понтонами.

На очередном высочайшем смотре кавалерии под городом Вознесенском в 1837 году драгунский корпус продемонстрировал свою выучку. Сначала драгуны, построенные в эскадронные шеренги, галопом пронеслись мимо императора. Но не успела улечься пыль, поднятая тысячами копыт, как затрещали барабаны и на поле ровными рядами выступили с ружьями наперевес уже спешенные солдаты первых восьми эскадронов, в пехотном строю образовавшие восьмиротный батальон. С флангов его прикрывали конные драгуны-пикинеры, сзади катились пушки, на повозках везли понтоны.

Так русские драгуны вновь превратились в «ездящую пехоту».

Драгунский корпус в смысле стратегическом и тактическом являлся не чем иным, как «силами быстрого реагирования» (говоря современным языком). Николай Павлович считал после Польской войны, что ситуация в Европе чревата революционными бурями, и собирался эти бури оперативно усмирять. Но случилось так, что на боевом опыте драгунскому корпусу не удалось доказать пользу своего существования ни разу. Просуществовав до 1856 года, он был расформирован...

В эти годы правительство немало внимания уделяло и казакам. После Отечественной войны 1812 года все оценили значение этой иррегулярной конницы на театре военных действий. Усилия администрации были направлены на то, чтобы поддерживать эту силу в боеспособном состоянии, ее достоинства преумножить, а недостатки преуменьшить. Например, сделать казачьи части более дисциплинированными и отучить их от грабежей.

В 1835 году были изданы положение и штаты Донского Войска, которые

Сабля легкой кавалерии образца 1817 года с портупеей и темляком. Фонды Военно-исторического музея артиллерии, инженерных войск и войск связи (Санкт-Петербург).

закрепили его обособление в замкнутое военное сословие. Согласно положению все мужское казачье население с 18 лет было обязано нести службу в течение 25 лет, являясь в полки со своим обмундированием, снаряжением, холодным оружием и лошадью.

За службу каждому казаку в постоянное пользование выделяли земельный надел (довольно большой — 30 десятин). Офицеры казачьих войск получали права потомственного дворянства и земли в свою собственность. Селиться на территории казачьего войска лицам других сословий запрещалось. Запрещено было и казакам выходить из казацкого звания.

Области, населенные казаками, в военном и административном отношении с 1815 года подчинялись Главному штабу военного министерства. Возглавлял войска атаман всех казачьих войск. С 1827 года таковым являлся наследник престола.

При Николае I были также созданы новые казачьи войска: Азовское (в

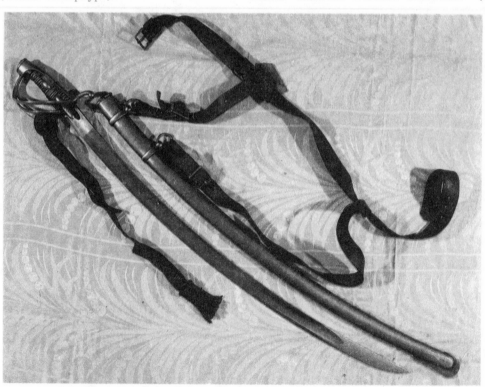

1828 г.), Кавказское линейное (в 1832 г.) и Забайкальское (в 1851 г.). Азовские казаки (10 конных сотен и около 30 мелких вооруженных судов) несли охрану побережья Азовского моря. В состав Кавказского войска входили 10 полков. Вместе с черноморскими казаками они располагались в укреплениях и крепостях от устья Терека до устья Кубани и активно участвовали в Кавказской войне (1817—1864 гг.). В Забайкальском войске были сибирские казаки, бурятские и эвенкийские военные формирования и крестьянское население Нерчинского, Верхнеудинского и других округов. На него была возложена охрана границы с Китаем и внутренняя служба.

В 1838 году штаты конных казачьих полков были изменены: вместо 5 сотен стало 6. Сотня делилась на две полусотни, полусотня — на два взвода. Всего в полку числилось: 1 полковник, 1 войсковой старшина, 5 есаулов, 6 сотников, 7 хорунжих, 19 старших урядников (1 знаменщик), 19 младших урядников (1 ассистент знаменщика) и 750 рядовых.

К этому же времени относится введение единообразного вооружения для казачьих войск. Казакам пришлось расстаться с прадедовскими саблями. С 1838 года они получили шашки с деревянной рукоятью и эфесом без дужки. Было также принято на вооружение особое (более облегченное) казачье ружье. Его имели только 200 человек в каждом полку. Пистолеты казаки носили одного образца с легкокавалерийскими, но по одному и на поясе, у левого бока, вложенным в чушку из черной кожи и сукна. Пика — традиционный предмет казачьего вооружения — остался неизменным. В отличие от всей кавалерии патроны казаки стали носить не в лядунке, а в патронташе (40 патронов у рядовых, 20 — у офицеров).

Более строго в эту эпоху администрация стала следить за форменной одеждой казаков, которая по-прежнему состояла из высокой смушковой шапки с суконным шлыком и короткой куртки на крючках, заправленной в широкие шаровары с лампасами. Но Черноморское, Азовское и Кавказское линейное войско имели другую униформу. У кавказских казаков она состояла из черкески, украшенной напатронниками на груди, бешмета и узких штанов. Черноморские и азовские казаки до 1841 года носили куртки с напатронниками.

В общем, за годы царствования Николая Павловича количество иррегулярной конницы увеличилось до 140 тысяч всадников (148 полков, 925 сотен)...

Не прошло и года со дня вступления Николая I на престол, как началась война. Правда, очень далеко от Москвы и Петербурга — на Кавказе. Иранский шах летом 1826 года двинул свои войска (60 тысяч человек, 34 орудия) к Карабаху и Баку. Иранцы осадили крепость Шуша, но взять ее не смогли. А 13 сентября 1826 года в сражении у Елисаветполя основные силы противника (до 50 тысяч) были разгромлены русским отрядом (до 10 тысяч человек). Выдающуюся роль в этом бою сыграла конница, а именно — Нижегородский драгунский полк под командованием полковника Шабельского. Кроме драгун, в отряде находилось два донских полка Костина и Иловайского и 300 всадников грузинско-татарской милиции.

Иранцы расположили пехоту в центре боевого порядка, а на флангах — свою знаменитую когда-то и очень многочисленную конницу. Бой начался артиллерийской канонадой, затем иранские конники толпой бросились в атаку на левый фланг, обскакали его и ударили на каре русской пехоты. Пехота устояла. На помощь ей выдвинулся Нижегородский полк. Один его дивизион атаковал иранцев с фронта, второй — с тыла. Атаку поддержала 12-орудийная батарея, егеря и пехотинцы, бросившиеся в штыки. Иранцы не выдержали этой атаки, начали отступать, а потом и обратились в паническое бегство. Драгуны лихо преследовали противника 12 километров, пока не достигли его лагеря, и еще 7 кило-

Урядники Ставропольского и Хоперского казачьих полков, 1835—1838 гг. «Историческое описание одежды и вооружения Российских войск», том 27, № 1207. Новосибирск, 1944—1945.

метров — за лагерем. Однако на правом фланге иранцы упорно оборонялись и рассеяли два казачьих полка. Их едва остановил третий дивизион нижегородцев. Прервав преследование, полковник Шабельский с двумя дивизионами вернулся назад и нанес удар по тылу иранского отряда. Это и решило дело. Группировка противника прекратила сопротивление. Часть солдат бежала, часть — сдалась в плен.

Потерпев поражение еще в нескольких столкновениях с русской армией, потеряв несколько крепостей и городов, иранский шах согласился подписать мирный договор, по которому к России отошли два ханства — Эриванское и Нахичеванское.

Следующая война — очередная, русско-турецкая, началась в 1828 году. На Дунайском театре военных действий против 150-тысячной армии Хусейн-паши выступала 95-тысячная армия фельдмаршала графа Витгенштейна. На Кавказе против 50 тысяч турецких войск был двинут 25-тысячный корпус генерала Паскевича.

У Витгенштейна был большой отряд конницы: 4-я уланская дивизия генерал-лейтенанта барона Крейца (Санкт-Петербургский, Харьковский, Смоленский и Курляндский полки), Бугская уланская дивизия генерал-майора Гейтерна и 7 донских полков. Перейдя границу, армия Витгенштейна за месяц боев заняла дунайские княжества и форсировала Дунай. Комбинированной атакой с суши и моря была взята Варна. На Кавказе корпус Паскевича овладел крепостью Карс. Затем русские разбили турок в сражении при Кулевче. Здесь в распоряжении генерала Дибича были две гусарские дивизии: 2-я и 3-я, Бугская уланская дивизия и 4-я уланская дивизия.

При Кулевче особенно отличился Иркутский гусарский полк. Гусары находились в авангарде армии. Когда турецкая пехота и конница внезапно атаковали 11-й, 12-й егерские и Муромский пехотный полки, а затем окружили батальон егерей, иркутцы смелой

атакой отвлекли противника, что позволило пехоте отойти...

Эта война с турками была короткой и успешной. Уже в сентябре 1829 года она закончилась. Но русская кавалерия в ходе ее понесла большие потери в лошадях. Например, в отряде, оперировавшем около Шумлы, из-за сильных холодов и отсутствия фуража пало до двух третей строевых лошадей. Особенно сильно пострадала 1-я конноегерская дивизия под командованием генерала графа Орлова.

После русско-турецкой войны пришлось изменить штатное расписание в кавалерийских полках, уменьшив количество строевых лошадей в эскадроне со 179 до 137 голов. Число эскадронов было сокращено до шести (всего — 1 294 человека, 817 строевых лошадей).

Но эти штаты просуществовали недолго. Следующая война с восставшими поляками (1831 год) показала, что кавалерийские полки в шесть эскадронов и по 15 рядов во взводах, без конных резервов, слишком слабы.

В армии под командованием фельдмаршала графа Дибича (потом генерал-адъютанта графа Паскевича), двинутой в Польшу, был большой отряд конницы. В него входили 1-я и 2-я гусарские дивизии, 1-я уланская дивизия и Литовская уланская дивизия и три резервных кавалерийских корпуса (3-й в составе 3-й кирасирской и 3-й уланской дивизий, 5-й в составе 2-й драгунской и 2-й конноегерской дивизий и Сводно-гвардейский кавалерийский корпус в составе 1-й кирасирской дивизии и Легкой гвардейской кавалерийской дивизии: лейб-гвардии Драгунский, лейб-гвардии Уланский, лейб-гвардии Гусарский, лейб-гвардии Конноегерский, лейб-гвардии Казачий и лейб-гвардии Коннопионерный эскадрон).

Против ожиданий русских генералов, польская пехота и конница оказались сильными противниками. Их действиями руководили военачальники, воспитанные в школе Наполеона: Дверницкий, Лубенский, Уминский, Дембинский. Например, Дембинский в ию-

Казак и урядник Сибирского линейного казачьего войска, 1829—1838 гг. «Историческое описание одежды и вооружения Российских войск», том 27, № 1262. Новосибирск, 1944—1945.

Казак 1-го Оренбургского казачьего полка, 1835—1838 гг.
«Историческое описание одежды и вооружения Российских войск», том 27, № 1236. Новосибирск, 1944—1945.

ле 1831 года совершил со своим отрядом (около 4 тысяч человек и 6 орудий) блестящий обходный марш через Литву и благополучно привел своих солдат в Варшаву. Все 18 дней за ним безрезультатно гнался русский корпус генерала Савоини.

Русская кавалерия участвовала в боях под Гроховом, Дембе-Вельке, Остроленкой, Вроновом, Нуром, во взятии Варшавы. Поляки шаг за шагом отступали. Правда, русские почти всегда имели численный перевес. В частности, в сражении под Гроховом польская армия насчитывала 36 тысяч пехоты и 12 тысяч кавалерии, русская — 55 тысяч пехоты и 16,5 тысячи кавалерии.

В конце этого сражения большой отряд русской конницы под командованием генерала Толя (3-я кирасирская

Сабля казачья офицерская (Собственный Его Величества Конвой). 1830-е года. Фонды Военно-исторического музея артиллерии, инженерных войск и войск связи (Санкт-Петербург).

дивизия и лейб-гвардии Уланский полк) предпринял атаку на левом фланге, у рощи, не раз переходившей из рук в руки. Конники в колоннах по шести обошли рощу на рысях, построились под огнем неприятельских батарей в три линии. Все полки должны были атаковать одновременно. Но осуществить это не удалось. Лейб-уланы бросились на польский батальон, выходивший из рощи, и были остановлены сильным артогнем у глубокой канавы, преодолеть которую они не смогли. Малороссийский кирасирский полк, рванувшийся вперед, за 20 минут боя потерял половину своего состава, хотя и внес панику в ряды противника. Окончательно исход схватки в пользу русских решился только после подхода подкреплений: Сумского и Ольвиопольского гусарских полков, Украинского уланского полка и конной батареи. Гусары сбили польскую пехоту с позиций и обратили ее в бегство.

В 1833 году, после боевых действий в Польше, русская кавалерия была со-

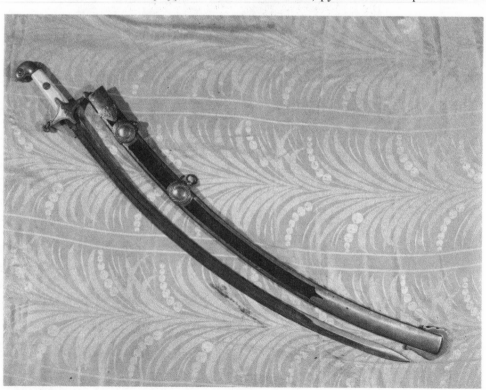

вершенно реорганизована. Администрация решила увеличить силу полков, сократив их число и упразднив конноегерей. Конноегерские эскадроны пошли на усиление кирасирских, драгунских, уланских и гусарских полков. По новому штату они должны были состоять из 8 эскадронов, а драгунские — из 10, все с одним резервным эскадроном и нестроевой ротой.

Всего в гусарском и непоселенном уланском полку находилось теперь 1 578 человек и 1 089 строевых лошадей, которые в военное время все были расписаны по восьми эскадронам (по 188 человек и 136 строевых лошадей), а в мирное время в них состояло только 985 лошадей, остальные 104 были в резервном эскадроне. В драгунском полку числилось 1 965 человек и 1 369 строевых лошадей (в мирное время — 1 239 строевых лошадей).

В мирное время резервные эскадроны находились при своих полках, в военное же время отделялись, причем каждый служил кадром для формирования двух резервных эскадронов своего полка по 20 рядов во взводах (196 человек и 179 строевых лошадей), сведенных в резервный дивизион.

Таким образом, после реформы русская кавалерия состояла: Гвардия: 3 кирасирских, 1 конногренадерский, 1 драгунский, 2 гусарских и 2 уланских полка, 2 казачьих, 2 эскадрона, сотня и Собственный его Величества Конвой. Армия: 9 кирасирских, 9 драгунских, 14 гусарских и 22 уланских полка, в том числе 8 кирасирских и 12 уланских поселенных полков. Всего — 63 полка, 560 эскадронов, 98 146 человек, 71 875 строевых лошадей в мирное время, в военное — 612 эскадронов, 118 842 человека, 81 771 строевая лошадь.

В 1835 году численность конницы была немного уменьшена: в поселенных полках упразднили по два эскадрона. Таким оставался состав нашей конницы до Восточной войны.

В 1849 году большой отряд русских войск совершил поход в Венгрию, где вместе с австрийской армией участвовал в подавлении народного восстания. Конницу в этом отряде представляли гусарские и уланские полки (2-я, 3-я кавдивизии и 1-я бригада 4-й кавдивизии), а также несколько полков донских и кавказских казаков.

Впервые кавалерия столкнулась с повстанцами при Вайцене, у деревни Хараст, в начале июля 1849 года. Генерал Засс бросил в атаку на укрепленные позиции противника Литовский уланский и Мариупольский гусарский (четыре эскадрона), донские казачьи полки № 15 и № 46. Но атака захлебнулась. Венгры вели убийственный артиллерийский огонь по конникам, скакавшим через открытое поле. Через некоторое время прибыли другие полки: Волынский, Смоленский и Харьковский уланские, Белорусский и Мариупольский (остальные четыре эскадрона) гусарские, конномусульманский и конногорский дивизионы, две конноартиллерийские батареи. И все же без достаточных сил пехоты, при явно невыгодном для русских расположении (открытое поле, хорошо простреливаемое пушками, сильные укрепления у повстанцев) командование не стало рисковать конницей. Простояв до вечера против венгерских позиций, русские в темноте отошли. Победа осталась за войсками генерала Гергея.

Однако через два дня боевые действия у Вайцена возобновились. На этот раз конница блестяще осуществила обходной маневр и сбила противника с позиций. Повстанцам пришлось отойти.

В самом крупном сражении этой кампании, у Дебречина, русская конница сыграла самую активную роль. 3-я кавдивизия в лихой атаке разбила передовой отряд венгров. Затем, развивая успех 3-го пехотного корпуса, на плечах отступающих повстанцев ворвалась в город Дебречин.

Атака под Балаклавой

Эта война, которую называют Восточной, потребовала от России большого напряжения сил. Русским пришлось вести боевые действия на нескольких направлениях. Против нашего государства выступила целая коалиция: Турция, Франция, Англия, Сардинское королевство.

Кавалерия вместе со всей русской армией находилась в эти годы и на Кавказе, и в придунайских землях, и в Крыму, и на берегах Балтийского моря. Задачи, поставленные перед ней, были разными. Например, в Прибалтике кавалерийские полки лишь несли охрану побережья, препятствуя высадке десанта с англо-французской эскадры весной и летом 1854 года. Высадка так и не состоялась, участвовать в боевых действиях коннице не пришлось. Зато на Дунайском театре военных действий с ноября 1853-го по февраль 1854 года шли полевые сражения с турецкими войсками у села Ольтеница, у Четати, у Журжи и Кэлэраша.

У Ольтеницы, например, в бою участвовал Ольвиопольский уланский полк (6 эскадронов) и донской казачий 34-й (3 сотни). У Четати произошло столкновение с большим отрядом турок (до 18 тыс. чел.), имевшим кавалерию. Тут неплохо себя показали гусары (3 эскадрона Александрийского полка) и донские казаки (38-й полк). Бой длился более четырех часов, русские много раз бросались в атаки, нанеся противнику большие потери.

Затем события переместились в Крым, где Турция, Франция и Англия высадили свои войска и началась оборона Севастополя...

Начало этого боя было успешным. Около шести часов утра сотня казаков и эскадрон улан легко оттеснили неприятельские пикеты от часовни Ионы Постного и заняли дорогу, ведущую к деревне Комары. Русская артиллерия открыла огонь по четырем вражеским редутам и заставила замолчать все орудия на них. Около семи часов утра Азовский пехотный полк захватил первый редут. Защитники трех других укреплений бросили свои позиции, увидев идущие на них в атаку в ротных колоннах Украинский и Одесский пехотные полки...

Так развивались события в сражении под Балаклавой 13 октября 1854 года.

План русского командования был простым: внезапной атакой 16-тысячного корпуса генерал-лейтенанта Липранди захватить Балаклаву, являющуюся базой английских войск в Крыму, и тем ослабить бомбардировки осажденного французами, англичанами и турками Севастополя. Первая цель была достигнута. Русские укрепились на редутах. Теперь следовало развить этот успех.

Липранди приказал генерал-майору Рыжову, командующему отрядом конницы (гусарские полки Киевский и Ингерманландский, Уральский казачий полк — всего 14 эскадронов, 6 сотен и 16 конных орудий), осуществить нападение на левый фланг противника. Трубачи заиграли сигнал тревоги, и первая линия русской кавалерии понеслась вперед. На галопе она проскочила покинутый английский бивак и столкнулась с драгунской бригадой генерала

Рядовой драгунского принца Эмилия
Гессенского полка, 1851—1855 гг.
«Историческое описание одежды и вооружения Российских войск», том 20,
№ 265. Новосибирск, 1944—1945.

Скарлета (800 человек). Вторая линия нашей конницы атаковала турецкую и английскую пехоту. Турки разбежались. Но 93-й шотландский полк, вооруженный штуцерами и построенный в каре, подпустив конников поближе, дал дружный залп. Меткие штуцерные пули вмиг уложили немало всадников, и стройные их шеренги смешались. Кавалерия поспешно откатилась назад.

Их, в колоннах спускающихся с холма небольшой рысью, увидел генерал Скарлет. Англичане на полном карьере, с тремя головными эскадронами и семью — во второй линии, бросились на конников Рыжова. Наша кавалерия остановилась, да так и осталась стоять на месте, а потом под ударом противника начала отступать, пока русская артиллерия не открыла картечный огонь

Драгунская сабля образца 1841 года. Фонды Военно-исторического музея артиллерии, инженерных войск и войск связи (Санкт-Петербург).

по английским всадникам и не заставила их повернуть обратно.

Наверное, и генерал-майор Рыжов, и его офицеры знали, что для конницы нет ничего губительнее, чем встречать атаку вражеской кавалерии стоя на месте. И тем не менее никто из них не отдал приказа, пока англичане мчались на гусар и казаков, тронуться с места и развернуть колонны в атакующий сомкнутый строй.

После выступления драгун Скарлета на поле боя на час установилась тишина.

К противнику подходили подкрепления, а русские восстанавливали порядок в отряде конницы, понесшем сильные потери от огня штуцеров и атаки Скарлета. Затем англичане предприняли новое нападение. В дело была брошена легкая кавалерийская бригада лорда Кардигана (700 человек). Она вырвалась из-за холма, где располагался четвертый редут, и на всем скаку полетела на конницу Рыжова. Одесский

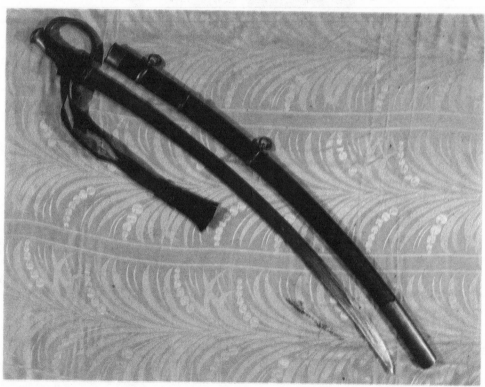

Рядовой уланского Его Императорского Высочества Великого Князя Николая Александровича полка, 1852—1855 гг. (Том 21, № 319. Новосибирск, 1944—1945).

Обер-офицер и рядовой гусарского Ея
Императорского Высочества Великой
Княгини Ольги Николаевны полка,
1845—1855 гг. (Том 21, № 352. Новосибирск, 1944—1945).

пехотный полк и артиллерия открыли огонь, но англичане скакали так быстро, что картечь перелетала через их головы.

Прежде всего они сбили с позиции донскую батарею № 3, затем — конно-артиллерийскую батарею № 12, затем — стоящий за ними Уральский казачий полк. Все это: коноводы, группы отдельных всадников, зарядные ящики, передки, орудия — кинулось отступать и привело в полный беспорядок стоящие во 2-й и 3-й линии Киевский и Ингерманландский гусарские полки. Они начали отступать к речке Черной. Англичане неотступно преследовали бегущих, и у моста через реку произошла решительная схватка.

Тут на помощь гусарам пришли три (по другим сведениям — четыре) эскадрона Бугского и Одесского уланских полков, составляющие Сводно-уланский полк полковника Еропкина. Они стояли в эскадронных шеренгах, скрытые густым кустарником. Увидев кавалеристов Кардигана, несущихся к реке, Еропкин отдал команду сделать поворот всем фронтам кругом и атаковать противника.

Первая линия бригады Кардигана была почти полностью уничтожена ударом улан во фланг, но второй линии удалось пробиться сквозь ряды гусар и казаков, уже оправившихся от паники. Всего же после этой блистательной атаки из 700 английских кавалеристов вернулось только 200. Сам Кардиган спасся от плена благодаря резвости своего коня.

Французы еще пытались оттеснить русскую пехоту, но тоже были отбиты. Сражение кончилось. Ни союзники, ни русские не решились наступать снова. Потери у нас были небольшими: около 600 убитых и раненых. У союзников примерно столько же: 598 убитых и раненых. Кроме того, они потеряли две пушки и одно знамя.

До вечера еще на поле боя, оставшемся за русскими, казаки ловили арканами прекрасных английских лошадей, потерявших своих всадников, и продавали их потом нашим офицерам по 20—30 рублей за голову. Что и го-

ворить, символическая плата, если учитывать уровень тогдашних мировых цен на лошадей чистокровной верховой породы...

Боевые действия Восточной войны (1853—1856 гг.) на Крымском театре продолжались, и кавалерия в них участвовала. В Инкерманском сражении — 58 эскадронов, в попытке взять штурмом Евпаторию — 24 эскадрона. Эти бои были неудачными для русских. И нигде больше не было таких яростных кавалерийских схваток, как под Балаклавой.

На Кавказе, где русские воевали с турками, кавалеристы смогли внести немалую лепту в успех всех столкновений. Нижегородские драгуны отлично действовали у Баяндура и Башкадыклара. Вместе с ними были казаки 2-го и 4-го донских полков и Сводно-линейного полка. У Кюрук-Дара корпус генерала князя Бебутова (18 тысяч человек) разбил турецкую армию Мустафы-Зариф-паши (60 тысяч человек). У турок был большой отряд конницы — около 40 эскадронов. У русских — три драгунских полка: Нижегородский, Тверской и Новороссийский, 20-й донской полк и Сводно-линейный, Конно-Мусульманская бригада князя Андронникова.

Драгуны в течение этого упорного и ожесточенного сражения несколько раз ходили в атаку и рубились с турецкой конницей. Например, солдаты и офицеры Тверского полка, обратив в бегство османских всадников, захватили целую батарею, изрубили орудийную прислугу и увезли 4 пушки.

В это время турецкая конница уже не представляла собой той грозной силы, что в XVII и XVIII веках наводила ужас на врагов Блистательной Порты своими неудержимыми массированными атаками.

Кампанию на Кавказе русские выиграли, завершив ее взятием крепости Карс, но в Крыму, на главном театре войны, дело было проиграно, война закончилась поражением России. Наши войска были вынуждены оставить Севастополь.

Обер-офицер и рядовой Донского казачьего войска, 1845—1855 гг.
«Историческое описание одежды и вооружения Российских войск», том 26,
№ 1088. Новосибирск, 1944—1945.

В общем, это был крах всей военной системы, созданной Николаем I. Все то, чему так настойчиво и целеустремленно три десятилетия обучали армию, не сыграло роли на поле боя. Вооруженная устаревшими гладкоствольными ружьями, доблестная русская пехота ходила в атаки в густых сомкнутых строях, идеально держа равнение и точно отмеряя шаг, но от огня штуцеров она несла огромные потери. Русская кавалерия, постигшая все тонкости манежной езды, оказалась не готова к динамичным и решительным схваткам с европейской кавалерией.

Возможно, это произошло потому, что у Николая Павловича не было выдающихся боевых кавалерийских генералов, вроде Голицына, Дорохова, Кульнева, Орлова-Денисова, Платова. Инициативные, быстро ориентирующиеся в обстановке боя, пользующиеся любовью солдат, отчаянно смелые и как бы внутренне свободные люди, они были детьми своей эпохи и не случайно составили себе славу в годы наполеоновских войн.

Генералы-кавалеристы Николая I гораздо лучше разбирались в методах строевой подготовки лошадей, чем их предшественники. Педанты, службисты, знатоки французской и немецкой школы верховой езды, они даже писали пособия по выездке лошадей и «записки» для императора о структурной организации конницы, ее применении на поле боя и прочих теоретических вопросах. Типичным теоретиком такого рода был уже упоминавшийся ранее генерал от кавалерии (с 1843 г.) граф Д.Е.Остен-Сакен, один из любимцев Николая I. Его перу принадлежали «Мысли об устройстве легкой конницы», «Обучение полевой езде», «Мысли о драгунах» и многие другие публикации.

Остен-Сакен 22-летним поручиком участвовал в сражении при Бородине и Вязьме, генералом стал в 1824 году, отличился на Кавказе (орден св. Георгия 3-й степени) и в Польше, долгое время командовал кавалерийскими дивизиями, затем — II резервным кавкорпусом. Здесь он довел манежную работу с людьми и лошадьми до идеального состояния и в 1849 году был пожалован званием генерал-адъютанта.

Среди старших офицеров также появились специалисты по выездке и иппологии. Например, начальник гвардейской Берейторской школы полковник Бобинский. Первая его книга называлась «Руководство к образованию кавалериста». Она очень понравилась Николаю I и был издана в 1832 году. В 1835 году Бобинский издал новый труд «Краткое описание мышц или мускулов лошади», а на следующий год — «Краткую иппологию и курс верховой езды» с атласом и таблицами, в двух частях.

В первой части были помещены сведения о правилах седловки, мундштучения, обращения с лошадью после езды, о посадке, аллюрах, приемах обучения в манеже, упражнениях в стрельбе и рубке с коня, прыжках через препятствия и плавании. Второй раздел касался только выездки лошади. В нем провозглашалась цель выездки — «сделать лошадь гибкой, легкой и послушной».

Книга полковника Бобинского пользовалась успехом и в 1869 году вышла вновь. К сожалению, никаких сведений о нем самом не сохранилось, его судьба неизвестна. Но надо отметить, что это были первые издания на данную тему, написанные русским автором. До того в кавалерии пользовались книгами только французских или немецких специалистов.

От обер-офицеров таких глубоких познаний никто, конечно, не требовал. Они должны были знать «всех солдат своего взвода, их нравственные качества и способности к службе, а также нрав и достоинства лошадей». Под руководством эскадронного командира они должны были обучать свой взвод, как верховой езде («гонять в манеже»), так и пешей службе, уходу за лошадью, распознанию ее болезней, качества фуража, седловке, мундштучению и т.д. и т.п.

Однако на практике дело обстояло несколько иначе. «Вся тяжесть обучения лежала на эскадронном командире и вахмистрах,— писал в своих воспоминаниях Мусин-Пушкин, служивший в кирасирском полку в 40-е годы XIX века. — От младших офицеров требовалась хорошая езда и знание своего дела во фронте, при командовании вверенными им частями на учении...»

О том, что должен делать обер-офицер в бою, мнения расходились. Одни считали, что «сабля офицера не тупее солдатской, конь лучше, и честь должна указать ему его место». Другие придерживались такого взгляда: «Офицер — не мясник, его дело не рубиться в общей схватке, а следить за порядком и ходом боя».

О том, что должен делать солдат, никаких дискуссий не возникало. От него ждали только одного — беспрекословного выполнения приказа при любых обстоятельствах.

Но понятие «николаевский солдат» существовало точно так же, как «николаевский офицер». Представить их внешний вид можно по сохранившимся портретам. Серьезные, даже скорее мрачные лица людей в возрасте 35—45 лет, черные нафабренные усы и пышные бакенбарды, идеально пригнанное обмундирование и амуниция, отменная выправка — такими были нижние чины николаевской армии.

Говорить о них нужно, как о прекрасно вышколенных профессионалах. Служили они по 20 лет (в гвардии — 22 года), сразу проходили суровую рекрутскую школу, затем — жесткую муштру с применением телесных наказаний. Наказывали их за проступки шпицрутенами — длинными гибкими прутьями, и солдаты называли такие наказания не без юмора: «прогулками по зеленой улице». Наиболее жестоко наказывали за побеги: от 1,5 тысячи до 5 тысяч ударов. А например, за ошибку на учении, за неаккуратность форменной одежды совсем «легко»: от 100 до 300 ударов. Суточному аресту соответствовала «норма» в 400 ударов.

Но существовали и поощрения: чарка водки, фунт мяса, «третнее жалованье

не в зачет» (1—2 рубля), монаршее благоволение за хорошо проведенное учение, отличную маршировку на параде, успешный высочайший смотр. За 10 лет беспорочной службы на левый рукав давали одну нашивку, за 15 — две, за 20 — три. Награждали за 20 лет беспорочной службы и медалью — позолоченной, с красным крестом в центре и красным ободком, на красной «анненской ленте». Называлась эта медаль Знаком отличия ордена св. Анны.

«Бравый, молодцеватый, серьезный, религиозный, преданный царю-батюшке и Отечеству, любящий своего командира, терпеливый, способный безропотно переносить все тяготы походной жизни, украшенный крестами и медалями, шевронами (нашивки на рукаве. — А.Б.), готовый на подвиг и самопожертвование...» — такой отзыв дал автор книги «Полтора века Конной гвардии» П.Штакельберг (Спб., 1885) рядовым лейб-гвардии Конного полка николаевской эпохи.

К этому, вероятно, можно добавить, что в подавляющем большинстве солдаты-кавалеристы теперь были и отличными наездниками, разбиравшимися в «ранверсах» и «транверсах» и прочих премудростях выездки. Это благодаря их навыкам и изощренной дрессуре лошадей целые полки на смотрах и маневрах демонстрировали удивительную манежную выучку; например, не теряя равнения в эскадронных сомкнутых шеренгах, выполняли боковые движения, ходили контр-галопом.

«Материал этой грозной армии превосходен,— сообщал своему правительству прусский генерал Матцмер,— но, к нашему счастью, все без исключения обер-офицеры никуда не годятся, а большая часть офицеров в высших чинах тоже не многим лучше их. Большинство генералов думают только о проведении перед императором своей части церемониальным маршем и не думают о высшем образовании офицеров и целесообразном обучении войск...»

Не все справедливо в этих словах «обо всех без исключения обер-офицерах», но главное подмечено верно: церемониалы, парады, смотры — мирные формы жизни армии. Кроме того, они сопровождались рассуждениями некоторых генералов о том, что война... портит войска, так как они отвыкают от мелочных требований службы.

Крымская война обнажила порочность этой системы военного образования и мышления, и Россия после смерти Николая I (февраль 1855 года) вступила в полосу реформ. Однако для истории конницы атака под Балаклавой означала еще и переход к новому периоду. Связано это было с новым огнестрельным оружием, появившимся у пехоты...

В 1823 году английский офицер Нортон изобрел цилиндроконическую пулю для нарезного ружья — штуцера, а в 1853 году та же пуля, усовершенствованная французским капитаном Минье, была принята на вооружение во многих европейских армиях. Этими пулями Минье и встретили шотландские стрелки-штуцерники атаку гусар Киевского и Ингерманландского полков, остановив их, так сказать, на полпути к победе.

Оружие с нарезным стволом обладало высокой меткостью, скорострельностью и дальностью стрельбы в три раза большей, чем прежние гладкоствольные ружья. Потому теперь кавалерия не могла располагаться поблизости от позиций противника, и расстояние, которое ей надо было преодолеть под огнем врага во время атаки, возросло. А значит, неизмеримо выросли и ее потери.

Широкое распространение нового оружия вообще поставило под вопрос применение больших масс конницы на полях сражений. Этого военным теоретикам показалось достаточно для того, чтобы сделать вывод о второстепенной роли конницы в войне и перейти к резкому сокращению численности кавалерийских полков. Так поступили в Германии, Англии, Франции. За ними последовала и Россия. Тем более что после Крымской войны финансовое положение государства было очень трудным,

и уменьшение состава такого дорогостоящего рода войск, каким являлась кавалерия, благотворно сказалось бы на бюджете империи.

Как и в далеком XV веке, когда появление и распространение огнестрельного оружия положило предел безраздельному господству конницы на полях сражений, теперь ее судьба вновь зависела от изобретения нового, более совершенного механизма. Но каким бы скорострельным, метким и удобным ни было оружие с нарезным стволом, у конницы еще оставалось ее прежнее преимущество — скорость. Она продолжала быть самым мобильным родом войск.

Потому можно с полным основанием сказать, что в тот момент устарела не конница сама по себе, а устарела лишь ее тактика, не менявшаяся со времен Наполеона: массированные фронтальные атаки в линейных двухшереножных сомкнутых строях.

Но ведь у конницы существовали и другие задачи: вести свою разведку и препятствовать разведке противника, совершать набеги на его коммуникации, фланги и тылы, прикрывать и развертывание своей армии, и ее отход, активно преследовать отступающего неприятеля. Правда, для выполнения этих задач уже не нужно было иметь полки с большим числом всадников. Требовался также и другой тип строевой лошади. Не перекормленные массивные и малоподвижные кони, а наоборот — легкие, но более выносливые и быстроаллюрные лошади, хорошо приспособленные к полевой службе. В связи с этим в коренной переработке нуждались и уставы, и все инструкции по обучению людей и лошадей в кавалерии.

В России к этому приступили в 1856 году. Реформы растянулись более чем на десять лет и в конечном счете совершенно изменили весь облик русской конницы, в значительной мере подготовив ее к новым походам и войнам в 70-е годы XIX столетия.

Переход через Балканы

Александр II, взойдя на российский престол, нашел в армии немалые силы кавалерии, которая была разделена на действующую и резервную. В действующие части входили гвардейские полки (3 кирасирских, 1 конногренадерский, 1 драгунский, 2 уланских и 2 гусарских) и армейские (9 кирасирских, 9 драгунских, 18 уланских, 14 гусарских). Всего — 59 полков, 454 эскадрона, 93 369 человек и 61 759 строевых лошадей. Резервные части состояли из 11 сводно-кавалерийских полков (18 760 строевых лошадей). Таким образом регулярная кавалерия насчитывала 80 519 строевых лошадей.

По сметам Военного министерства стоимость годового содержания одного солдата доходила до 42 рублей и одной лошади — до 196 рублей (подъемной — до 121 рубля). Цены на лошадей возросли: в гвардии для кирасир — 192 руб. 85 коп., легкоконников — 164 руб. 28 коп., в армии для кирасир — 128 руб., для драгун — 80 руб. (для сравнения: пуд соломы в это время стоил 17 коп., пуд сена — 98 коп., седло кавалерийское — около 8 руб.). Все это составляло огромные суммы в целом по армии. И новой военной администрации они показались совершенно неоправданными в свете выводов о якобы утратившей свое значение коннице.

Однако сокращали ее численность в России постепенно. Сначала, в 1856 году, состав полков довели до 4 действующих и 1 резервного эскадронов. В 1863 году приняли новые штаты: 4 эскадрона в полку, 36 офицеров, 76 унтер-офицеров, 1 штаб-труба, 16 труба-

чей, 588 рядовых, 529 строевых лошадей и 19 подъемных. В военное время состав полка увеличивался: 80 унтер-офицеров, 677 рядовых, 593 строевых лошади и 70 подъемных. Эти меры привели к тому, что численность конницы уменьшилась более, чем на половину, и в 1863 году определялась в 36 700 строевых лошадей.

Были перемены и в структуре кавалерии. В 1860 году упразднили тяжелую конницу. Число драгунских полков довели до 18, уланских и гусарских — до 14 (и тех и других). В гвардии стало 4 кирасирских полка (права и преимущества гвардии получил Кирасирский Ее Величества полк), остальные по-прежнему: 1 конногренадерский, 1 драгунский, 2 уланских и 2 гусарских. В 1859 году права и преимущества Молодой гвардии получил Атаманский казачий полк. Его дивизион вместе с дивизионом лейб-гвардии Казачьего полка составил в 1863 году лейб-гвардии Сводно-казачий полк (лейб-казаки служили по очереди, в столице должен был находиться только один, очередной дивизион полка).

В таком виде кавалерия просуществовала до 1881 года.

Кавалерийские дивизии также были переформированы. В 1856 году драгунский корпус был упразднен, все драгунские полки распределили по дивизиям, которые стали включать в себя 6 полков: 2 драгунских полка, 2 уланских и 2 гусарских. В 1857 году была организована отдельная Кавказская кавдивизия. Все армейские полки составили семь дивизий, и две дивизии — гвардейские. В 1875 году численность дивизий решили уменьшить, а их количество — увеличить. Из семи дивизий получилось четырнадцать, в каждой: 1 драгунский, 1 уланский, 1 гусарский и 1 Донской казачий полки.

С 1864 года всем кавалерийским полкам дали порядковые номера, они совпадали (с 1875 года) с номером дивизии.

В 1855 году кавалеристы, как и вся русская армия, получили новую форменную одежду. Вместо прежних узких и коротких курток фрачного типа они стали носить длинные куртки, вместо узких панталон и рейтуз — брюки свободного покроя, называемые шароварами, вместо громоздких головных уборов, более подходящих для парада,— шапки вроде кепи из сукна (у драгун и гусар), маленькие каски из кожи с четырехугольным верхом (у улан). Одежда была заметно упрощена, хотя и сохранила какие-то свои традиционные черты: драгуны продолжали носить темно-зеленые куртки одного типа с пехотными, уланы — темно-синие куртки с лацканами цветом по полкам, гусары — куртки, расшитые шнурами тоже цветом по полкам. Вся конница имела шаровары из серо-синеватого сукна.

Теперь униформа подразделялась на виды: парадная, праздничная, воскресная, обыкновенная и походная. В какой форме куда и когда следует являться, было расписано в постановлениях военных штабов. Например, принадлежностью парадной и праздничной формы служили волосяные султаны на шапках, у офицеров — эполеты и шарфы (теперь уже без кистей). При обыкновенной и походной форме они носили погоны, очень похожие на современные парадные.

Долгий век гладкоствольного кремневого ружья, как известно, завершился в 50-е годы XIX столетия. Но перевооружение русской армии заняло примерно 10 лет: правительство выбирало наилучший вариант нового винтовального ружья, которое в России стали просто и коротко называть винтовкой. В 1856 году это была шестилинейка, заряжающаяся с дула (ружье Жиль-

Трюммера), в 1865 году — винтовка системы Баранова, заряжающаяся с казенной части патроном в латунной гильзе, в 1868 году — винтовка системы Бердана № 1, затем системы Бердана № 2 (в 1870 году), 1869 году — винтовка системы Крнка, чешского инженера.

Наибольшее распространение в коннице получила винтовка системы Бердана № 2, с шестью нарезами в стволе, калибром 10,67 мм. Длина ствола у драгунской винтовки достигала 72 см, вес 3,58 кг, у казачьей—длина ствола 71 см, вес 2,8 кг. Существовал также и карабин: длина ствола 46,5 см, вес 2,8 кг.

Немаловажным оружием для конницы оставался пистолет. Он был заменен револьвером системы «Смит и Вессон» трех типов: образца 1871 года (калибр 11,17 мм, 6 патронов, длина ствола 203 мм), 1872 года и 1880 года (последний тип изготовлялся в России). Носили револьверы в кобуре на поясе.

Из холодного оружия у конников оставались сабли и пики.

Все офицеры кавалерии имели на вооружении саблю и револьвер. Точно так же были вооружены трубачи и унтер-офицеры (за исключением драгунских, где были винтовки). В драгунских полках рядовые обеих шеренг имели сабли и винтовки. В уланских полках и гусарских: первая шеренга — сабли, пики, револьверы, вторая шеренга — сабли, карабины.

В это время конники расстались с лядунками и белой амуницией. Лядунку заменили патронташи на 20 и на 40 патронов. Их носили на черных ремнях у пояса спереди. Иначе стали носить винтовки и карабины — за спиной, а не на погонной перевязи справа у ноги, как это велось с начала XVIII века.

Резкое сокращение конского состава позволило сразу избавиться от лошадей, разбитых прежней манежной выездкой, дурноезжих, выслуживших свои сроки. В 1869 году было принято новое положение о ремонте, в котором срок службы строевой лошади был определен в 9 лет, но разрешено остав-

Рядовой Кавалергардского полка в парадной строевой форме, 25 января 1870 года. «Историческое описание одежды и вооружения Российских войск», том 32, № 523.

лять и до 11 лет с тем, чтобы число их не превышало одной девятой всего состава; возраст — от 4,5 до 6 лет; рост — от 2 аршин 1,5 вершка до 2 аршин 3 вершков, цена — 125 рублей. При этом было указано, что для армейской кавалерии следует покупать лошадей из степных табунов и степных конных заводов на Украине, в Новороссийской губернии и землях Войска Донского, как наиболее «свыкшихся со всеми суровостями русской зимы и непогоды».

После 1857 года был отменен одношерстный состав полков, что представляло собой, конечно, отступление от правил плац-парадной подготовки конницы. Командирам полков предоставлялось право подбирать масти поэскадронно или повзводно, только трубачи продолжали ездить исключительно на серых лошадях. Офицеры могли иметь лошадей любой масти. Вот, например, данные на 1871 год о Новгородском драгунском полке: 1-й эскадрон — на вороных, 2-й на караковых, 3-й — на рыжих, 4-й — на гнедых.

Одношерстный состав полков сохранила только гвардейская конница. Кавалергарды по традиции ездили на гнедых лошадях. Полкам лейб-гвардии Кирасирскому его Величества в 1857 году была присвоена караковая масть, а Кирасирскому ее Величества — рыжая.

Мундштучное оголовье не претерпело больших изменений, но вот с седлом давно шла работа. Известно, что с 1854 года в кавалерии начали внедрять новое седло конструкции Станкевича, которое больше, чем прежние образцы, учитывало особенности лошадиного скелета. Однако чертежи его не обнаружены. В 1871 году конники получили другое седло: ленчик из двух низких гнутых лук и двух боковых лавок с натянутым между луками сиденьем, с двумя подушками. К ленчику привязывались два крыла, две подпруги, два путлища со стременами. На спину лошади сначала накладывали потник из овечьей шерсти с кожаной крышей, на него — ленчик, на ленчик — попону, на попону —

вальтрап. Но с этого времени вальтрап (по давней традиции у драгун и улан с круглыми концами, у гусар — с острыми удлиненными, у кирасир — с прямыми) стал сугубо парадной принадлежностью и никогда, кроме парадов, не надевался.

Большие изменения были внесены в походный вьюк. Вещи и предметы амуниции теперь укладывали в две переметные сумы, крепившиеся к потниковой крыше, и ленчику сзади, и в две кобуры, крепившиеся к ним же, но спереди. Шинель, свернутую плоско, привязывали к передней луке, чемодан с сеном и сакву с овсом — к задней. Аркан, сложенный в восемь колец,— тоже к передней луке.

Эта конструкция седла оказалась настолько удачной, удобной в походе и в бою, что без значительных изменений просуществовала в русской армии до 1917 года, перешла к красной коннице и до сих пор применяется в пограничных войсках, а также в единственном у нас кавалерийском полку. В отличие от спортивных седел (в конце XIX века их называли английскими), это седло нередко называют драгунским...

На принципах пополнения кавалерии рядовым и офицерским составом, естественно, сказались общие для всей армии реформы, проводившиеся под руководством военного министра Д.А.Милютина и направленные на то, чтобы преодолеть отсталость в военной организации России и превратить русскую армию в массовую.

Срок службы нижних чинов был снижен до 15 лет. Затем, в 1874 году, в стране ввели всесословную воинскую повинность, по которой к службе в армии привлекалось мужское население по достижении 21 года. Срок службы при этом уменьшился до 6 лет (на действительной службе и до 9 лет в запасе). Это позволило свести к минимуму численность кадровой армии в мирное время и обеспечивало накопление большего количества военнообученного резерва.

Еще в 1863 году в армии отменили николаевские порядки: прогнание

Унтер-офицер и трубач лейб-гвардии Атаманского Его Императорского Высочества Наследника Цесаревича полка в парадной форме, 17 апреля 1878 года. (Том 33, № 639. 1946—1948).

сквозь строй, битье шпицрутенами и плетьми, клеймение человеческого тела. Из жизни солдата исчезла постоянная угроза телесного наказания, мучительного, как писали современники, для солдатской чести. Это положительно сказалось на общей атмосфере в воинских частях.

Ведя работу по преобразованию армии, правительство не могло не обратить внимание на офицерский корпус, его подготовку к службе и образование, как военное, так и общее.

В 1859 году Школа гвардейских подпрапорщиков и кавалерийских юнкеров была преобразована в Николаевское кавалерийское училище. В 1862 году сформировали второе кавалерийское училище — Елисаветградское — и в 1865 году третье — Тверское. Штат, установленный для них в 1867 году, был таким: начальник училища (генерал-майор), 1 эскадронный командир (штаб-офицер), 8 обер-офицеров, 1 адъютант, 1 инспектор классов (полковник), 1 его помощник (обер-офицер), 2 барабанщика и 5 трубачей, 200 эстандарт-юнкеров (старший курс) и юнкеров (младший курс). В штат училища также входили берейтор, ветеринарный врач и коновал.

Принимали в училища выпускников кадетских корпусов. Обучение длилось два года. При выходе из училища юнкерам присваивали звание «корнет» (одна звездочка на эполетах) и распределяли на службу в полки.

При Николае I производство из чина в чин было очень медленным. Часто случалось, что эскадронами командовали по 10—15 лет, и чин ротмистра для многих являлся «потолком», выше которого подняться они не могли. Теперь же был введен возрастной ценз и сделана попытка гарантировать офицерам продвижение по службе в связи с выслугой...

Первые изменения в уставах были сделаны уже в 1856 году. Затем в 1857—1859 годах вышел новый устав о строевой кавалерийской службе в 5 частях: рекрутская школа, эскадронное и дивизионное учение, полковое учение, учение высших единиц (кавдивизий), драгунская служба. В 1858 году был издан особый Устав для спешенных драгунских частей. Но работа над уставом продолжалась, и в 1869 году увидел свет новый устав о строевой кавалерийской службе из 3 частей: рекрутская школа, одиночное, шереножное и взводное учение, эскадронное и полковое учение. Кроме того, в 1873 и 1875 годах издали правила для спешенных стрелков уланских и гусарских полков. Особый «Воинский Устав для спешенных драгунских полков» появился в 1870 году и был дополнен в 1874 году.

Однако издание нового устава было необходимо дополнить разработкой большого числа новых инструкций по всем аспектам кавалерийской службы: ремонту, выездке ремонтных и строевых лошадей, обучению рекрутов, работе в поле и в манеже, чтобы изменить прежнюю ориентацию в обучении конников, сломать традиционные представления о приоритете манежной езды.

Очень много в этом направлении сделал назначенный в 1860 году генерал-инспектором кавалерии Великий Князь Николай Николаевич Старший (1831—1891 гг.), третий сын императора Николая I. Под его руководством, например, была подготовлена «Инструкция для воспитания и объездки молодой лошади», в которой решительно осуждалась плац-парадная выездка лошадей. Большое значение Николай Николаевич придавал формированию нового типа строевой лошади и ввел новые правила учета лошадей в коннице, контроля за их породными и другими данными. Следя за ремонтом кавалерии, он лично каждый год объезжал конные заводы на Дону и на Украине. В общем, при нем вся строевая и тактическая подготовка нашей кавалерии была подчинена исключительно боевым требованиям.

Среди заслуженных кавалерийских генералов были и такие, которые не приняли этих реформ и выступали против них. В частности, Остен-Сакен в 1863 году опубликовал гневную статью «Защита против восставших на манеж-

Обер-офицеры полков армии: 17-го пехотного Архангелогородского, 4-го драгунского Екатеринославского и 1-го уланского Санкт-Петербургского в воскресной и походной форме, 17 апреля 1878 года. (Том 33, № 640).

ную езду лошадей». Но не все разделяли это мнение. Были и сторонники реформ, поддержавшие их, несмотря на весь свой прежний опыт.

Так, 64-летний генерал барон И. А. Оффенберг принадлежал к тому же поколению, что и Остен-Сакен. Их биографии схожи. В 20 лет Оффенберг прапорщиком Сибирского драгунского полка участвовал в Бородинском сражении, генерал-майором стал в 1828 году, отличился в Польше в 1831 году и в Венгрии в 1849 году, командовал последовательно бригадой, дивизией, корпусом, с 1851 года генерал от кавалерии, член Военного совета.

Однако в 1856 году он вернулся в армию в качестве командира отдельного резервного кавалерийского корпуса, сформированного для того, чтобы быстрее внедрить во всех частях армейской конницы новые правила в строевом, административном, хозяйственном и дисциплинарном деле. На этом посту Оффенберг оставался 6 лет и проявил себя хорошим администратором, военным педагогом и кавалерийским начальником.

Во-первых, он детально разработал и внедрил целый ряд новых инструкций (о выездке ремонтных лошадей, обучении рекрутов, ведении занятий в резервных эскадронах и проч.). Во-вторых, заботясь о пополнении офицерского корпуса способными людьми, независимо от их финансовых возможностей, он вспомнил про закон о выдаче офицерам казенных строевых лошадей, добился от казны выделения для них фуражных денег, содействовал созданию офицерского ремонтного капитала (что помогло малоимущим юнкерам и офицерам приобретать хороших строевых лошадей).

По инициативе Оффенберга в армии начали ежегодно проводить призовые офицерские скачки. Затем это нововведение распространилось и на нижних чинов, и скоро разнообразные соревнования на призы по скачкам, по конным пробегам, по стрельбе и джигитовке стали обычным явлением в полках. Так, «усердие к службе» из страха

перед суровым наказанием в это время стремились заменить личным интересом, чувством азарта и состязательности.

Известные всем по роману Л. Толстого «Анна Каренина» офицерские призовые скачки в Красном Селе впервые были проведены в июне 1872 года. Для участия в них записалось 32 офицера: 17 — из гвардейских полков, 15 — из армейских. Выходить на старт они должны были в походной форме, с оружием и на строевой лошади под обычным кавалерийским седлом, с мундштучным оголовьем.

Дистанция скачки составляла 4 версты (4 километра с небольшим). На ней устроили 12 препятствий разного типа: рвы, дощатый забор, плетень, ручей, живая изгородь высотой до 140 сантиметров и т.п. К финишу смогли благополучно прийти только 15 участников. Призами были награждены пять человек.

Л.Толстой видел эти первые скачки и в основу эпизода с Вронским положил реальное происшествие. Князь Голицын, блестяще пройдя почти всю дистанцию, упал вместе с лошадью на последнем препятствии и лишился вполне заслуженной награды. Его лошадь никакой травмы не получила. Рассказ о переломе позвоночника — вымысел великого писателя...

Занимаясь реформами в кавалерии, правительство не забывало и о коннице иррегулярной. Впервые разрешили, хотя и с большими ограничениями, прием в казачье сословие и выход из него, сократили срок службы с 25 до 20 лет, ввели новые штаты, которые приблизили организацию казачьих войск к требованиям новой, массовой армии.

При кончине Николая I в 1855 году насчитывалось 54 донских, 12 черноморских, 19 кавказских, 3 астраханских, 10 оренбургских, 2 уральских, 10 сибирских, 2 дунайских и 6 забайкальских конных казачьих полков. Если в регулярной коннице политика правительства была направлена на сокращение числа полков, то в иррегулярной, наоборот, на увеличение. Так, в 1858 году Войску Донскому предписывалось иметь уже 64 полка. В этом же году для освоения новых территорий создано Амурское войско, в 1867 году — Семиреченское (2 конных полка).

Расформированию подверглись Азовское войско (в 1865 году) и Дунайское (в 1868 году). Их казаки были обращены в крестьянское сословие. При покорении Кавказа менялась роль и Кавказского линейного войска: часть его расформировали, часть соединили с Черноморским, дав новое название: Кубанское казачье войско (30 конных полков),— часть выделили вообще и образовали Терское казачье войско (10 конных полков). Все это произошло в 1860 году. Но к 1870 году численность казачьих войск на Кавказе сократили: в Кубанском войске до 10 конных полков и 2 пеших пластунских батальонов, в Терском войске — до 5 конных полков.

Устав о воинской повинности 1874 года затронул и казаков. Теперь им предписывалось состоять на службе с 18 до 38 лет. Первые три года они находились в «приготовительном разряде», из них 2 года располагались в станицах, третий — в лагере. За этот срок казаки должны были приобрести все необходимое для прохождения военной службы в полках и обучиться ей. Следующие 12 лет они находились в «строевом разряде». Первые четыре года казаки несли действительную службу в частях 1-й очереди в районах, предписанных военным ведомством. Следующие четыре года состояли в частях 2-й очереди, ежегодно собираясь в лагеря. Следующие четыре года они уже числились в частях 3-й очереди, проживали в станицах и проходили один сбор в лагере. После «строевого разряда» казаки переводились в «запасной разряд» на 5 лет, а затем в ополчение.

В 1874 году были введены новые штаты. Полк, как и прежде, насчитывал 6 сотен, сотня делилась на 2 полусотни и на 4 взвода. Количество рядовых казаков осталось прежним — 750 человек. Но заметно увеличилось число унтер-офицеров: 6 старших вахмистров, 80 старших и младших урядников. Появились впервые трубачи: 1 штаб-трубач и 18 трубачей в сотнях. Возрос офицерский состав: 1 командир полка — полковник, 2 войсковых старшины, 4 есаула, 7 сотников, 7 хорунжих. В военное время численность офицеров еще увеличивалась.

Для подготовки офицеров для казачьих войск были созданы юнкерские казачьи училища: Оренбургское (1867) и Иркутское (1872). В Оренбургском число учащихся достигало 200 человек, в Иркутском — 90. В 1878 году было образовано Ставропольское казачье училище (120 юнкеров).

С этого времени казачьи полки и в мирное время стали сводиться в бригады по 2—3 полка, дивизии, а иногда и корпуса. Донские полки входили в состав кавалерийских дивизий.

Вместе со всей армией казаки сменили и форменную одежду: стали носить длинные куртки на крючках. В Донском Войске, Астраханском, Уральском они были темно-синего цвета, в Оренбургском, Сибирском, Забайкальском, Амурском — темно-зеленого цвета. В Кубанском и Терском войске имели прежние черкески из черного сукна с напатронниками на груди и бешметы под ними: в Кубанском войске — красные, в Терском — голубые. Головной убор в казачьих войсках был традиционным — меховая шапка, папаха.

Вооружение казаков не изменилось: шашка, пистолет (затем — револьвер), ружье (затем — винтовка), пика. Кубанское и Терское войско имели шашки и кинжалы кавказского образца, ружья обычные казачьи и револьверы.

Конский убор оставался традиционным: трензельное оголовье и казачье седло с подушкой, чересседельником и тебеньками, покрытое вальтрапом, цвет которого совпадал с цветом мундира.

Еще при Николае Павловиче вышли «Правила для состава, построений и движений в войсках казачьих и ирре-

Штаб-офицер 2-го лейб-уланского Курляндского Его Величества полка в парадной форме 1872 года. «Историческое описание одежды и вооружения Российских войск», том 32, № 552.

гулярных для мусульман» (Спб., 1849). Это была первая попытка описать и как-то регламентировать строевую службу в иррегулярной коннице. В 1861 году уже вышел «Устав о строевой службе конных полков казачьих войск», в котором казакам предлагалось освоить многие методы и приемы действий регулярной конницы. Еще один устав они получили в 1875 году.

Смысл этой деятельности был ясен. Уменьшая количество регулярной кавалерии ради экономии государственных средств, военная администрация стремилась подтянуть казачьи войска, содержание которых обходилось казне гораздо дешевле, к уровню строевой и тактической подготовки драгун, улан и гусар. Верховая езда индивидуальная в казачьих частях традиционно была на достаточно высоком уровне, но не хватало умения действовать в больших массах (полками, дивизиями).

Естественно, что обучение конника, как в регулярных, так и в иррегулярных полках, не исчерпывалось одной верховой ездой. Большую роль в нем играли также приемы владения холодным оружием (сабли и пики). Но в уставах русской конницы описаний этих приемов и тем более их рисунков не было до 1844 года. О некоторых деталях владения холодным оружием писал лишь павловский Устав 1797 года, да и то в самых общих чертах. Только в атласе чертежей, приложенных к изданному в 1844 году «Воинскому Уставу о строевой кавалерийской службе» (часть 1-я, «Школа рекрутская»), было много рисунков, изображающих приемы саблей и пикой на коне и стрельбы из карабина с коня. Но текст к этому атласу оказался утерянным, разыскать его не удалось. В уставах, изданных при Александре II, кое-где имелись указания по отдельным приемам. Наиболее подробно этот вопрос был освещен в брошюре «Правила для обучения фехтованию в кавалерии» (Спб., 1861).

Судя по материалам, приемы действия саблей, сложившиеся в русской коннице к середине XIX века, впоследствии мало изменялись (перемены по большей части сводились к упрощению). Поэтому основные упражнения нетрудно перечислить. Их несколько. Суть приемов можно понять по их названиям: «Коли и руби вполоборота направо!», «Коли и руби вполоборота налево!». «Мулинеты» (вращение сабли над головой), «Коли и руби направо (налево)!», «Отбей штык и руби пехоту направо (налево)!», «Отбей направо, отбей налево, отбей вверх!», «Руби пехоту налево (направо)!», «Руби назад направо!», «Закройся назад налево!»

Первой брошюрой, в которой описаны действия пикой, вероятно, можно считать издание К.Красинского «Опыт (или очерк) о приемах с пикой» (Париж, 1811). Автор указывал, что им использован опыт обращения с этим оружием, который есть в Польше, России и Австрии. Довольно подробно приемы с пикой описаны в казачьих уставах 1849, 1861 и 1875 годов. Например, четыре способа держания этого оружия: «Пики к бою (к атаке)», «За плечо», «По плечу» и «Пики в руку».

Во все времена пики к атаке держали у нас почти совершенно одинаково, то есть взяв ее правой рукой под мышку. При этом она должна была находиться приблизительно в горизонтальном положении острием вперед. В уставах для казаков (1861 г.) острый конец пики показан немного опущенным, тупой конец — поднятым, пика — с правой стороны, ее древко лежит под мышкой, локоть правой руки не отделяется при этом от корпуса.

Приемы с пикой напоминают сабельные: «Отбей налево, налево назад коли!», «Отбей направо, направо назад коли!», «Отбей направо, раз обороти, вперед коли!», «Отбей направо, два раза обороти, вперед коли!», «Коли пехоту!», «Защищай поводья!», «Направо назад коли!» Все они приведены в атласе, приложенном к Уставу 1844 года.

В казачьем Уставе 1861 года (часть 1-я) в 10-й главе рассказано о фланкировке пикой. Фланкировка состоит из ударов и отбоев ударов пикой. Удары согласно уставу делаются по шести направлениям: прямо, направо, налево,

Унтер-офицер и рядовой 2-го лейб-гу-
сарского Павлоградского Его Величества полка во вседневной и парадной форме, **14 марта 1875 года.**
(Том 33, № 605).

вполоборота направо и налево и назад. Отбои делаются по четырем направлениям: направо, налево и вполоборота направо и налево. По всем этим направлениям всадник должен делать в седле повороты корпусом, не поворачивая коня. При ударах пикой направо надо напирать на стремя левой ногой, а при ударе налево — правой ногой. Все удары и отбои производятся из положения «Пики к атаке». Кистью надо брать пику в точке перевеса около темляка...

Но русская конница этой эпохи, конечно, не только совершенствовала свое мастерство во владении саблей и пикой на учебных плацах. Она ходила и в боевые походы. До 1864 года продолжались боевые действия на Кавказе, где особенно отличалась Кавказская кавалерийская дивизия, состоявшая из четырёх драгунских полков: Нижегородского, Северского, Тверского и Переяславского.

В 1863—1864 годах большой кавалерийский отряд был направлен в Польшу. Многие солдаты и офицеры из полков лейб-гвардии Драгунского, лейб-гвардии гусарского Гродненского, лейб-гвардии Казачьего, драгунских Новороссийского, Глуховского, Казанского, Новгородского, уланских Литовского и Волынского, гусарских Павлоградского и Мариупольского, участвовавших в боях и стычках с повстанцами, получили бронзовые медали на «романовской» (черная, оранжевая и белая полоса) ленте «За усмирение Польского мятежа».

В 1873 году части регулярной и иррегулярной конницы совершили трудный поход по безводным пустыням в Хиву. За отличие в этом походе знаки на головные уборы получили все казаки из 8-й, 12-й, 17-й сотен Оренбургского войска и 5-й сотни Семиреченского войска. В 1875—1876 годах такой же поход был совершен к Коканду. Оба ханства: Хивинское и Кокандское — были присоединены к России.

Наиболее яркие страницы военной истории в этот период, бесспорно, были связаны с русско-турецкой войной 1877—1878 годов. Эта война между

Россией и Турцией возникла в результате подъема национально-освободительного движения против турецкого ига на Балканах. Турция стремилась сохранить свое военно-феодальное господство. В России же близко к сердцу принимали страдания болгарского народа под пятой иноземных захватчиков.

К началу войны русское правительство развернуло две армии: Дунайскую (185 тысяч человек) под командованием великого князя Николая Николаевича Старшего и Кавказскую (75 тысяч человек) под командованием великого князя Михаила Николаевича. В Дунайской армии находилось 104 эскадрона и 146 сотен (около 30 тысяч всадников), в Кавказской — 16 эскадронов и 106 сотен (около 15 тысяч всадников). Турки располагали на европейском театре военных действий 80 эскадронами (8 тысяч турок и 20 тысяч черкесов), на Кавказском — 23 эскадронами (2,5 тысячи турок и 3 тысячи конных башибузуков).

По отзывам историков, турецкая регулярная конница была очень слаба. Иррегулярная (башибузуки и черкесы) имела мелких, плохих лошадей, действовала врассыпную. Ее боевое значение было весьма ограниченным. Башибузуки в основном терроризировали болгарское население и бандитствовали на дорогах, уходя от прямых столкновений с русской кавалерией.

Для нашей же конницы, входившей в Дунайскую армию, оказался совершенно непривычным сам театр военных действий: пересеченная местность с обилием водных преград и горных хребтов. Трудными были погодные условия: удушающая жара летом, зимой — морозы, в горах доходившие до 30 градусов, снежные бураны, осенью — внезапные и резкие перемены погоды. Известен случай, когда от такого осеннего вихря пострадал целый полк — 1-й уланский Санкт-Петербургский. Лошади, привязанные к походным коновязям, попав под вихрь, пришли в беспокойство, оборвали поводья, сбились в табун и понеслись, сметая все на своем пути. Остановить табун не удалось.

Лишь на следующий день с помощью местных жителей уланы разыскали часть лошадей. Остальные пропали, и полк на длительное время потерял боеспособность.

Практики действий в подобных климатических и географических условиях конные части не имели. Вероятно, потому они чаще, чем следовало, спешивались или вели огонь с коня, жались к пехоте. Но тем не менее эта война дала немало примеров того, как блестяще может действовать кавалерия при возросшей огневой мощи пехоты, и показала, что военные специалисты рано «списали в отставку» драгун, улан и гусар.

Боевые действия начались в Болгарии после форсирования Дуная у Зимницы в ночь на 14 июня 1877 года. Войска, сосредоточенные на плацдарме, были разделены на три группиров-

Шашка казачья офицерская, 1866 года. Фонды Военно-исторического музея артиллерии, инженерных войск и войск связи (Санкт-Петербург).

ки: Передовой отряд под командованием генерал-лейтенанта И.В. Гурко (12,5 тысячи человек), Рущукский отряд под командованием Цесаревича Александра Александровича (75 тысяч человек) и Западный отряд под командованием генерал-адъютанта Н.П. Криденера (35 тысяч человек). Кроме того, существовал Нижнедунайский отряд под командованием генерала Циммермана, который должен был поддерживать действия Рущукского отряда.

Конница была распределена по этим группировкам неравномерно. Самые большие ее силы находились в Рущукском отряде: 12-я кавдивизия (12-й драгунский Стародубовский полк, 12-й уланский Белгородский полк, 12-й гусарский Ахтырский полк, 12-й Донской казачий полк) и 13-я кавдивизия (13-й драгунский Военного ордена полк, 13-й уланский Владимирский полк, 13-й гусарский Нарвский полк и 13-й Донской казачий полк). К Западному отряду была приписана 10-я кавдивизия (10-й драгунский Новгородский, 10-й

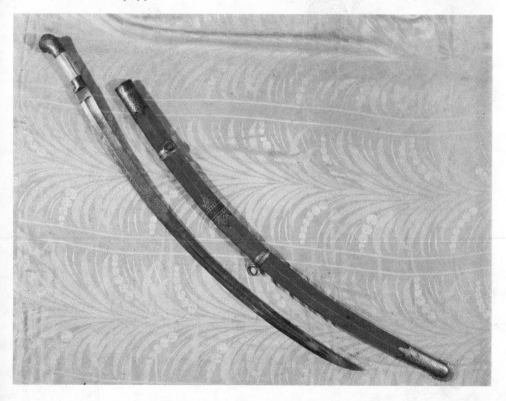

Казак и обер-офицер конных полков Терского войска в парадной форме, 16 декабря 1871 года. «Историческое описание одежды и вооружения Российских войск», том 32, № 544.

уланский Одесский, 10-й гусарский Ингерманландский и 10-й Донской казачий полки). В Передовом отряде конницу представляли 9-я кавдивизия (9-й драгунский Казанский полк, 9-й уланский Бугский полк, 9-й гусарский Киевский полк, 9-й Донской казачий полк), а также Уральско-Кавказская сотня и Владикавказско-Осетинский казачий полк.

Передовой отряд Гурко наступал на Тырново, древнюю столицу Болгарии, и после боя отбросил турок от стен города. Кавалерия успешно вела разведку во время этого наступления, участвовала в штурме, а затем энергично преследовала противника. При этом отличились солдаты и офицеры Казанского драгунского полка под командованием полковника Корево.

После отдыха в Тырнове Передовой отряд перешел через Балканы. Это был трудный переход по узким горным дорогам и тропам, когда все, что могло обременять войска, было оставлено в Тырнове. С собой солдатам разрешили взять оружие, боеприпасы, сухарей на 5 дней. Для лошадей взяли запас овса на 3 дня. «Только русский солдат мог пройти в три дня и провезти полевые орудия по столь тяжелому ущелью!» — писал впоследствии Гурко.

Утром 2 июля 1877 года Передовой отряд внезапно вышел из ущелья и атаковал турецкую пехоту, находившуюся в деревне Хаинкиой. Противник, застигнутый врасплох, был рассеян. Отряд продолжал свое движение. Казаки, шедшие в авангарде отряда, 3 июля разгромили три батальона турецкой пехоты, выдвинутые на поддержку своих войск. Затем они повредили телеграфную линию на участке Нова-Загора — Стара-Загора, захватили турецкий транспорт с боеприпасами. Затем (5 июля) русские заняли Казанлык, выйдя тем самым в тыл неприятеля, оборонявшего Шипку.

У Казанлыка конница наступала колонной на левом фланге и быстрее всех других частей подошла к городу. Здесь девять эскадронов спешились и открыли ружейный огонь, остальные пошли в обход. Противник в панике стал отступать, бросил артиллерию и обоз. Кроме того, было захвачено 400 пленных. Взяв Казанлык, кавалерия направилась через село Крын к Шипкинскому перевалу. Пехота подошла к вечеру. После небольшого боя противник оставил Шипкинский перевал. Главная цель операции была достигнута.

Рущукский отряд действовал в Северо-Восточной Болгарии с июля 1877 года до конца января 1878 года. Здесь было немало кровопролитных столкновений с турками. Главные бои произошли у сел Капелево, Аясляр, Люблен, Пиргос, Елена, Трестеник. Здесь конница нередко шла в авангарде и первой вступала в города, которые покидал противник.

Так, первыми вошли в город Бяла солдаты и офицеры Стародубовского полка. «Стародубовские драгуны, — писал современник, — пустились галопом к Бяле. Жители города на мосту устроили им торжественную встречу... Несчастные люди, которые много натерпелись от турок, плакали от радости, не веря в свое освобождение...»

В бою при Аясляре русские остановили наступление главных сил турок и не дали им продвинуться в направлении к Тырнову, чтобы соединиться с другими группировками. Солдаты и офицеры Белгородского уланского полка вместе с русской пехотой не раз выходили в атаки на противника, рубили турецких пехотинцев.

Одно из последних столкновений с турками — бои под селами Мечка и Трестеник в декабре 1877 года. Здесь противник сосредоточил около 60 батальонов пехоты. Первыми приняли на себя удар наши пехотные полки 45-й Азовский, 46-й Днепровский и 48-й Одесский. Ахтырские гусары обошли турецкие сторожевые посты и незаметно продвинулись в тыл к туркам. Пока пехота сдерживала атаки противника у села Мечка, конница готовилась к стремительному нападению на тылы османских отрядов. В мощном броске участвовали полки 8-й кавдивизии: 8-й драгунский Астраханский, 8-й уланский

Вознесенский, 8-й гусарский Лубенский и 8-й Донской казачий. Турки обратились в бегство. Сулейман-паша, командовавший турецкой армией, едва не попал в плен вместе со своим штабом.

«Немалой славы и нашей признательности заслуживают войска Рущукского отряда,— говорилось в приказе по русской армии.— На долю их выпала трудная задача — охрана левого фланга за-

Воинский Устав о строевой кавалерийской службе. Часть 1. Одиночное, шереножное и взводное ученье. Спб., 1869. Правила стрельбы из пистолета.

штандарт получил 8-й гусарский Лубенский полк.

Гвардейская конница появилась на театре военных действий несколько позже — в конце августа 1877 года. Она входила в состав Гвардейского корпуса, который привел из Санкт-Петербурга генерал-лейтенант Гурко. Это были полки лейб-гвардии Конногренадерский, лейб-гвардии Драгунский, лейб-гвардии Уланский его Величества, лейб-гвардии Гусарский, и лейб-гвардии Гродненский гусарский полки и лейб-гвардии Казачий.

Гвардейцы участвовали в боях у Горного Дубняка и Телиша. Следующее столкновение произошло у Врацы 26

нятого нами с начала кампании огромного пространства. Эта задача была выполнена блестяще, несмотря на трудности и значительно превосходящие силы неприятеля, постоянно пытавшегося прорвать наши оборонительные линии...»

Эта оценка в полной мере относится и к действиям кавалерийских полков. Недаром многие из них получили награды за свои подвиги. Так, ахтырцам были даны на венгерки шнуры гвардейского образца, белгородским уланам — знаки на головные уборы «За отличие», точно так же наградили 8-й уланский Вознесенский полк и 13-й уланский Владимирский. Георгиевский

октября 1877 года. Отряд генерала Леонова (лейб-конногренадеры, лейб-драгуны, лейб-уланы и лейб-гвардии конноартиллерийская рота) скрытно подошел к городу Врацы, который обороняли 800 турецких пехотинцев и отряд черкесов (300 человек). Для противника появление наших конников было полной неожиданностью. Под прикрытием артиллерийского огня конногренадеры первыми пошли в атаку. Действуя то в конном строю, то спешиваясь и ведя огонь из винтовок, они быстро оттеснили турок и вошли в город первыми. Один из трубачей доскакал до вершины горы у Врацы и протрубил сигнал. Это было знаком для всех других частей, что город взят. Впоследствии болгары поставили на этом месте памятник «Вестнику свободы». Память об этом событии осталась и в истории лейб-гвардии Конногренадерского полка. Он получил знаки на головные уборы «За взятие Врацы».

Но не все схватки с турками заканчивались столь эффектно. В ноябре 1877 года у села Новачен полтора эскадрона лейб-драгун, сопровождавшие орудия вместе с небольшим болгарским отрядом, попали в засаду. Силы были неравны: около 3 тысяч турок и черкесов и около 200 наших всадников. Бой развернулся в ущелье, где русские и болгары находились на виду, а черкесы

равном бою и уцелел, был старший вахмистр лейб-гвардии Драгунского полка Василий Константинов, старый, опытный рубака. За храбрость, проявленную в схватках с противником у города Врацы и под Новаченом, его наградили серебряным знаком отличия Военного ордена (3-я степень). Впоследствии Константинов получил еще один знак отличия — золотой (2-й степени) за бои при Ташкисене и под Филиппполем, где он под жестоким огнем сумел собрать рассыпавшихся было коноводов своего эскадрона и вывести лошадей в безопасное место.

Судьба В.А. Константинова довольно типична для унтер-офицерского соста-

нападали и обстреливали их из укрытий. В жестокой рукопашной схватке лейб-драгуны положили немало мусульманских воинов, однако им пришлось отступить. У моста одно орудие сорвалось в пропасть. Около другого развернулась настоящая драка. Прапорщик Назимов отбивался саблей от наседающих врагов и изрубил несколько человек, прежде чем сам пал сраженный пулей. Вместе с ним при защите оружия погибли еще два молодых офицера. Всего же драгунский отряд потерял половину своего состава и всех офицеров. Одна пушка была захвачена черкесами.

Среди тех, кто участвовал в этом не-

ва русской кавалерии тех лет. Крестьянин села Погожено Курской губернии, он попал на службу в Рижский драгунский полк в 1848 году, в возрасте 20 лет. Через четыре года как отличный солдат был переведен в лейб-драгуны по личному выбору императора Николая I. В 1857 году—Константинов—унтер-офицер, в 1858 году—младший вахмистр, в 1863 году — старший вахмистр. В 1867-м он выдержал офицерский экзамен и мог быть переведен в чине корнета в армейскую кавалерию. Однако от производства в офицеры Константинов отказался и остался служить в своем родном лейб-гвардии Драгунском полку старшим вахмистром. За это он получил серебряный шеврон на рукав, офицерский темляк на саблю и жалованье в 100 рублей в год.

Константинов участвовал в четырех кампаниях: Венгерской (1849 г.), Крымской (1855 г.), усмирении Польского мятежа (1863 г.) и в русско-турецкой войне 1877—1878 годов. Он имел три знака отличия Военного ордена, знак отличия ордена св. Анны, 3 серебряные медали «За усердие», се-

Воинский Устав о строевой кавалерийской службе. Часть 1. Одиночное, шереножное и взводное ученье. Спб., 1869.

Правила обращения с пикой:
1. Пика на плечо.
2. Пика к атаке.
3. Держание пики в руке при атаке.
4. Пика в бушмате.
5. Пика по плечу.

ребряную медаль немецкого ордена «Красного орла», румынский Железный крест и другие награды. Как настоящий драгун, Константинов прекрасно стрелял из винтовки (значок за отличную стрельбу в цель) и хорошо выезжал лошадей (именные часы за подготовку молодых лошадей).

В 1898 году ветеран еще находился в списках полка (правда, в должности ктитора полковой церкви), и лейб-драгуны чествовали своего 70-летнего вахмистра по случаю 50-летия его службы в императорской армии. Был устроен церковный парад (прохождение в пешем строю и без оружия), молебен и торжественный обед. По словам одного

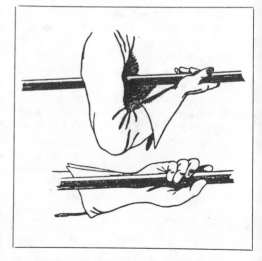

из авторов сборника «Лейб-драгуны дома и на войне» (3 выпуска, Париж, 1928—1930 гг.), именно благодаря таким людям, как Константинов, и поддерживались в русской коннице славные боевые традиции...

Итак, осень на Балканах в 1877 году прошла в активных боевых действиях. Зимой же русская армия провела одну из замечательных своих боевых операций — переход через Балканы.

оказали армии болгары, продав кожу и сукно, собрав обувь. Кроме того, проводилась расчистка маршрутов и всесторонняя разведка. Готовился к переходу обоз, артиллерия. Войска обеспечивались шанцевым инструментом. Проводились тактические занятия. Офицеры объясняли солдатам цель и задачу похода.

К середине декабря 1877 года сосредоточение сил Западного отряда

Предложение о переходе через Балканский хребет было выдвинуто военным министром Д.А.Милютиным. Противник считал, что наступление русских зимой через горы невозможно. Зимнее наступление здесь исключали также и западноевропейские политики и военные. Но русские генералы, офицеры и солдаты показали, что ничего невозможного для них нет.

К походу через Балканы стали готовить войска: выдали им пятидневный запас сухарей, чая и сахара, трехдневную порцию мяса и трехдневный порцион овса для лошадей. Много внимания уделили обмундированию, его починке и замене, в чем большую помощь

(71 383 человека, 318 орудий) было закончено в районе Орхание—Врачеш. Наступать он должен был тремя колоннами. Первой, идущей от Врачеша через Чурьянский перевал к Софийскому шоссе, командовал генерал-лейтенант В.В. Кателей. Второй колонной, следовавшей из Врачеша через Умургашский перевал к Желяве, командовал генерал-лейтенант Н.Н. Вельяминов. Третья колонна под командованием генерал-майора В.Д. Дандевиля двигалась из Этрополя через перевал у Баба-горы на Буново. Общее командование Западным отрядом осуществлял генерал-лейтенант И.В. Гурко.

На рассвете 13 декабря главные силы (первая колонна) выступили из Врачеша в трудный, беспримерный поход. Войска у выхода из города приветствовал сам Гурко. Имя этого генерала

Воинский Устав о строевой кавалерийской службе. Часть 1. Одиночное, шереножное и взводное ученье. Спб., 1869. Приемы с саблей на коне: 1. Сабли вон! 2. Держание сабли. 3. Сабли к атаке. 4. Сабли в ножны!

польского полка, в 1869-м — генерал-майор и командир лейб-гвардии Конногренадерского полка. В 1874 году, командуя конногренадерами на маневрах, Гурко упал с лошади и сломал ключицу. После этого он сдал полк. В 1875 году был назначен командиром 2-й гвардейской кавалерийской дивизии, в 1875 году получил чин генерал-лейтенанта. Прирожденный кавалерист, инициативный, смелый и решительный вое-

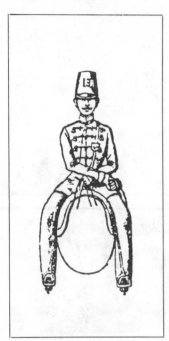  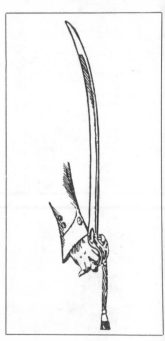

солдаты и офицеры хорошо знали. Он отличился, командуя летом Передовым отрядом.

В это время Иосифу Владимировичу Гурко было 49 лет. Он родился в семье военных, его отец был генералом. Образование Гурко получил в Пажеском корпусе, в 1846 году выйдя из него в чине корнета в лейб-гвардии Гусарский полк. В полку Гурко стал хорошим строевиком, знатоком верховой езды. Командуя эскадроном, он обратил на себя внимание государя лихой джигитовкой солдат своего эскадрона на карьере и был пожалован во флигель-адъютанты. В 1866 году полковник Гурко — командир 4-го гусарского Мариу-

начальник, Гурко выделился в первые же месяцы военных действий с турками. В дальнейшем с его именем было связано немало успешных боевых операций. Он дважды с войсками переходил через Балканы: один раз летом, другой раз — зимой. Теперь с Гурко шла его гвардейская дивизия: конногренадеры, лейб-драгуны, лейб-уланы, лейб-гусары, лейб-казаки.

Кроме гвардейской конницы, через Балканы переходили и полки армейской кавалерии. Например, 4-й драгунский Екатеринославский полк и 9-й драгунский Казанский. Причем казанские драгуны переходили через горный хребет дважды. Их подвиг впоследствии был отмечен наградой — Георгиевским штандартом.

«Русская армия перешла в наступление — вперед двинулась огромная лавина людей, коней и орудий. Русские и болгары поднимали с помощью веревок огромные пушки. На замерзших лесных тропах в горах саперы вырубали ступени... Откуда-то издалека доносились слова «Дубинушки»: «Эй, дубинушка, ухнем...» Никто не смел отста-

боеспособность. В бою под Ташкисеном арьергард противника был разбит наголову. Последние бои на подступах к Софии у сел Горни-Богров и Враждебна также были удачными для русских. В Софию первым вошел отряд донских казаков под командованием есаула Тищенко. Они и подняли над городом русский флаг.

Так закончился поход в Софию. В приказе по случаю освобождения горо-

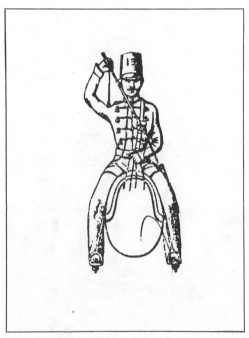

вать. За одной колонной следовала другая. В тумане терялись очертания предметов, точно призраки возникали на пути деревья и скалы. К вечеру ветер усилился, превратившись во вьюгу...»— такое описание начала перехода дал один из его участников.

На второй день мороз достиг 20 градусов, стоял туман, дул пронизывающий ветер. Но войска продолжали свой путь через сугробы, вдоль обрывов и пропастей. Не менее труден был спуск с перевала. С гор срывались вниз люди, повозки, орудия, лошади. Немало коней околело от холода. Много было обморозившихся солдат и офицеров.

Однако в целом конница сохранила

да Гурко отмечал: «Взятием Софии завершился блестящий период нынешней войны — переход через Балканы, в котором не знаешь чему удивляться больше: храбрости ли, геройству ли вашему в сражениях с неприятелем, или выдержке и терпению, с которыми вы переносили тяжкие невзгоды в борьбе с горами, стужей и глубоким снегом... Пройдут годы, и наши потомки, которые посетят эти суровые горы, с гордостью скажут: здесь прошло русское войско, воскресившее славу суворовских и румянцевских чудо-богатырей!»

Тут надо отметить тот факт, что суровые погодные условия в одной из русско-турецких войн (1828—1829 гг.)

Воинский Устав о строевой кавалерийской службе.

Часть 1. Одиночное, шереножное и взводное ученье. Спб., 1869. Приемы с саблей в пешем строю
1. Слушай на караул!
2. Сабли в левую руку.

15-м драгунском Тверском полку. Этот полк входил в состав Алексопольского отряда (27 434 человека и 92 орудия), одного из трех сформированных на Кавказе.

В дальнейшем кавалерия сыграла немалую роль в боях под Бегли-Ахматом, на Авлиарских и Аладжинских высотах, участвовала в штурме Карса.

Сражение под Авлиаром, по словам русского военного историка Н.М.Михневича, было настоящим образцом военного искусства как в смысле общей идеи боя, так и по мастерству употребления различных родов войск.

Согласно диспозиции русского командования, намечалось ударом с фро-

вывели из строя большой отряд нашей конницы — лошади пали от бескормицы и холода. Теперь же этого не произошло. Видимо, сказалась большая работа, которую проводили для улучшения полевой подготовки войск, тренинга строевых лошадей, их правильного подбора после Крымской кампании...

На Кавказском театре военных действий русские войска перешли границу 12 апреля 1877 года. Первыми наступали кавалеристы, которые ночью форсировали реку, частью вброд, частью вплавь, и врасплох захватили турецкие посты. Об этом писал в своих воспоминаниях генерал А.А.Брусилов. В 1877 году он служил поручиком в

нта и одновременным обходом правого фланга окружить и уничтожить турецкую армию Мухтара-паши (37 тысяч человек, 74 орудия). Конница находилась в колонне генерала Лазарева, на которую и была возложена задача по обходу противника. Эту задачу войска выполнили успешно.

Авлиар-Аладжинское сражение началось 3 октября 1877 года. После артиллерийской перестрелки, длившейся два часа, русская пехота нанесла штыковой удар с фронта и тыла. Благодаря хорошо налаженной телеграфной связи совместный удар был проведен столь удачно, что когда наши стрелки и саперы подошли к вражеским позициям с фронта у села Визинкей, то в это самое время туда с тыла ворвались драгуны Нижегородского полка из колонны Лазарева. Нижегородцы, как всегда, действовали напористо и решительно, и под ударами их шашек турецкая пехота кинулась отступать к высотам Чифт-тепеси. Когда турки увидели, что русские у них за спинами и что они отрезаны от своих, то ими овладела паника. В полном беспорядке войска Мухтар-паши бросились к Карсу.

В плен попали 2 турецких дивизионных генерала, 250 офицеров, 7 тысяч

3. Сабли в ножны.
4. Сабли вон!

солдат. Трофеи русских состояли из 35 орудий, 8 тысяч ружей, 2 знамен. Убитыми и ранеными турки потеряли 5—6 тысяч человек. Русские — 202 человека убитыми и 1240 ранеными.

Очень интересны и достойны упоминания действия русской кавалерии при взятии Карса в ночь с 5 на 6 ноября 1877 года. Перед Карсом 1-й Волгский полк спешился и открыл огонь по приближавшейся турецкой коннице, затем, воспользовавшись произведенным стрельбой беспорядком, казаки сели на коней и атаковали. Вообще, у Карса казачьи части действовали очень хорошо. Они не только с раннего утра начали преследование отступавших от фор-

тов турок, и преследование такое энергичное, что спаслись от него только отдельные люди. Например, подполковник князь Чавчавадзе с одной сотней 2-го Волгского, двумя сотнями 6-го Оренбургского казачьего, с 3-м Дагестанским иррегулярным полком, осетинской сотней и 14-й донской батареей удачно действовал в бою ночью, между городом и фортом Канлы, против турецких резервов. В то же время спешенные казаки (две сотни Ейского и Дагестанского конного полка) принимали участие в штурме того же форта.

Кстати говоря, подвиги казаков Терского Войска (полки 1-й и 2-й Волгские) были отмечены наградами: Георгиевские трубы с надписью «За взятие Карса 6-го ноября 1877 года». Такую же награду получил 2-й Владикавказский казачий полк. Из Кубанского Войска также были отмечены 1-й Ейский, 1-й Кубанский, 1-й Полтавский казачьи полки.

Георгиевских труб с надписью «За отличие в Турецкую войну 1877 и 1878 годов» были удостоены еще 4 полка кубанских казаков. Конный Дагестанский полк получил Георгиевские трубы с надписью: «За Кавказскую войну».

Кроме того, офицеры и рядовые многих полков получили еще и металлические знаки на головные уборы «За отличие в Турецкую войну 1877 и 1878 годов».

В эпоху Александра II конники совершили еще один поход в Среднюю Азию, о котором сейчас известно очень мало. В январе 1881 года русский отряд, состоявший из пехотных и казачьих полков Оренбургского войска, штурмовал крепость Геок-Тепе. Ее защитники яростно сопротивлялись, предпринимали смелые ночные вылазки. Но силы были неравны. Крепость была взята штурмом, в котором особенно отличились рядовые и офицеры трех сотен: 1, 2 и 3-й 2-го Оренбургского казачьего полка и 4-й Исетско-Ставропольский полк этого же войска. Всем чинам были пожалованы мельхиоровые знаки отличия на головные уборы с памятной надписью.

В преддверии первой мировой

После русско-турецкой войны стало ясно, что прежнее деление конницы на среднюю и легкую устарело. Теперь нужна была конница одного типа — драгунского, умеющая действовать как в пешем, так и в конном строю, вооруженная винтовкой. Во всех европейских армиях кавалерия получила такое ружье, почти одинаковое с пехотным. Но из верности вековым традициям еще сохраняла свое деление на виды (кирасиры, драгуны, уланы, гусары), что больше сказывалось на обмундировании, чем на способе действий в бою.

В России, однако, отошли от этой традиции. В 1882 году все армейские гусарские и уланские полки были переименованы в драгунские. Кавалеристы неохотно расставались со своими красивыми мундирами, напоминающими о славном прошлом. Но такова была воля нового русского самодержца — тридцатишестилетнего Александра Александровича, Александра III.

Он начал свое царствование под девизом: «Самодержавие, православие и народность». Самодержавие и православие были, так сказать, в наличии. «Народность» предстояло ввести и распространить повсеместно как можно скорей. Выход напрашивался сам собой: в первую очередь изменить внешний вид войск. Вот почему гусарские мундиры (берущие начало от венгерской народной одежды) и уланские (напоминающие польский национальный костюм) были заменены простыми черными куртками (у солдат, у офицеров — цвета морской волны) на крючках, сшитыми в виде полукафтанов, цветными кушаками, широкими шароварами (в кавалерии — серо-синими) и барашковыми шапками. В такой униформе конница почти не отличалась от пехоты.

Второй вывод, который военная администрация сделала из русско-турецкой войны, заключался в том, что сила кавалерийского полка в 4 эскадрона явно недостаточна для самостоятельных действий на поле боя. Поэтому в 1883 году кавалерия получила новые штаты: 6 эскадронов в полку, 1 командир (полковник), 2 подполковника, 6 эскадронных командиров (ротмистры), 1 адъютант, 1 казначей и квартермистр, 1 зав. оружием, 24 младших обер-офицера (корнеты и поручики), 6 вахмистров, 24 взводных унтер-офицера, 42 младших унтер-офицера, 48 ефрейторов, 720 рядовых, 2 врача, 1 ветеринарный врач, 1 делопроизводитель, 1 священник, 1 штаб-трубач, 18 трубачей, 22 нестроевых (в мирное время — 56). Всего в полку 1015 человек, 34 казенноофицерских лошади, 829 строевых лошадей и 13 подъемных.

Эти штаты в армейской кавалерии оставались неизменными до первой мировой войны.

Для казачьих войск в 1882 году были введены штаты на 6-сотенный и 4-сотенный полк, в 6-сотенном полку 4 штаб-офицера, 4 есаула, 7 сотников, 8 хорунжих, 6 вахмистров, 80 старших и младших урядников, 750 рядовых, 13 трубачей. В 4-сотенном полку 3 штаб-офицера, 3 есаула, 5 сотников, 6 хорунжих, 4 вахмистра, 54 старших и младших урядника, 500 рядовых, 9 трубачей. Они также не изменялись до первой мировой войны.

В отношении обучения конницы в эпоху Александра III можно сказать, что прежняя ориентация на полевую подготовку продолжалась. Для эволюции в сфере огня был введен полевой галоп более быстрый, чем раньше. Конница становится более подвижной. Современники указывают, что на маневрах кавалерийские полки свободно проходят до 4 километров галопом, сохраняя силы и боеспособность, точность построений даже при таком темпе движения.

В 1894 году на русский престол взошел Николай Александрович, Николай II, последний представитель династии Романовых. Он нашел в гвардии 12 конных полков и в армии — 48.

Конная гвардия занимала, конечно, особое положение в русской армии. Ее не коснулись «народные» реформы Александра III. Она сохранила весь тот вид, в котором вступила в последнюю треть XIX века. Как и прежде, эти полки в Санкт-Петербурге объединялись в две дивизии. В 1-й гвардейской (тяжелой) дивизии состояли полки Кавалергардский, лейб-гвардии Конный, лейб-гвардии Кирасирский его Величества, лейб-гвардии Кирасирский ее Величества, а также два казачьих — лейб-гвардии Казачий его Величества, лейб-гвардии Атаманский. Эти полки имели 4-эскадронный состав (у казаков — 4 сотни) с тем, чтобы в военное время развернуться в 6 эскадронов или сотен.

Выступая в парадном строю, кирасиры напоминали давно ушедшие времена императора Николая I. Медные кирасы, каски с двуглавыми орлами, белые колеты, длинные палаши в звонких металлических ножнах, у первой шеренги — пики с флюгерами. Лейб-казаки имели алые куртки, атаманцы — голубые.

Во 2-ю гвардейскую (легкую) дивизию входили полки лейб-гвардии Конногренадерский, лейб-гвардии Уланский ее Величества, лейб-гвардии Драгунский, и лейб-гвардии Гусарский его Величества. Эти полки имели состав в 6 эскадронов. В парадном строю они также носили свою традиционную форму. Уланы — куртки с лацканами и каски с четырехугольным верхом, гусары — меховые шапки со шлыками, доломаны и ментики, расшитые шнурами.

Кроме того, в Варшаве находилось еще два гвардейских конных полка: лейб-гвардии Уланский его Величества и лейб-гвардии Гродненский гусарский.

В гвардейские полки отбирали солдат определенного типа внешности. Например, в кавалергарды брали только рослых (не менее 180 см) голубоглазых и сероглазых блондинов без бород, в лейб-гвардии Конный — людей такого же роста, но жгучих брюнетов с усиками, в 4-м эскадроне — с бородами, в лейб-гвардии Кирасирском его Величества — рослых, рыжеволосых и длинноносых. Лейб-казаки должны были быть или брюнетами или шатенами, но обязательно — с бородами, атаманцы — блондинами с бородами.

Служили в гвардии четыре года. Знакомство с полком для рекрутов начиналось с посещения полкового музея (они были очень богатыми, с живописными полотнами, большой экспозицией из предметов старинной амуниции, вооружения и обмундирования). Кроме строевой и конной подготовки, с неграмотными солдатами (а таких было до 40 процентов) занимались грамотой, счетом, письмом. При эскадронах были небольшие библиотеки. В них хранились не только уставы, инструкции, но и религиозная литература, брошюры по военной истории, в том числе книги полковой истории...

Очень строго подходили к подбору лошадей, особенно — в 1-й гвардейской дивизии. Туда требовались кони с высотой в холке не менее 168—170 см. Во 2-й дивизии лошади были не такие рослые: 160—162 см. Масть подбирали по полкам: в Кавалергардском — гнедые, в лейб-гвардии Конном — вороные, в лейб-гвардии Кирасирском его Величества — караковые или темно-гнедые, в лейб-гвардии Кирасирском ее Величества — рыжие, в лейб-гвардии Казачьем — гнедые, в лейб-гвардии Атаман-

Штаб-офицер лейб-гвардии Уланского полка ее Величества в парадной форме и рядовой лейб-гвардии Уланского полка его Величества в обыкновенной форме, 1883 год.

«Иллюстрированное описание перемен в обмундировании и снаряжении Императорской Российской Армии за 1881—1896 гг.». Выпуски 1—17, № 53. Спб., 1898.

ском — рыжие, в лейб-гвардии Конно-гренадерском — вороные, в лейб-гвардии Драгунском — гнедые, в лейб-гвардии Уланском ее Величества — рыжие, в лейб-гвардии Гусарском его Величества — серые.

Кстати говоря, и в армейской кавалерии к 1914 году вернулись к одношерстному составу лошадей. Так, драгуны в основном ездили на рыжих (15-й полк — на вороных и 18-й полк — на караковых), уланы — на гнедых (16-й и 17-й полки — на рыжих, 14-й — на вороных), гусары — на вороных и серых (нечетные номера полков — на вороных, четные — на серых, 12-й полк — на соловых и буланых, 15-й — на мышастых, 16-й полк — на гнедых, 17-й полк — на разномастных).

В 1906 году к конной гвардии был прибавлен еще один полк — лейб-гвардии Сводно-Казачий из четырех сотен. Первая сотня состояла из уральских казаков, вторая — из оренбургских, третья — из сибирских, семиреченских и астраханских, четвертая — из забайкальских, амурских и уссурийских. В сущности, полком четырехсотенного состава был и Собственный его Величества Конвой. В нем служили терские и кубанские казаки. К гвардейской кавалерии был причислен и Запасной Кавалерийский полк 10-эскадронного состава (с 1901 года).

Подробные воспоминания о службе в конной гвардии оставил граф А. А. Игнатьев в своей книге «Пятьдесят лет в строю» (Новосибирское книжное издательство, 1959). Будучи выпускником Пажеского корпуса, он корнетом поступил в Кавалергардский полк в 1895 году. Затем, после окончания Академии генерального штаба, командовал эскадроном в лейб-гвардии Уланском ее Величества полку, откуда по собственной просьбе был откомандирован на театр военных действий в 1904 году.

Говоря о конском составе гвардейских полков, Игнатьев указывает, что гвардейские офицеры по выходе в полк должны были представить двух собственных лошадей, армейские — одну, так как вторую лошадь им выдавали от казны. Конский состав (для рядовых) у кирасир с трудом комплектовался несколькими частными заводами на Дону и на Украине, которые выращивали молодняк со слабыми породными данными, но зато — массивный, рослый и ширококостный. Офицеры по большей части сидели на так называемых «гунтерах» — английских охотничьих лошадях, но на самом деле лошадей чистокровной верховой породы у кирасир было мало из-за чрезмерных требований к росту. Гунтера, так сказать, русского производства имели больше ганноверской крови, чем английской.

Лошади 1-й гвардейской дивизии получали по четыре гарнца овса, лошади 2-й гвардейской дивизии — по три гарнца и армейская кавалерия — по два с половиной гарнца. Но на смотрах некоторые армейские кавдивизии, особенно пограничных корпусов, оказывались в отношении боевой подготовки и выносливости коней выше гвардейских. Объяснялось это тем, что кавалергарды и конногвардейцы располагались в центре Санкт-Петербурга и большую часть года не могли проводить занятия в поле, ограничиваясь манежем. Армейская конница больше времени проводила в поле.

Большое значение в жизни гвардейской конницы имели всевозможные смотры и парады. Заключительным аккордом зимнего военного сезона в Петербурге являлся майский парад, не проводившийся со времен Александра II и возобновленный при Николае II. А. А. Игнатьев участвовал в таких парадах не раз и довольно красочно описал один из них. Судя по всему, зрелище действительно было эффектное.

«Две алых полоски двух казачьих сотен конвоя (Собственного его Величества Конвоя.— **А. Б.**) открывали прохождение войск...

После минутного перерыва на краю поля, со стороны Инженерного замка, появлялась блистающая на солнце подвижная золотая конная масса. То подходила спокойным шагом наша первая гвардейская кирасирская дивизия. Она

Снаряжение нижних чинов кавалерии и конной артиллерии. Унтер-офицер лейб-гвардии Драгунского полка и 1-й батареи полевой конной артиллерии, рядовой 3-го драгунского Сумского полка в парадной и обыкновенной форме, 1884 год. «Иллюстрированное описание перемен в обмундировании и снаряжении Императорской Российской Армии за 1881—1896 гг.».

шла в строю развернутых эскадронов, на эскадронных дистанциях.

Перед царской ложей выстраивался на серых конях хор трубачей Кавалергардского полка, игравший полковой марш, и торжественно проходил шагом наш лейб-эскадрон в развернутом строю... После прохождения и ответа царю на приветствие надо было переходить в рысь, чтобы, перестроившись во взводную колонну и зайдя правым плечом, очистить место следующим эскадронам. Тут нельзя было терять ни минуты, так как позади уже слышался сигнал трубача, игравшего тот или другой аллюр.

Серебристые линии кавалергардов на гнедых конях сменялись золотистыми линиями конной гвардии на могучих вороных, серебристыми линиями кирасир на караковых конях и вновь золотистыми линиями кирасир на рыжих. Вслед за ними появлялись красные линии донских чубатых лейб-казаков и голубые мундиры атаманцев, пролетавшие обыкновенно наметом.

Во главе второй дивизии проходили мрачные конногренадеры в касках с гардами из черного конского волоса, а за ними на светло-рыжих конях — легкие синеватые и красноватые линии улан. Над ними реяли цветные флюгера на длинных бамбуковых пиках, отобранные ими в турецкую кампанию.

Красно-серебряное пятно гвардейских драгун на гнедых конях было предвестником самого эффектного момента парада — прохождения царскосельских гусар. По сигналу «галоп» на тебя летела линия красных доломанов; едва успевала, однако, эта линия пронестись, как превращалась в белую — от накинутых на плечи белых ментиков.

Постепенно кавалерийские полки выстраивались в резервные колонны, занимая всю длину Марсова поля, противоположную Летнему саду. Перед этой конной массой выезжал на середину поля сам генерал-инспектор кавалерии, Николай Николаевич. Он высоко поднимал шашку в воздух. Все на мгновение стихало. Мы, с поднятыми палашами, не спускали с этой шашки глаз. Команды не было: шашка опускалась, и по этому знаку земля начинала дрожать под копытами пятитысячной конной массы, мчавшейся к Летнему саду. Эта лавина останавливалась в десяти шагах от царя. Так оканчивался этот красивый спектакль...» *

Армейская кавалерия выглядела гораздо скромнее в своих полукафтанах без пуговиц и в мягких барашковых шапках. Число полков за годы царствования Николая II было увеличено. В 1895 году сформировали два полка, в 1897-м — еще два, в 1899 году — один, Приморский драгунский, особенно отличившийся в годы русско-японской войны. В 1897 году конники получили новый мундир — двубортный, на пуговицах, без кушака.

К 1904 году в русской армии числилось 56 драгунских полков шестиэскадронного состава. Объединялись они в дивизии вместе с казачьими полками. В дивизии насчитывалось четыре полка. Кроме того, были и отдельные бригады и отдельные полки.

Период с 1895 по 1905 год был примечательным в истории русской конницы. «Время больших перемен» — так отзывались о нем современники. В 1896 году увидел свет новый устав, в котором был осмыслен и обобщен опыт применения кавалерии на полях сражений во второй половине XIX века, при новом скорострельном оружии, полученном пехотой. Устав вводил более широкие аллюры, в частности — полевой галоп с определенной скоростью: 2 минуты 20 секунд — 1 верста, 5 минут — 2 версты, 10 минут — 4 версты. Все перестроения должны были совершаться только на этом галопе. Отменялась подача команд голосом. По знаку командирской шашки эскадроны, полки и целые дивизии должны были производить заезды в любом направлении, из походных колонн разворачиваться в шеренги, снова сворачиваться в колонны и т. д. и т. п. Кроме того, устав уза-

---

* И г н а т ь е в А. А. Пятьдесят лет в строю. Новосибирск, 1959, с. 92—93.

конивал частое спешивание. В общем, он был направлен против рутины, против манежно-парадных традиций, еще живущих в русской коннице.

Инициатором разработки нового устава выступил Великий Князь Николай Николаевич Младший. В 60-е годы его отец, Великий Князь Николай Николаевич Старший (сын императора Николая I), также настойчиво и последовательно проводил реформы в коннице Александра II.

Николай Николаевич Младший в 1876 году в возрасте 20 лет окончил Николаевскую академию генерального штаба с серебряной медалью, участвовал в русско-турецкой войне 1877—1878 годов, где получил орден св. Георгия 4-й степени. Затем он десять лет служил в лейб-гвардии Гусарском полку, пройдя путь от командира эскадро-

Шашка драгунская, 1880-е годы. Фонды Военно-исторического музея артиллерии, инженерных войск и войск связи (Санкт-Петербург).

на до командира полка, командира бригады (в 1888 году). В 1890 году Николай Николаевич — командир 2-й гвардейской кавалерийской дивизии, генерал-майор. В 1895 году он был назначен генерал-инспектором всей русской конницы. Занимая этот пост в течение десяти лет, Великий князь деятельно занимался переподготовкой кавалерийских полков, согласно принципам, заложенным в Уставе 1896 года.

Офицеры гвардейской кавалерии оставили немало воспоминаний об учениях в Красном Селе, где присутствовал Николай Николаевич Младший. Великолепный наездник, кавалерист до мозга костей, он был горяч и строг, но справедлив. Под его «недреманным оком» наша кавалерия постепенно меняла свое лицо, становясь все более подвижной, маневренной, выносливой, смелой. «Дух кавалериста — презрение к опасности и уверенность в себе!» — любил повторять генерал-инспектор.

Много внимания было обращено и на конский состав. Для продолжительных

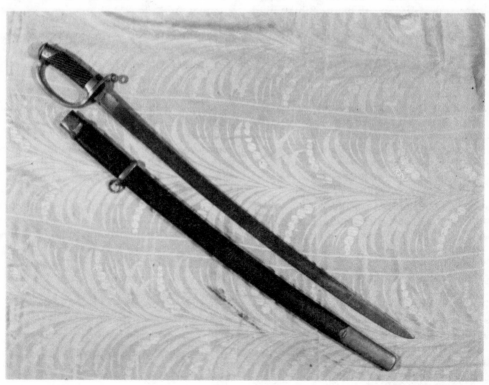

движений на широких аллюрах требовалась новая строевая лошадь: сухая, поджарая, а не рыхлого телосложения. Если лошади выдерживали трудные учения с длительной скачкой по пересеченной местности, преодолением препятствий и сохраняли после них бодрый вид и хорошее дыхание, то их содержание, уход и кормление признавались правильными, если нет — то командирам эскадронов и полков грозил суровый нагоняй от Великого Князя.

Чтобы улучшить качество ремонтной лошади, были увеличены закупочные цены на нее, выделены субсидии для государственного коннозаводства. Особенно много было сделано для развития коннозаводства в Задонских степях.

В эти же годы коренной реформе подверглась Офицерская кавалерийская школа, основанная в 1882 году. В штате ее были: 1 командир — штаб-офицер, 4 взводных командира — обер-офицеры, 1 вахмистр, 5 взводных унтер-офицеров, 9 младших унтер-офицеров, 8 ефрейторов, 92 рядовых, 1 трубач и 3 его ученика, 4 унтер-офицера — инструкторы фехтования, 2 унтер-офицера — инструкторы гимнастики и вольтижировки. До 1898 года обучение в школе не было обязательным, офицеры определялись туда по своему желанию. Николай Николаевич Младший ввел новое правило: все кандидаты на получение эскадрона должны были пройти в школе двухлетний курс обучения (выездка, вольтижировка, рубка, ковка, фехтование, иппология, тактика и стратегия) и сдать экзамены. Затем обязательную стажировку в школе в течение трех месяцев заставили проходить и штаб-офицеров — кандидатов на должности командиров кавалерийских полков.

На должность главного инструктора верховой езды был приглашен известный в Европе наездник Джеймс Филлис. В это время он гастролировал со своими лошадьми в цирке Чинизелли в Санкт-Петербурге. С 1898 по 1909 год он преподавал в Офицерской кавалерийской школе и носил мундир полковника русской армии. Его книга «Основы выездки и езды» была переведена и издана в России. Система Филлиса оказала огромное влияние на подготовку всей русской кавалерии, многие ее положения вошли в Устав 1912 года. За свои труды Дж.Филлис был награжден орденом св.Станислава 3-й степени. Многочисленные его ученики служили потом и в красной коннице, а книга переиздавалась в 1936 году.

Основным экзаменом в школе был экзамен по верховой езде. Для офицеров устраивалась парфосная охота (в лесу, со сворой гончих собак, идущих по следу зверя). Она длилась около 40—50 минут, в течение которых надо было на галопе преодолеть 15—20 препятствий самого разного вида. Экзамен этот выдерживали не все. Особенно трудно было штаб-офицерам, которые за годы службы в армейских полках зачастую утрачивали навыки наездников и превращались в военных администраторов.

Высшее командование всячески поощряло занятия конным спортом в полках. К началу XX века относится дебют русских офицеров-кавалеристов на международных соревнованиях. Так, в 1902 году в Турин на соревнования конкуристов ездил корнет Кавалергардского полка Александр Родзянко. Затем в 1910 году в Лондоне ротмистр Бертрен выиграл первый приз — Канадский кубок. В 1911 году штабс-ротмистр фон Эксе повторил его успех. Но настоящим триумфом стали выступления русских кавалеристов в Лондоне в 1912, 1913 и 1914 годах, когда они трижды добивались победы и получили почетный трофей — кубок короля Эдуарда VII — в свою собственность. В команду входили офицеры гвардейской кавалерии братья А. и П. Родзянко, Д. фон Эксе, Д. Иваненко.

Павел Родзянко, поручик Кавалергардского полка, стажировался в Пинерольской школе у известного итальянского наездника капитана Каприлли. По возвращении в Россию в 1911 году он написал книгу «Итальянская кавалерийская школа и новый метод полевой езды и обучение ей», в которой изложил все подробности системы капитана Каприлли. Освоив эту систему, русские конкуристы смогли победить своих соперников в Лондоне.

Регулярно конноспортивные соревнования для кавалеристов устраивались и в России. Традиционными были Крас-

Финский драгунский полк. Обер-офицер в парадной форме и рядовой в обыкновенной форме, 1889 год. «Иллюстрированное описание перемен в обмундировании и снаряжении Императорской Российской Армии за 1881—1896 гг.». Выпуски 1—17, № 102. Спб., 1898.

носельские скачки, которые по своим особенностям напоминали современное конное троеборье. Зимой в Михайловском манеже в Санкт-Петербурге проводили состязания по конкуру. Разнообразные соревнования (стипль-чезы, гладкие скачки, вольтижировка, рубка лозы) для солдат, унтер-офицеров и офицеров входили в программу ежегодных полковых праздников...

Период с 1895 по 1904 год был временем мирной жизни конницы. Только в 1900 году забайкальские, амурские и уссурийские казаки и Маньчжурская охранная стража, организованная и обученная по образцу казачьих войск, участвовали в Китайском походе. Ка-

заки удостоились наград — металлических (мельхиоровых) «Знаков отличия» на головные уборы. Так был награжден личный состав нескольких сотен Забайкальского и Амурского войска и целиком весь полк — 3-й Верхнеудинский Забайкальского войска.

Не прошло и пяти лет, как казакам вновь пришлось отправиться в поход в безжизненные степи Маньчжурии.

Рано утром 27 января 1904 года в частях русской армии была получена депеша: «Сегодня ночью наша эскадра, стоящая на внешнем Порт-Артурском рейде, подверглась внезапному нападению японских миноносцев и понесла тяжелые потери». Так началась русско-японская война. В. И. Ленин определил ее как несправедливую, империалистическую с обеих сторон. Но сотни русских солдат и офицеров в те дни января не задумывались об этом и подавали рапорты с просьбой отправить их на театр военных действий, чтобы защитить честь своей страны.

Русско-японская война оказала большое влияние на развитие военного искусства. В ходе ее впервые были широко применены магазинные винтовки (в России), пулеметы, ручные гранаты, был приобретен первый опыт применения в военных целях радио, аэростатов наблюдения, прожекторов, проволочных заграждений с током высокого напряжения. Военные действия сомкнутыми массами пехоты и штыковой удар потеряли свое прежнее значение.

При таких условиях также трудно было рассчитывать и на успех фронтальных конных атак в сомкнутых строях. Однако конница сыграла свою роль во многих эпизодах русско-японской войны. Были у нее очень удачные выступления, были и неудачи. Но эта война показала, что отныне одна кавалерия, сама по себе, уже не в силах дать решительный результат на поле боя, коренным образом повлиять на исход всей кампании.

В это время Россия имела крупнейшую в мире кадровую армию — 1 миллион 135 тысяч человек. К середине апреля 1904 года, когда начались боевые действия на суше, Маньчжурская армия насчитывала свыше 123 тысяч человек. Из них около 22 тысяч — кавалеристы.

Войска были сосредоточены в трех основных группировках: во Владивостоке и Приамурье (свыше 24 тысяч человек), в районе Ляоляна и Мукдена (свыше 28 тысяч человек) и на Квантунском полуострове (свыше 28 тысяч человек). Кроме того, от Маньчжурской армии были выдвинуты вперед два отдельных отряда: Южный (свыше 23 тысяч человек) — на побережье Ляодунского залива — и Восточный (свыше 19 тысяч человек) — на границу с Кореей: оккупированной в начале войны японцами.

Конница была распределена по этим группам неравномерно. Так, в Восточном отряде на корейской границе находилась Отдельная бригада Забайкальского казачьего войска под командованием генерал-майора Мищенко (14 сотен). На побережье Ляодунского залива в Южном отряде состоял Приморский драгунский полк и несколько сотен Сибирского казачьего войска. Большой конной группой командовал генерал-майор Ренненкампф. Она располагалась в районе Ляоляна. Кроме того, конница по 1—2 полка придавалась пехотным корпусам для ведения разведки и боевого охранения. Под конец войны был создан кавалерийский корпус.

Всего же в Маньчжурии в 1904 году было 18 эскадронов (драгунские полки Приморский, Черниговский и Нежинский) и 162 сотни (Сибирское, Уральское, Оренбургское, Амурское, Забайкальское, Донское казачьи войска).

Японцы имели до 90 эскадронов (13—14 тысяч всадников). Две отдельные кавбригады по 8 эскадронов действовали самостоятельно и по 3 эскадрона было придано пехотным дивизиям. Вооружены японские конники были магазинными карабинами и саблями и сидели по большей части на лошадях, вывезенных из Австралии. Японская конница боялась конного боя и не отходила от пехоты. По общему

Конское снаряжение для нижних чинов кавалерии и конной артиллерии: 1. Ленчик с живцом и подпругами. 2. Ленчик с живцом, подпругами и крыльями. 3. Седло с полным вьюком. 4. Оголовье с мундштуком. 5. Уздечное удило. 6. Трензельное удило. 7. Подперсье. 1888 год.

«Иллюстрированное описание перемен в обмундировании и снаряжении Императорской Российской Армии за 1881—1896 гг.». Выпуски 1—17, № 96. Спб., 1898.

мнению, ее подготовка была хуже, чем у нашей кавалерии.

Главные действующие лица конных схваток и набегов русско-японской войны — казаки — были одеты в традиционные казачьи куртки, застегивающиеся на крючки. У донских и уральских казаков они были темно-синими, у сибирских, оренбургских, амурских и забайкальских казаков — темно-зелеными. Широкие казачьи штаны под цвет куртки, заправленные в сапоги, украшали лампасы: у донцов и сибиряков — алые, у забайкальцев и амурцев — желтые, у оренбуржцев — светло-синие, у уральцев — малиновые. Зимой казаки носили шинели и высо-

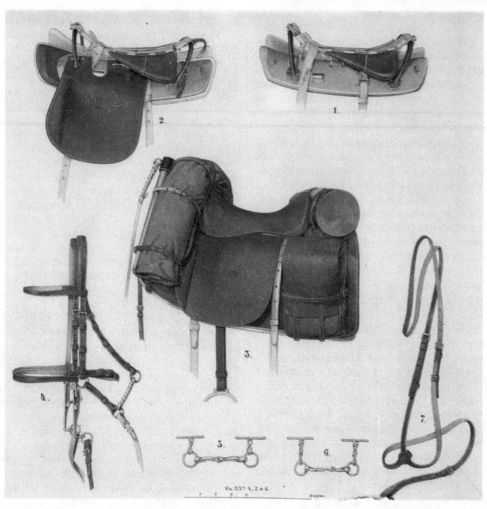

кие меховые папахи, летом — фуражки с козырьком. Рядовые были вооружены винтовками, шашками и пиками, унтер-офицеры и офицеры — револьверами и шашками. По свидетельствам современников, пики оказались ненужным оружием, и к концу кампании все их побросали.

Конский состав донских полков был отличного качества. Забайкальское, Амурское и Сибирское войско имело лошадей местных пород, которые были выносливыми и неприхотливыми, но без хороших, крупных аллюров. По боевой подготовке казачьи части превосходили японцев, но лучше всего действовали в одиночку или малыми партиями. Маневрировать в составе больших отрядов они не умели.

В чем же заключалась деятельность конницы?

В начале кампании, в период между боями под Тюренченом и Ляоляном, конные отряды Мищенко и Реннен-кампфа вели постоянные стычки с японцами, занимались разведкой, наблюдали за противником.

Первое большое сражение, в котором участвовали главные силы противников, произошло у Ляоляна 11—21 августа 1904 года. Конница в нем самостоятельных действий не вела. Она сражалась вместе с пехотой, иногда прикрывала ее фланги. Хотя атаки японских войск на всех направлениях были отбиты, главнокомандующий Куропаткин, основываясь на преувеличенных данных о силах противника и не использовав всех возможностей обороны на первом рубеже, приказал войскам Маньчжурской армии отойти на 2-й оборонительный рубеж. Затем, после атак японцев против центра и правого фланга русских, отбитых нашими войсками, и захвата противником нескольких высот восточнее Ляоляна, Куропаткин вновь приказал отойти на главную позицию. Бои продолжались. Наступление японцев было остановлено. Но по приказу главнокомандующего русская армия оставила ляолянские укрепленные позиции, начав отход к Мукдену. Вот здесь конница была выдвинута вперед и прикрыла отход своих войск.

Следующее крупное столкновение произошло на реке Шахэ 22 сентября — 4 октября 1904 года. Куропаткин по требованию царя был вынужден предпринять наступление против японцев. Русские имели здесь небольшое численное превосходство: 20 тысяч человек, 758 орудий, 32 пулемета (против 170 тысяч, 648 орудий, 18 пулеметов у японцев). Нанесение главного удара возлагалось на Восточный отряд генерала Штакельберга и отряд генерала Ренненкампфа. В этой операции конники действовали очень активно. Казачья бригада генерал-майора Любавина (2-й Нерчинский и 2-й Аргунский казачьи полки) обошла правый фланг противника и прорвалась к нему в тыл под Бэньсиху. Маршал Ояма двинул против казаков 2-ю кавалерийскую бригаду под командованием принца Канина. Завязалась конная схватка, в которой противники то съезжались на поле боя и рубились на шашках, то спешивались и отстреливались. В общем, японцам удалось остановить движение русских всадников.

Так обстояли дела на левом фланге русских позиций. В центре действовала крупная конная группа генерала Самсонова в составе сибирских и уральских казачьих полков. В ее задачу входило наступление на позиции японцев у Сяньшаньцзы для того, чтобы поддержать атаки 1-го, 2-го и 3-го Сибирских корпусов из Восточного отряда Штакельберга.

Конный отряд генерала Мищенко находился как бы между Восточным и Западным отрядами. Смелой атакой Мищенко пробил дорогу 4-му Сибирскому корпусу и затем обеспечивал левый фланг 1-го и 4-го Сибирских корпусов.

Начало сражения было удачным для русских. Японцы не ожидали наступления. Но через два дня они смогли организовать контрнаступление и нанесли удар по войскам Западного отряда, оттеснив его войска за Шахэ. Затем, не сумев сломить сопротивление японцев, начал отходить и Восточный отряд.

Последующие боевые действия, носившие преимущественно встречный характер, проходили с переменным успехом. Понеся большие потери (русские — свыше 40 тысяч человек, японцы, по их данным, до 20 тысяч человек), обе стороны приостановили атаки и приступили к укреплению занимаемых позиций. Установился 60-километровый позиционный фронт, что было новым явлением в военном искусстве.

Когда русские и японцы перешли к обороне, то в штабе Куропаткина задумались о том, как использовать массу казачьей конницы, освободившейся от сторожевой и разведывательной службы после остановки всех армий на шахэйских позициях. Одни высказывались за неожиданный и самостоятельный рейд, а другие находили, что подобный рейд будет легко парализован японской охраной и что конников надо бросить на тылы в решающий момент сражения на фронте. Шли споры и о выборе начальника. Кандидатур было две: Ренненкампф и Мищенко. Куропаткин остановил свой выбор на Мищенко.

Подготовка к рейду заняла два месяца. В декабре 1904 года огромный конный отряд (72 сотни и эскадрона, 4 охотничьих команды и 22 орудия), сопровождаемый не менее огромным конным обозом, в котором везли провиант, снаряжение и боеприпасы, потянулся к Инкоу (порт, расположенный на берегу Ляодунского залива). Двигались конники шагом, охраняя с двух сторон собственный транспорт. Они дошли до самого моря, но взять порт не смогли. Понеся потери, отряд Мищенко вернулся обратно с незначительными трофеями. В общем, рейд не удался, и кое-кто из современников считал его позорным для славной русской кавалерии.

В зимнем наступлении в январе 1905 года и в сражении под Сандепу конница сыграла немалую роль. В отряде генерал-адъютанта Мищенко насчитывалось 38 сотен и 24 конных орудия.

Этот отряд действовал уступом впереди правого фланга 2-й армии генерала Гриппенберга. Под Сандепу в бой вступили еще более крупные силы, чем на реке Шахэ: 285 тысяч человек у русских и 200 тысяч человек у японцев. По плану главнокомандующего 2-я армия должна была нанести удар по левому флангу японской армии в направлении Сандепу и овладеть позициями противника между реками Хуньхэ и Шахэ. После этого следовало ввести в бой 1-ю и 3-ю армии и отбросить японцев за реку Тайцзыхэ. Для нанесения первого удара выделялось 96 тысяч человек.

Конница действовала прекрасно. Казачьи полки, развернувшись в лаву, с ходу пробились сквозь несколько укрепленных пунктов, смели с пути мелкие отряды противника, пытавшегося их остановить, оттянули на себя значительную часть подкреплений японцев, идущих к Сандепу на помощь к своим частям. Но этот частный успех командование развить не смогло. Плохо организованное наступление пехоты и неудовлетворительная артиллерийская подготовка позволили японцам подтянуть резервы, перегруппировать войска и остановить русских. Новые атаки 1-го Сибирского корпуса, а затем 10-го армейского ничего не дали. Куропаткин отвел 2-ю армию на исходный рубеж. Потери составили 12 тысяч человек у русских и около 9 тысяч человек у японцев.

Мукденское сражение закончилось тяжелым поражением русской армии. Ни русская, ни японская конница не проявила в нем деятельности, которая могла бы оказать влияние на исход операции. Но после отступления от Мукдена между обеими сторонами образовался широкий промежуток, на котором русская кавалерия вела широкую разведку. Для этого периода войны характерен набег на Факумынь, где кавкорпус Мищенко уничтожил несколько транспортов противника, взял в плен 234 человека и захватил 2 пулемета. В этом набеге казаки неоднократно атаковывали пехоту и сбивали ее с позиций.

Было еще столкновение под Санвайзой 18 июня 1905 года, где кавкорпус вместе со 2-й Отдельной драгунской бригадой (Приморский и Черниговский полки) захватили неприятельские укрепления. За смелые действия здесь 2-й, 3-й и 6-й эскадроны Черниговского

Рядовой Драгунского полка в гимнастической полотняной рубахе для летнего времени. Конское снаряжение с вьюками для седлания в военное время, 1885 год.
«Иллюстрированное описание перемен в обмундировании и снаряжении Императорской Российской Армии за 1881— 1896 гг.». Выпуски 1—17, № 70. Спб., 1898.

полка получили награды — знаки отличия на головные уборы с надписью «За дело 18 июня 1905 года под Санвайзой».

В августе 1905 года в Портсмуте был подписан мирный договор, и бесславная для России война окончена. Ее события стали историей, и в этой истории было записано немало имен русских солдат, офицеров и генералов, совершивших подвиги на поле боя.

Героем русско-японской войны по праву называли Павла Ивановича Мищенко, командира лихих казачьих отрядов. Интересно то, что по образованию Мищенко кавалеристом не был.

Он окончил Павловское пехотное училище, затем—Офицерскую Артиллерийскую школу и начинал службу в 38-й артбригаде. Как известно, в артиллерии применялась конная тяга, и артиллеристы должны были проходить курс верховой езды. Вероятно, в Офицерской Артиллерийской школе Мищенко и стал хорошим наездником. В 1901 году он командовал бригадой в пехотной дивизии. Но в 1903 году его судьба сделала крутой поворот. Он был переведен в Забайкальское казачье войско на должность командира Отдельной Забайкальской бригады. Его подвиги на поле боя обеспечили ему быстрое продвижение по службе: он начал войну генерал-майором, кончил ее генерал-лейтенантом и генерал-адъютантом, кавалером многих высших орденов, командиром кавкорпуса.

Однако по мнению многих военных специалистов (М и х е е в С. Курс прикладной тактики. Спб., 1910), отсутствие у Мищенко опыта кавалерийской службы в обер-офицерских и штаб-офицерских чинах мешало ему в проведении собственно кавалерийских операций. Этим, в частности, объясняется и неудача рейда на Инкоу.

Каковы бы ни были итоги войны, правительство считало своим долгом отметить действия участников сражений наградами. Так, престижным орденом св.Георгия (4-й степени) в сухопутной армии было награждено 74 человека. Из кавалеристов эту награду получили только двое офицеров: подъесаул 4-го Уральского казачьего полка Железнов и подъесаул 5-го Уральского полка Зеленцов.

Среди казачьих офицеров, награжденных другими орденами, был и Филипп Кузьмич Миронов, тридцатитрехлетний подъесаул, командир сотни 26-го Донского полка. Происходил он из бедной казачьей семьи, но сумел закончить Новочеркасское юнкерское училище в 1898 году, отличиться в качестве храброго и образованного офицера. Но в 1905—1907 годах Миронов принял участие в революционных

выступлениях и был уволен со службы. В годы первой мировой войны он вернулся в армию, дослужился до чина войскового старшины (подполковника), снова был награжден. Октябрьская революция сначала высоко оценила его талант военачальника. Миронов командовал 2-й конной армией, но затем по приказу Троцкого был смещен, отдан под суд. Жизнь его оборвалась трагически: во время прогулки на тюремном дворе его застрелил конвойный солдат 2 апреля 1921 года.

Еще одному «маньчжурцу» была суждена блестящая карьера. В составе 46-го Донского казачьего полка в 1904—1905 годах находился молодой солдат — Семен Буденный, призванный в армию ровно год назад. В революционных выступлениях после войны он никакого участия не принимал, а, наоборот, служил царю-батюшке верой и правдой. За это его отправили на учебу в Санкт-Петербург. В 1908 году он окончил там школу наездников, получил чин старшего унтер-офицера и был направлен в Приморский драгунский полк. В годы первой мировой Буденный стал обладателем полного «банта»: 4 солдатских Георгиевских крестов и 4 медалей. Служил в 18-м драгунском Северном полку. Дальнейшая его судьба, наверное, известна каждому...

Раздав награды, помянув павших смертью храбрых, в России приступили к анализу только что закончившихся военных действий. Было совершенно ясно, что в обучении русской конницы преобладают прежние, традиционные представления о шеренгах, о линейном развертывании полков, бригад и дивизий как о главном способе действий в бою. Требовалось, однако, перейти от действий линиями к действиям группами, применяясь к местности, чередуя пеший и конный строй, атаки рассыпные и сомкнутые. Этот опыт войны был обобщен и отражен в новом Уставе о строевой и кавалерийской службе, увидевшем свет в начале 1912 года. Он в значительной мере помог коннице подготовиться к эпохе новых, небы-

Казачьи войска. Генерал-адъютант, обер-офицер лейб-гвардии Казачьего Его Величества полка и казак полевых конных полков Уральского войска в обыкновенной форме, 1885 год.

«Иллюстрированное описание перемен в обмундировании и снаряжении Императорской Российской Армии за 1881—1896 гг.». Выпуски 1—17, № 55. Спб., 1898.

валых еще в истории человечества войн: первой и второй мировой.

Неудачный исход кампании 1904—1905 годов, революционные события, последовавшие за ней, заставили администрацию задуматься о боевом духе армии, ее, так сказать, морально-политической подготовке. Напомнить солдатам и офицерам о славных традициях русских вооруженных сил должна была новая униформа, воссоздающая общий облик войск эпохи Александра II.

В кавалерии же, кроме этого, вернулись еще и к прежним делениям на виды. Так, в 1907 году вместе с драгунами в русской армии вновь появились уланы и гусары. Это переформирование не затронуло ни вооружения, ни способа действий в бою, ни обучения конницы, а проявилось лишь в новой парадной форме, данной войскам.

Было решено, что определение «драгунский» сохранит двадцать один полк. Двадцать из них получили порядковые номера с 1-го по 20-й, а Приморский полк остался без номера. Номера и названия полков перед первой мировой войной были следующие:

1-й лейб-драгунский Московский (старшинство с 1700 года)

2-й лейб-драгунский Псковский (старшинство с 1688 года)

3-й Новороссийский (старшинство с 1803 года)

4-й Новотроицко-Екатеринославский (старшинство с 1708 года)

5-й Каргопольский (старшинство с 1707 года)

6-й Глуховский (старшинство с 1668 года)

7-й Кинбурнский (старшинство с 1798 года)

8-й Астраханский (старшинство с 1798 года)

9-й Казанский (старшинство с 1701 года)

10-й Новгородский (старшинство с 1701 года)

11-й Рижский (старшинство с 1709 года)

12-й Стародубовский (старшинство с 1709 года)

13-й Военного ордена (старшинство с 1709 года)

14-й Малороссийский (старшинство с 1785 года)

15-й Переяславский (старшинство с 1798 года)

16-й Тверской (старшинство с 1798 года)

17-й Нижегородский (старшинство с 1701 года)

18-й Северский (старшинство с 1701 года)

19-й Архангелогородский (старшинство с 1895 года)

20-й Финляндский (старшинство с 1906 года)

Приморский полк (старшинство с 1899 года).

Первые пятнадцать полков входили в состав кавалерийских дивизий, составляя с уланскими полками первые бригады. 16, 17, 18-й полки образовывали Кавказскую кавдивизию, 19-й полк входил в состав Отдельной кавбригады, 20-й в состав дивизии и бригады не входил. Приморский драгунский полк находился в Уссурийской конной бригаде.

В парадном строю часть драгунских полков (1-й, 3-й, 5-й, 7-й, 11-й, 15-й, 16-й, 17-й, 18-й, 19-й, и 20-й) стали носить однобортный черный (у рядовых) и цвета морской волны (у офицеров) мундир на 8 пуговицах. При этом 17-му и 18-му (с 1914 года) были положены на груди слева и справа шестигнездные газыри (напатронники) в память их многолетней боевой службы на Кавказе. Другая часть драгунских полков (2-й, 4-й, 6-й, 8-й, 9-й, 10-й, 12-й, 13-й и 14-й), которые до 1860 года были кирасирскими, получили мундир тех же цветов, но скроенный в виде колета (то есть на крючках) и обшитый по верху воротника и по бортам каемчатой тесьмой. Головным убором драгунам служили каски с волосяным валиком, отчасти напоминающие потемкинские (реформа 1786 года). У бывших кирасир валик был белого цвета, у драгун — черного. В 16-м и 18-м полках вместо этих касок положено было иметь «азиатские шапки», Приморскому полку — папахи из черного меха с суконным верхом. Кроме того, однобортный мундир на пуговицах носили в запасных кавалерийских полках, в армейской конной артиллерии.

Темно-синие уланские куртки с раз-

Местные команды Кубанского казачьего войска. Обер-офицер в парадной форме, фельдфебель и рядовой в парадной и обыкновенной форме, 1884 год. «Иллюстрированное описание перемен в обмундировании и снаряжении Императорской Российской Армии за 1881—1896 гг.». Выпуски 1—17, № 64. Спб., 1898.

ноцветными лацканами (цвет по полкам: красный, голубой, белый, желтый) и шапки с четырехугольным верхом надели солдаты и офицеры семнадцати полков. Это были: 1-й Санкт-Петербургский полк (старшинство с 1705 года)

2-й лейб-уланский Курляндский полк (старшинство с 1803 года)

3-й Смоленский полк (старшинство с 1708 года)

4-й Харьковский полк (старшинство с 1651 года)

5-й Литовский полк (старшинство с 1803 года)

6-й Волынский полк (старшинство с 1807 года)

7-й Ольвиопольский полк (старшинство с 1812 года)

8-й Вознесенский полк (старшинство с 1812 года)

9-й Бугский полк (старшинство с 1803 года)

10-й Одесский полк (старшинство с 1812 года)

11-й Чугуевский полк (старшинство с 1749 года)

12-й Белгородский полк (старшинство с 1701 года)

13-й Владимирский полк (старшинство с 1701 года)

14-й Ямбургский полк (старшинство с 1806 года)

15-й Татарский полк (старшинство с 1891 года)

16-й Новоархангельский полк (старшинство с 1897 года)

17-й Новомиргородский полк (старшинство с 1897 года).

Уланскую форму носили также юнкера трех кавалерийских училищ Николаевского (эскадрон), Елисаветградского и Тверского.

Красивые разноцветные куртки, расшитые шнурами, чакчиры, меховые шапки — так выступали в парадном строю армейские гусары:

1-й Сумский полк (старшинство с 1651 года)

2-й лейб-гусарский Павлоградский полк (старшинство с 1764 года)

3-й Елисаветградский полк (старшинство с 1764 года)

4-й Мариупольский полк (старшинство с 1748 года)

5-й Александрийский полк (старшинство с 1776 года)

6-й Клястицкий полк (старшинство с 1806 года)

7-й Белорусский полк (старшинство с 1803 года)

8-й Лубенский полк (старшинство с 1807 года)

9-й Киевский полк (старшинство с 1668 года)

10-й Ингерманландский полк (старшинство с 1704 года)

11-й Изюмский полк (старшинство с 1651 года)

12-й Ахтырский полк (старшинство с 1651 года)

13-й Нарвский полк (старшинство с 1705 года)

14-й Митавский полк (старшинство с 1805 года)

15-й Украинский полк (старшинство с 1891 года)

16-й Иркутский полк (старшинство с 1895 года)

17-й Черниговский полк (старшинство с 1668 года)

18-й Нежинский полк (старшинство с 1783 года).

Пятнадцать гусарских полков составляли вторые бригады в кавалерийских дивизиях вместе с пятнадцатью казачьими полками — донскими, оренбургскими, уральскими. 16-й гусарский полк вместе с 19-м драгунским входил в состав 1-й Отдельной кавбригады, 2-ю Отдельную кавбригаду составляли полки 17-й и 18-й гусарские, 3-ю Отдельную кавбригаду — полки 16-й и 17-й уланские.

Такой состав кавдивизий и кавбригад был в мирное время. В военное время формировалось еще две дивизии: к Отдельным кавбригадам добавлялось по два полка. Кроме кавалерийских полков, в каждой дивизии было по 2—3 конноартиллерийских батареи.

Введение разноцветной и богатой парадной формы было дополнено в 1909 году весьма важным решением об установлении в русской армии походного обмундирования защитного цвета, в которое входили следующие предметы: фуражка с козырьком, однобортный китель (в кавалерии он был на 4,5 см короче, чем в пехоте). Брюки в кавалерии остались прежнего серо-синего цвета...

О службе и жизни конницы регулярной в предвоенную эпоху сохранилось немало воспоминаний. Вот что, например, пишет один из офицеров: «Начать с того, что наша доблестная конница, насчитывающая всего 56 армейских полков, представляла как бы особую, замкнутую касту в рядах блестящей Российской Армии. Наличие всего лишь трех кавалерийских училищ вливало в наши полки вполне однородный элемент, прошедший через горнило «цука», проникнутый глубокой любовью к конному делу и бесконечно гордящийся званием кавалерийского офицера. Эта однородность состава создавала крепкую спайку среди офицеров родного полка, а ограниченное количество полков и юнкерских училищ закрывало в нашу касту доступ всяким самозванцам. Пресловутый «цук» (особые отношения между старшекурсниками и младшекурсниками, видимо, отдаленно напоминающие нынешнюю «дедовщину». — А.Б.), вокруг которого раздавалось столько критики, проводил строгую грань между младшим и старшим, остающуюся в сознании кавалерийского офицера в течение всей его последующей службы... Затем маленькие пограничные городки, в которых по большей части были расквартированы полки кавалерии, заставляли офицера более внимательно относиться к своим обязанностям, не только не отвлекая его от службы, но и наоборот — приучая его и часть досуга посвящать ей, благодаря чему офицер вплотную подходил к солдату...» *

Заботы солдата были несколько другими. «Нам было досадно,— писал один из новобранцев,— что мы не попали в гусары, и конечно, не только потому, что у гусар была более красивая форма. Нам говорили, что там были лучшие, и самое главное, более человечные унтер-офицеры...»

Эти слова принадлежат Георгию Константиновичу Жукову, выдающемуся полководцу Великой Отечественной войны. В 1915 году он был призван в армию и попал в 10-й драгунский Новгородский полк. «Меня отобрали в кавалерию, и я был очень рад, что придется служить в коннице. Я всегда восхищался этим романтическим родом войск. Служба в кавалерии оказалась интереснее, чем в пехоте, но значительно труднее. Кроме общих занятий, прибавилось обучение конному делу, владе-

нию холодным оружием и трехкратная уборка лошадей. Вставать уже приходилось не в шесть часов, как в пехоте, а в пять, ложиться также на час позже... Труднее всего давалась конная подготовка и владение холодным оружием — шашкой... и пикой. Во время езды многие до крови растирали ноги, но жаловаться было нельзя. Нам говорили одно: «Терпи, казак, атаманом будешь!» И мы терпели до тех пор, пока не уселись крепко в седла...» *

Было в это время Жукову 19 лет, воевал он на фронтах первой мировой войны полтора года, имел чин младшего унтер-офицера и был награжден двумя солдатскими Георгиевскими крестами...

Реформы в регулярной кавалерии мало затронули конницу иррегулярную. Казаки продолжали нести свою службу на тех же основаниях, определенных в Уставе о воинской повинности 1874 года. Но в 1909 году за счет сокращения «приготовительного разряда» до одного года общий срок их службы был уменьшен с 20 до 18 лет. Традиционную их униформу менять не стали. С 1909 года они, как и вся армия, получили походное обмундирование защитного цвета. Вооружение казаков состояло из шашки казачьего образца (без дужки на эфесе), винтовки казачьей модификации (облегченной), которую казаки носили через правое плечо (во всей армии — через левое), и трубчатой металлической пики, окрашенной в защитный цвет с темляком защитного цвета и ремнем. Офицеры имели шашки и револьверы системы «Наган», однако разрешалось за свой счет покупать и носить пистолеты системы «Браунинг», «Парабеллум», «Маузер» и другие.

В мирное время на постоянной службе находилось 17 полков и 6 отдельных сотен Донского казачьего войска, 11 полков и 1 дивизион Кубанского войска, 4 полка и 4 местные команды

---

* М у р а х о в с к и й М. Воспоминания офицера Российской императорской конницы. Буэнос-Айрес, 1972, с. 87.

* Ж у к о в Г. К. Воспоминания и размышления. М., АПН, 1974.

Терского войска, 6 полков и 1 дивизион и 2 сотни Оренбургского войска, 3 полка и 2 команды Уральского войска, 3 полка Сибирского войска, 1 полк Семиреченского войска, 4 полка Забайкальского войска, 1 полк Амурского войска, 1 дивизион Уссурийского войска, 2 сотни Иркутских и Красноярских казаков *.

Как уже говорилось выше, казачьи полки входили в состав кавдивизий вместе с регулярными армейскими полками, а также формировали шесть дивизий по четыре полка полностью казачьих.

Во время войны численность иррегулярных войск значительно увеличивалась. Так, к 1917 году казачество выставило 164 конных полка и 179 отдельных сотен, что вместе с артиллерией и пехотой (тоже казачьими) составило более 200 тысяч человек.

_____
* Все сведения о составе дивизий и числе конных полков в русской армии этой эпохи даны по книге В.Н.Звегинцова «Русская Армия 1914 г. Подробная дислокация. Формирования 1914—1917 гг. Регалии и отличия». Париж, 1959.

О требованиях, предъявляемых к строевому коню перед первой мировой войной, достаточно полно рассказано в книге Матковского «Конница», изданной в России в 1913 году:

«Современной конницей может считаться лишь та, чей личный состав сидит на современных боевых конях. Последние же по своим свойствам должны стоять выше того конского состава, каким должна была удовлетворяться конница прошлого. Усиление действенности современного огня, не уменьшив значения конницы, потребовало, между прочим, от нее еще большей подвижности, в смысле способности к продолжительному движению полевым галопом. На усиление свойств метательного оружия следует отвечать развитием и улучшением конского

Шашки офицерские Кавказского казачьего войска, 1870—1880 гг. Фонды Военно-исторического музея артиллерии, инженерных войск и войск связи (Санкт-Петербург).

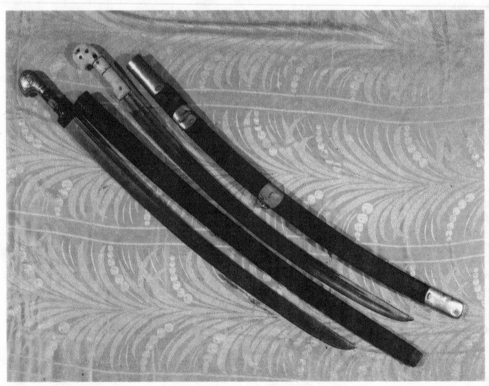

состава». Встав на эту точку зрения, Матковский приходит к выводу, что «ныне кавалерийский конь должен быть высококровным. Идеалом в этом отношении, конечно, является чистокровная английская лошадь...» Однако такие лошади из-за их дороговизны и ценности могли входить лишь в категорию офицерских лошадей. Для нижних чинов рекомендовалось приобретать хотя бы полукровных лошадей. Не отрицалось и значение местных пород, которые имели преимущества при действиях на степных и горных театрах войны.

Ситуация, сложившаяся к этому времени в русском коннозаводстве, была довольно сложной. Во второй половине XIX века шло постепенное сокращение числа частных конных заводов. В связи с этим общее поголовье лошадей в стране также сокращалось, и цены на них росли. Правительству пришлось поддерживать крупные частные конезаводы субсидиями, уделять внимание развитию государственных конезаводов, чтобы удержать коневодство на должном уровне и получать для армии больший процент высококровных и полукровных строевых лошадей.

В начале XX века русская конница в основном получала лошадей из степного донского частновладельческого коневодства. Это были лошади донской породы, улучшенные чистокровной верховой породой, хорошего качества, быстроходные, хотя, по словам современников, и не развивавшие на полях сражений той скорости, о которой писал Матковский. Частные владельцы слишком много трудились над тем, чтобы лошадь достигла необходимого роста и внешнего вида, и искусственным подбором корма гнали молодняк в рост, мало заботясь о его будущей работоспособности и выносливости.

Улучшенные донские лошади шли главным образом в ремонт для регулярной кавалерии, попадая в незначительном числе в полки Войска Донского. Остальные казачьи части имели конский состав из местных степных пород, хотя и не отличавшихся изнеженностью, бывших выносливыми, но в значительной степени не имевших тех свойств, которые военные теоретики требовали от «боевого коня». Лошади русской деревни в это время были признаны негодными к кавалерийской службе и почти не попадали в конные полки.

Служба конского состава во многом зависела от его сбережения, ухода за ним и соответствующей подготовки к походам и боевым действиям. Установленная в русской армии суточная дача фуража была вполне достаточна для поддержания сил и работоспособности строевых лошадей. Уход за ними в коннице регулярной был заботливым, хорошим. Хуже уход за лошадьми был поставлен в казачьих частях. Как это ни странно, но казаки — природные наездники — внимания своим лошадям не уделяли. Это отношение было традиционным и, вероятно, проистекало от восточных наездников прошлых веков, которые всегда эксплуатировали своих четвероногих партнеров на износ. Но казачьи кони не были особенно требовательными и, сплошь да рядом лишенные элементарных условий ухода, тянули безответно свою службу под лихими всадниками.

Что касается подготовки конского состава к службе военного времени, то взгляд на строевую лошадь как на средство «преодолеть могущество современного огня на поле сражения» подсказывал и методы работы. Большинство кавалерийских частей стремились показать надлежащий аллюр на коротких расстояниях и всемерно сохранять силы лошадей на походе, если таковой приходилось проделывать в мирное время на сборах или маневрах.

И все же в целом, как показали события начального периода первой мировой войны, русская конница была неплохо подготовлена к боевым действиям. В эпоху новых, невиданных прежде сражений она вступила хорошо организованной, мобильной и мощной силой...

Последняя битва

В 1914 году Россия располагала самой многочисленной в Европе конницей. В военное время она могла выставить до 1500 эскадронов и сотен. Второе место занимала Франция: 587 эскадронов и сотен. Третье — Германия: 528 эскадронов. Четвертое — Австро-Венгрия: 395 эскадронов. Пятое — Италия: 177 эскадронов. Сила эскадрона была примерно одинакова во всех странах и колебалась от 163 человек (в Германии) до 130 человек (в Италии). В России число всадников в эскадроне достигало 143.

Относительная численность конницы в армиях того времени была невелика. В России она составляла 1/8 часть войск, в Германии, Франции и Австрии — 1/10 — 1/12 часть, в Италии — 1/15 часть.

Вооружение конницы было одинаковым во всех странах и состояло из холодного оружия (сабли, палаши, шашки, пики) и огнестрельного оружия (магазинные винтовки со штыками и без них, карабины, револьверы — у офицеров, трубачей и старших унтер-офицеров).

Конское снаряжение русской кавалерии оставалось неизменным с 1871 года: седло с вьюком и оголовье с мундштуком — в регулярной кавалерии — и традиционное казачье седло с подушкой и уздечка в иррегулярной. При этом общий вес снаряжения и вооружения без веса всадника доходил до 3 пудов 3 фунтов. В австро-венгерской армии он был выше: до 4 пудов, в германской — до 3 пудов 26 фунтов, во французской и английской — меньше: до 2 пудов 30 фунтов.

Предполагалось, что в случае войны часть конницы (полки и эскадроны) будет придана пехотным корпусам и дивизиям для ведения сторожевой и разведывательной службы, а основная ее масса, объединенная в кавалерийские корпуса и другие крупные конные отряды, имеющие конноартиллерийские батареи (8—12 орудий на кавдивизию) и пулеметы (4—8 на кавдивизию), будет предназначаться для самостоятельных действий на театре войны.

Конница в это время продолжала сохранять свое главное преимущество: она оставалась единственным наиболее подвижным родом войск. Однако единого взгляда на роль кавалерии в предстоящей войне у военных теоретиков не было. Некоторые признавали, что вследствие широкого внедрения в войсках более совершенного огнестрельного оружия атаки кавалерии против пехоты в конном строю не могут являться, как прежде, главным способом действий (Келлер Ф.А. Несколько кавалерийских вопросов, вып.2. Спб., 1910; Бернгарди Ф. Служба конницы. Пер. с нем. Спб., 1913). В связи с этим высказывалась мысль, что конница утратила свою роль на полях сражений. Другие, наоборот, утверждали, что значение конницы не только не упало, но даже возросло, но она должна применять в бою иные приемы. Кавалерия предназначалась прежде всего для стратегической разведки, которую она должна была вести крупными соединениями (Залесский П. Главнейшие виды деятельности конницы, ч.1—2. Спб., 1911). В ходе раз-

едки требовалось «опрокинуть», «выить с поля» кавалерию противника,
рорваться сквозь охранение неприятея до расположения его главных сил.

Важным видом деятельности коницы считалось прикрытие своих войск
завесой», воспрещающей разведку каалерии противника. Что касается исользования кавалерии для самостояельных действий в глубоких рейдах
набегах) на тылы и сообщения проивника, то такие действия допускаись, но считались второстепенными и
огли применяться лишь при исклюительных обстоятельствах и в услоиях, если будет достаточно сил, чтобы
е ослаблять разведку и прикрытие
воих войск.

Относительно способа действий каалерии в бою признавалось, что в услоиях европейского театра, где местость изобилует препятствиями в виде
анав, изгородей, построек, трудно найи достаточно обширное и ровное место
ля атаки в сомкнутом строю масс
онницы. Такая атака возможна ограиченными силами только против каалерии противника. Против пехоты
на могла быть успешной лишь в том
лучае, если пехота уже потрясена и
еморализована. Поэтому допускалось,
то кавалерия должна действовать и
пешем строю, используя свои огневые
редства и даже штык.

Многое из этих предположений окаалось верным, но все же действительость внесла значительные коррективы
эти планы и теоретические построеия. Первая мировая война дала такую
лотность огня, что преодолеть его быо не под силу никакой быстроаллюрой лошади (именно на это надеялись
екоторые энтузиасты-конники вроде
Латковского). Боевое применение
виации свело на нет разведывательые функции кавалерии. А переход к
озиционной борьбе (с осени 1915 гоа) с многокилометровыми траншеями,
роволочными заграждениями, огневыи точками и минными полями вообще
аставил конницу спешиться и вместе
пехотой вести долгую изнуряющую
окопную войну»...

Как известно, поводом к началу боевых действий первой мировой послужило убийство в Сараеве наследника австрийского престола эрцгерцога Франца-Фердинанда в июне 1914 года. Следуя мобилизационному плану № 19,
варианту «А», предусматривавшему
направление большей части сил против
Австро-Венгрии, русское командование
приступило к развертыванию войск на
двух отдельных направлениях: северо-
западном и юго-западном.

На Северо-Западном фронте (командующий генерал Жилинский) разворачивались две армии общей численностью 17,5 пехотных дивизий и 8,5 кавалерийских дивизий. Первая армия
занимала позиции по реке Неман на
фронте Ковно — Олита — Меречь.
Вторая армия — на фронте Гродно —
Осовец — Остроленка. На Юго-Западном фронте (командующий генерал
Иванов) протяжением по дуге более
400 километров развертывались четыре
армии общей численностью 34,5 пехотных дивизий и 12,5 кавалерийских дивизий.

Приказ о мобилизации в Санкт-Петербургском военном округе получили
17 июля 1914 года (все даты по старому
стилю). Войска гвардии в это время
находились в своих лагерях, расположенных в Красном Селе и его окрестностях. Только что закончились эскадронные и ротные учения. На Военном
Поле состоялся высочайший смотр. На
ближайшее воскресенье планировались
офицерские скачки в присутствии государя императора.

Но с получением мобилизационного предписания жизнь в полках круто
повернула в другое русло. Начались
сборы в поход. Кто думал тогда, что
он будет последним в истории императорской армии?

«Полк выступил на войну при крайне
благоприятных условиях,— вспоминал
офицер Кавалергардского полка
В.Н.Звегинцов. — Новобранцы после
зимнего и летнего обучения были вполне подготовлены, солдат льготного срока службы еще не отпустили по домам. Конский состав за лето был втянут

Солдаты гвардейской кавалерии в 1896—1914 гг.

1. Рядовой Кавалергардского полка в полной парадной форме.
2. Рядовой лейб-гвардии Конного полка в дворцовой форме.
3. Рядовой лейб-гвардии Конного полка в дворцовой форме.
4. Рядовой лейб-гвардии Кирасирского Его Величества полка в вицмундире.
5. Рядовой лейб-гвардии Кирасирского Ея Величества полка в обыкновенной форме. 6. Урядник лейб-гвардии Казачьего полка в обыкновенной форме.
7. Урядник лейб-гвардии Казачьего полка в парадной форме. 8. Рядовой лейб-гвардии Казачьего полка в шинели. 9. Рядовой лейб-гвардии Казачьего Его Величества полка.

работу и имел все шансы выдержать тяжелый и продолжительный поход...»*

Обе гвардейские кавалерийские дивизии, 1-я и 2-я, вместе с 2-й и 3-й армейскими кавалерийскими дивизиями (без казачьих полков) входили в состав 1-го кавкорпуса генерал-лейтенанта Хана Нахичеванского (76 эскадронов, 42 конных орудия, 32 пулемета). Располагался кавкорпус в районе Вильковишек — Мариамполя, куда Кавалергардский полк и был доставлен четырьмя эшелонами по железной дороге.

Надо заметить, что на восточноевропейском театре, где от Балтийского моря до Черного располагались силы трех государств, военные действия начались несколько позже, чем на западе. Многочисленные германские силы в Восточной Пруссии имели оборонительные цели и не спешили переходить к наступлению. Русская армия не могла начать наступление сразу же после объявления войны, так как войска сосредоточивались медленно из-за недостатка шоссейных и железных дорог. Австро-венгерская армия вследствие перегруппировки войск с сербского фронта на русский тоже нуждалась в более продолжительном времени для окончательного развертывания.

В этот, самый изначальный период первой мировой войны на русскую конницу, которая всегда находилась в большей мобилизационной готовности, чем пехота, была возложена важная задача по прикрытию своих войск, прибывавших на фронт и постепенно занимавших отведенные для них позиции.

Так, кавкорпус Хана Нахичеванского прикрывал развертывание 1-й армии генерала Ренненкампфа (Северо-Западный фронт) с севера. Для прикрытия южного фланга армии в районе Сувалок находилась еще одна кавалерийская дивизия. На Юго-Западном фронте шесть кавалерийских дивизий: 14-я, 1-я Донская, 7-я, 2-я Сводно-Казачья, 11-я и 12-я—были выдвинуты южнее линии Ченстохов — Красник — Владимир-Волынский — Проскуров.

Прикрытие осуществлялось следующим образом. Кавалерийские полки выдвигались на передовые рубежи и располагались на отведенном каждому из них участке боевого охранения. Они высылали по всем направлениям свои разъезды (20—30 всадников во главе с обер-офицером). Их задача состояла в том, чтобы обнаружить местонахождения противника, войти с ним в легкое соприкосновение (завязать перестрелку), отступить и немедленно послать донесение в штаб полка, бригады, дивизии. Разъезды могли находиться в рейде от 2 до 3 суток, проходить расстояние в 200—300 километров. Практиковалось и другое — выставление цепи сторожевых постов для постоянного наблюдения вдоль границы. Связь между ними также поддерживали разъезды, но меньшего состава (6—10 человек).

«После объявления войны Австро-Венгрии,— писал офицер 2-й Сводно-Казачьей дивизии Е. С. Тихоцкий,— боевая деятельность нашей дивизии заключалась в строгом наблюдении за неприятельским берегом Збруча, в усиленной охране нашей территории от перехода неприятельских разъездов и поползновений противника перенести

---

* Звегинцов В. Н. Кавалергарды в великую и гражданскую войну. 1914—1920 гг. Париж, 1936, с. 17.

разведку на нашу территорию. Ежедневно на границе происходили перестрелки между нашими и Австро-Венгерскими постами и разъездами, в котором были ранены казаки и лошади...» *

На передовой линии, занятой кавалерией, еще не грохотали разрывы снарядов, не сталкивались в поле массы пехоты и очереди из пулеметов не косили ряды атакующих. Но от этого служба конников в первые дни войны не была легче. Они ходили в дальнюю и ближнюю разведку, несли боевое охранение, наблюдали за противником. Здесь требовались выдержка, терпение, осторожность, выносливость, отменное владение навыками верховой езды. Со своей задачей кавалерия справилась блестяще. Русское командование всегда знало, где находится противник. А передвижения русских войск, их позиции до поры до времени были скрыты от врага.

Непосредственно боевые действия на Северо-Западном фронте начались 4 августа. Перейдя государственную границу, подразделения 1-й армии вступили на территорию Восточной Пруссии. Во время наступления конница Хана Нахичеванского двигалась впереди. Кавалеристы шли по прекрасным дорогам, видели уже убранные поля, аккуратные немецкие городки, покинутые жителями. Стояла жаркая, солнечная погода.

Первое же серьезное столкновение с пруссаками у Сталлупенена принесло русским победу. Затем последовало одно из крупнейших сражений первой мировой войны — в районе Гумбинена — Гольдапа. Вначале немцы имели успех, но русские контрударом обратили в бегство части 1-го армейского корпуса генерала Франсуа. Попав под жесточайший артиллерийский и ружейно-пулеметный огонь, отступил и 17-й корпус генерала Макензена.

Конница Хана Нахичеванского дей-

ствовала севернее Гумбинена. Для гвардейских кавалерийских дивизий особенно памятен был бой у деревни Каушен 6 августа. Тогда в авангарде отряда находились два эскадрона лейб-улан под командованием полковника Арсеньева. Около 11 часов утра у въезда в деревню Каушен они были обстреляны из винтовок и пулеметов. Конникам пришлось спешиться и залечь. На помощь им прибыли два эскадрона лейб-гвардии Конногренадерского полка с пулеметами. Но продвинуться вперед все равно не удалось. Постепенно в бой втянулись и другие полки: Кавалергардский и лейб-гвардии Конный, лейб-гвардии Кирасирский Его Величества, лейб-гвардии Драгунский (всего 26 эскадронов, около 2 тысяч винтовок).

Немцы сосредоточили у Каушена 6 батальонов пехоты (около 4,5 тысячи винтовок), 18 орудий, 10 пулеметов. Орудия были расположены за деревней и вели интенсивный огонь шрапнелью, обстреливая дорогу и большое картофельное поле перед Каушеном. Русская кавалерия имела задачу выбить противника из этого населенного пункта.

Кавалергарды, подойдя к Каушену с северо-востока, предприняли попытку взять позиции в лихой конной атаке. Развернувшись в шеренгу, четвертый эскадрон полка широким галопом помчался через поле. Но вскоре конники увидели перед собой высокий забор из колючей проволоки, который преодолеть прыжком было невозможно. У этого забора под пулеметным и артиллерийским огнем и полегла большая часть эскадрона. Остальные попытались его обойти, но им пришлось спешиться и вступить в перестрелку.

Соотношение сил изменилось, когда на поле боя прибыла гвардейская конноартиллерийская батарея полковника Кирпичева. Артиллеристы меткими выстрелами подавили много огневых точек противника, заставили замолчать несколько орудий. После этого спешенная кавалерия немного продвинулась вперед.

---

* Т и х о ц к и й Е. Атака Австро-Венгерской конницы на 2-ю Сводно-Казачью дивизию под м. Городок 3—17 августа 1914 г. Белград, 1928, с. 10.

Под вечер еще две конные атаки на немецкие батареи предпринял лейб-гвардии Конный полк. Первая была отбита, но вторая увенчалась успехом. Третий эскадрон во главе со своим командиром ротмистром бароном Петром Врангелем все же доскакал до немецких позиций, изрубил артиллерийскую прислугу, захватил 2 пушки и 4 зарядных ящика. Немцы в конце концов отступили. Каушен был взят.

Участник этого боя, ротмистр лейб-гвардии Конногренадерского полка Н. Воронович в рассказе «Каушенский бой» (книга «Недреманное око. Из быта русской армии». Нью-Йорк, 1951) описывает картину, открывшуюся взору после сражения: разбитые орудия, повозки и передки, горящая деревня и сотни трупов людей и лошадей, которые усеивали поля и дороги у Каушена. Победа досталась гвардейской коннице очень дорогой ценой.

Награды за Каушен были щедрыми. Командиры Кавалергардского, лейб-гвардии Конного и лейб-гвардии Уланского полков генерал-майоры князь Долгоруков, Скоропадский и Княжевич, коноартиллерист полковник Кирпичев получили ордена св. Георгия 4-й степени. Этого же ордена и чина полковника удостоился за удачную атаку на батарею ротмистр Врангель. Так началась боевая биография известного впоследствии вождя белого движения генерала барона Врангеля.

Среди первых награжденных Георгиевским крестом в 1914 году солдат был и рядовой лейб-гвардии Конногренадерского полка Иван Ломпик. Когда кончились патроны, он трижды под пулеметным огнем противника переходил через дорогу, чтобы доставить боезапас своим спешенным, залегшим в поле однополчанам, которые потом поднялись в атаку...

После победы под Гумбиненом и Гольдапом войска 1-й армии генерала Ренненкампфа начали медленное наступление на запад от реки Ангерапп. Кавкорпус Хана Нахичеванского шел впереди тремя колоннами. Ренненкампф отдал корпусу приказ: «Обойти левый

фланг противника и действовать ему в тыл». Но немцы так быстро отступали или, точнее говоря, выводили свои войска из-под удара, что выполнить этот приказ конникам не удалось. Они потеряли соприкосновение с противником. На пути им встречались лишь мелкие арьергардные отряды. Кавкорпус громил их и на рысях шел дальше.

Только 24 августа Хан Нахичеванский смог отправить донесение в штаб 1-й армии: «Противник отступает на запад от Инстербурга. Мосты и паромы до Таплакена взорваны. Мелкие части быстро отступают передо мной. Стою у дер. Прибышкен». В этот день конница восстановила соприкосновение с противником, ведя разведку на фронте в 60 километрах от Тильзита до Таплакена.

Генерал Ренненкампф остался недоволен действиями кавкорпуса 10—24 августа. Он упрекал Хана Нахичеванского в том, что конница в этот период плохо выполняла свою задачу по разведке и преследованию врага, из-за чего штаб армии не имел о нем достоверных сведений...

Однако в Восточно-Прусской операции 4 августа — 1 сентября 1914 года участвовала не только 1-я армия Ренненкампфа, но и 2-я армия генерала Самсонова. Ее войска 4 августа выступили с рубежа на реке Нарев, совершили трудный марш-маневр и 7 августа перешли государственную границу России, вторгнувшись на территорию Восточной Пруссии. Самсонов 12 августа отдал приказ, смысл которого сводился к тому, что войска 2-й армии должны продолжать наступление на фронте Остероде — Алленштейн.

Кавалерия при этом занимала следующие позиции. На стыке позиций 1-й и 2-й армий находились 1-я кавдивизия генерала Ромейко-Гурко. На правом фланге 2-й армии у Бишофсбурга наступала 4-я кавдивизия, на левом фланге, у Сольдау — 6-я и 15-я кавдивизии.

Судьба 2-й армии оказалась трагичной. Сначала боевые действия разви-

Солдаты гвардейской кавалерии в 1896—1914 гг.

1. Урядник лейб-гвардии Атаманского полка в парадно-строевой форме. 2. Рядовой лейб-гвардии Атаманского полка в парадно-строевой форме. 3. Урядник лейб-гвардии Сводно-Казачьего полка (первая сотня уральских казаков) в парадной форме. 4. Рядовой лейб-гвардии Сводно-Казачьего полка (первая сотня уральских казаков) в обыкновенной форме. 5. Рядовой лейб-гвардии Конногренадерского полка в парадной форме. 6. Рядовой лейб-гвардии Конногренадерского полка в парадно-строевой форме. 7. Унтер-офицер лейб-гвардии Уланского Ея Величества полка в парадной форме. 8. Рядовой лейб-гвардии Уланского Ея Величества полка в парадной форме. 9. Унтер-офицер лейб-гвардии Драгунского полка в парадной форме.

вались успешно для русских, но потом немцы, перегруппировав войска, подготовили контрудар. 18 августа вынужден был отойти от Бишофсбурга наш 6-й армейский корпус. А 16 августа было замкнуто кольцо окружения вокруг 13-го и 15-го армейских корпусов и 2-й пехотной дивизии 23-го корпуса. Всего было окружено около 30 тысяч человек и 200 орудий в районе Комусинского леса. В ночь на 17 августа генерал Самсонов застрелился у фермы Каролиненгоф.

В боях у Алленштейна, Сольдау, Пассенгейма, где войска 2-й армии отбивались от наступающих немцев, конница особой роли не играла. В составе армии было всего 3 кавдивизии. Вместе с пехотой и артиллерией они прошли трудный боевой путь. Командование Северо-Западного фронта отдало приказ об отводе войск 1-й и 2-й армий. 1-я армия отходила за Средний Неман, 2-я — за Нарев. Сформированная в начале сентября 10-я армия оборонялась на реке Бобр. Восточно-Прусская операция завершилась.

Одновременно с ней крупные боевые действия проходили на Юго-Западном фронте. Здесь развернулась

знаменитая Галицийская битва (5 августа — 13 сентября), в которой участвовали значительные силы как русской, так и австро-венгерской кавалерии. К началу сражения русские конники были равномерно распределены по всему фронту: по 3 кавдивизии на каждую из четырех армий.

Интересно отметить то, что здесь конница действовала примерно так же, как и в Восточной Пруссии. При начале наступления она двигалась впереди армии, как бы прокладывая путь пехоте и ведя одновременно разведку противника. Так, например, очень удачно развивались события при Галич-Львовской операции, когда впереди войск 3-й армии генерала Рузского на правом фланге шла одна кавдивизия, на левом — две. Конница легко сбивала передовые австро-венгерские отряды. Наступление развивалось беспрепятственно, и за шесть дней армия прошла около 100 километров.

Была у кавалерии и другая задача. Дивизии, расположенные на левом фланге, обеспечивали прочную оперативную связь с соседней, 8-й армией генерала Брусилова. В этом случае использовали кавалерию как наиболее мобильный и подвижный род войск.

На крайне левом фланге Юго-Западного фронта, у реки Збруч, в направлении населенных пунктов Городок и Каменец-Подольский 2—4 августа австро-венгерское командование предприняло попытку нанести русским упреждающий удар. Но он был отбит кавалерией 8-й армии. Этот эпизод весьма интересен с точки зрения тактики конницы в условиях новой войны. О нем очень подробно рассказал в своей книге участник боя, офицер 2-й Сводно-Казачьей дивизии Е. С. Тихоцкий.

Рано утром 4 августа 1914 года через реку Збруч переправилась и двинулась в глубь нашей территории 5-я дивизия австро-венгерской кавалерии под командованием генерала Фрорайха (4 гусарских гонведских полка). Эта дивизия входила в состав группы войск генерала Кевеша.

Солдаты гвардейской кавалерии в 1896—1914 гг.
1. Унтер-офицер лейб-гвардии Гусарского полка в парадной форме. 2. Рядовой лейб-гвардии Гусарского полка в парадной форме. 3. Унтер-офицер лейб-гвардии Уланского Его Величества полка в парадной форме. 4. Унтер-офицер лейб-гвардии Гродненского гусарского полка. 5. Урядник Собственного Его Величества Конвоя в обыкновенной форме. 6. Рядовой Собственного Его Величества Конвоя в обыкновенной форме. 7. Рядовой Собственного Его Величества Конвоя в парадной форме. 8. Урядник Собственного Его Величества Конвоя в парадной форме. 9. Унтер-офицер лейб-гвардии жандармского эскадрона.

Наступление противника не было неожиданным. Многочисленные разъезды 2-й Сводно-Казачьей дивизии генерала Жигалина давно наблюдали за австро-венгерской конницей, вступали в перестрелку с ее передовыми разъездами. Правильно было определено и направление главного удара: Сатанов-Городок. Из штаба 8-го армейского корпуса казаки получили подкрепление: батальон 14-го стрелкового полка с 2 пулеметами и 2 орудиями.

Сама же 2-я Сводно-Казачья дивизия состояла из четырех полков и артдивизиона. В донскую бригаду входили 16-й и 17-й Донские полки, в кавказскую —1-й линейный полк Кубанского войска и 1-й Волгский полк Терского войска (всего 24 сотни, 8 пулеметов и 12 конных орудий).

Бой начался около 2 часов дня. Сначала это была артиллерийская дуэль. Затем австрийцы, спешившись, повели наступление на Городок при поддержке артиллерии и пулеметов. Русские встретили наступление метким ружейным и артиллерийским огнем. Канонада длилась более двух часов, но продвинуться вперед противник не смог. Может быть, поэтому генерал Фрорайх решился на массированную конную атаку.

«Дивизион развернулся тремя эшелонами,— писал Тихоцкий.— Три эскадрона шли уступами, один за другим, имея расстояние между собой в 200 шагов. Стройные линии венгерских гусар в яркой форме мирного времени представляли красивое зрелище. Оренбургские батареи, заметив атаку, перенесли огонь по атакующей коннице, и впереди скачущих линий появились дымки разрывов шрапнели. Но невзирая на артиллерийский огонь, гусары широким галопом продвигались вперед, сохраняя полный порядок. Всадники, потерявшие коней, быстро поднимались с земли, собирались в цепи и наступали пешком за дивизионом. Австрийская артиллерия, поддерживая атаку, сосредоточила огонь по пехотной позиции... Из наших окопов не раздавалось не единого выстрела. Стрелки, положив винтовки на бруствер, спокойно ожидали врага на дистанцию прямого ружейного выстрела. Когда гусары подошли на 900—1000 шагов, по приказанию полковника Кузьмина по всей линии окопов был открыт пачечный ружейный и пулеметный огонь.

Гусары дрогнули, стали падать люди и лошади, линии спутались, и порядок движения нарушился. Не выдерживая огня, всадники стали сбиваться в кучи и частью поворачивали назад, частью сворачивали вправо и еще некоторое время продолжали скакать в беспорядке вдоль фронта, устилая поле телами людей и лошадей. В течение короткого времени линии гусар почти совершенно растаяли, скошенные фронтальным и фланговым огнем...»

Так развивались события в центре позиций. На правом же фланге произошла рукопашная стычка. Два эскадрона австрийских гусар встретились с двумя сотнями 1-го линейного полка. Оба противника развернулись в линии (казаки — в лаву) и галопом помчались друг на друга. Казаки на ходу стреляли из винтовок, но, сблизившись до расстояния в 400 шагов, забросили винтовки за спины и ударили «в шашки» на гусар. Гусары приняли атаку.

Смешавшись, конники с ожесточением рубили друг друга. Гусары оказались окруженными со всех сторон и в меньшинстве. Они отступили, оставив на поле боя своих изрубленных командиров эскадронов ротмистров Кеменя и Микеша. У казаков были раненые и убитые: около 30 человек.

Общие потери австро-венгерской кавдивизии после атаки на Городок составили 500 человек убитыми и 150 ранеными. В полном расстройстве дивизия была отведена в тыл. Общие потери 2-й Сводно-Казачьей дивизии и в ротах 14-го стрелкового полка не превышали 60 человек, причем половину этих потерь дали две сотни 1-го линейного полка Кубанского войска, рубившиеся с гусарами в поле. Пехота и большая часть кавалеристов, которые были спешены, находились в окопах и на оборудованных огневых точках. Артиллерийский, пулеметный и ружейный огонь противника особой меткостью не отличался и почти не причинил им урона.

Тихоцкий назвал атаку австро-венгерской легкой кавалерии блестящей. Действительно, она продемонстрировала отличную выучку и безоглядную смелость. Лет 20 назад, до изобретения пулеметов и массового распространения магазинных винтовок, эта атака вполне могла увенчаться успехом и не привести воинскую часть к уничтожению. Однако, несмотря на эти результаты, не только венгерские гусары отличались приверженностью к традиционным, овеянным славой фронтальным конным атакам в развернутых и сомкнутых строях.

Кавалергарды и конногвардейцы в такой атаке пытались взять немецкие позиции под Каушеном. Сам Тихоцкий во главе своей сотни 1-го линейного полка у деревни Джурин во время наступления 8-й армии на Ходоров — Галич 10—12 августа 1914 года тоже штурмовал вражескую батарею, ворвался в нее и захватил 4 орудия.

По воспоминаниям кавалерийских офицеров — в конце 1914-го, в 1915 году в такие атаки бросались и другие полки русской конницы и добивались успеха. Тверской драгунский — на Кавказском фронте, против турецкой пехоты, сидящей в окопах, лейб-гвардии Гродненский гусарский — близ местечка Ополье на австрийскую пехоту и конницу; Нижегородский драгунский — на конноартиллерийские ба-

Офицер, рядовой и литаврщик драгунского полка в парадной форме, 1914 год.

тареи и их прикрытие. Не менее удачными были и атаки целых дивизий: 2-й Сводно-Казачьей дивизии генерала Павлова — на австрийскую пехоту; 10-й кавдивизии генерала графа Келлера — против 4-й кавдивизии австрийцев у деревни Ярославицы.

Вместе с тем историограф 12-й кавдивизии под командованием генерал-майора барона Маннергейма Э. Г. фон Валь, описывая боевые действия на Юго-Западном фронте в 1915 году, сообщает о нескольких таких атаках, которые были отбиты с большим уроном для полков этой дивизии. «Для развертывания кавалерии нужно было под губительным огнем пройти по открытому спуску местности не менее 300 метров, затем — через узкий мост и, наконец, развернуться и атаковать по ровной, как стол, и открытой местности три цепи германской пехоты,— сообщает фон Валь.— Ввиду малой надежды на успех барон Маннергейм просил отменить приказание... Однако приказание не было отменено... Все же, оттянув атаку до сумерек, барон Маннергейм бросил в промежуток меж-

ду лесами 6 эскадронов Белгородского уланского полка и 2 сотни Кабардинского туземного полка, а также эскадрон Ахтырских гусар под общей командой полковника Чигирина...» *

На исходе первого года войны генералы уже задумывались о том, будет ли надежда на успех и какой ценой этот успех может быть оплачен. Они стремились прибегать к каким-то военным хитростям и уловкам, лишь бы не подставлять конницу под пулемет-

ный огонь, который выкосит эскадроны прежде, чем они успеют доскакать до противника.

Приспосабливаясь к новым условиям войны, кавалерия искала новый способ действий на поле боя и осваивала тактику пехоты. Все чаще в документах этой эпохи, в мемуарах современников стали встречаться указания на то, что конница, прибыв к месту сражения верхом, затем спешивалась и вела наступление в цепях или же залегала, окапывалась, вступала с противником в длительные перестрелки.

Вот описание «набега на Дембовый Рог» (Северо-Западный фронт), совершенного в феврале 1915 года двумя

эскадронами лейб-гвардии Кирасирского Его Величества полка вместе с ротой пехоты и 12 казаками 3-го Донского полка под общим командованием ротмистра Сахновского, лейб-кирасира. Интересно отметить тот факт, что перед рейдом кавалеристы по приказу командира 1-й гвардейской кавдивизии генерала Казнакова сняли с сапог шпоры, пики и шашки оставили на биваке, но зато взяли с собой шесть ручных пулеметов.

К Дембову Рогу, фольварку, расположенному в ближнем тылу немцев, отряд подошел ночью, чтобы осуществить нападение внезапно. Но немецкие караулы все же заметили русских.

---

* Э. ф о н В а л ь. Действия 12-й кавалерийской дивизии в период командования ею свиты Его Величества ген.-майора барона Маннергейма. Таллинн, 1936, с. 21.

Тогда офицеры решили штурмовать фольварк немедленно.

«Цепям 4-го эскадрона пришлось разворачиваться бегом; на голом льду люди поминутно скользили и падали. Из фольварка послышались сначала одиночные выстрелы, а затем все учащавшаяся ружейная стрельба. На минуту вмешался в нее и застрекотавший пулемет, но быстро стих. Пехотинцы начали было ложиться, но справа послышался зычный голос корнета Ломакина: «Цепь вперед! Ура!» Шедшие с ним пулеметчики разом, не ложась, открыли огонь из ружей-пулеметов. Мгновенно и лейб-кирасиры, и пехотинцы кинулись вперед...» *

В рукопашной схватке фольварк был взят, причем лейб-кирасиры очень умело действовали винтовками с примкнутыми штыками. В руки нападавших попали два тяжелых орудия и две запряжки к ним по 4 лошади каждая. Через час немецкая пехота двинулась в контратаку на Дембовый Рог. Лейб-кирасиры и пехотинцы, окопавшись в снегу вокруг строений, отбили нападение. Здесь свою роль опять-таки сыграли ручные пулеметы.

Перед рассветом отряд покинул фольварк, сумев вывезти из него свои трофеи — тяжелые орудия — по лесной дороге, проходившей через болото. К 11 часам утра бойцы ротмистра Сахновского были уже в расположении своих войск. Полк встретил их громким: «Ура!»

Кроме таких рейдов, конница зимой 1914/15 года несла на фронте свою обычную службу: сторожевое охранение, разведка, оперативная связь на стыках армий. Служба эта была очень тяжелой, что не могло не сказаться на состоянии конского состава.

Впрочем, о большом изнурении лошадей сообщалось уже после Восточно-Прусской операции и Галицийской битвы. Но особенно трудной для кавалерии оказалась Варшавско-Ивангородская операция 15 сентября — 26 ок-

* Гоштов Г. Кирасиры Его Величества в великую войну. Париж, 1942, ч. II, с. 35—36.

тября 1914 года. Она закончилась победой русских, и конница принимала в ней самое деятельное участие.

Так, разведку на левом берегу Вислы до устья Пилицы на Новорадомск, Бреславль осуществлял конный корпус генерала Новикова. Ведение разведки севернее этой линии возлагалось на конницу Варшавского отряда генерала Ользовского. Уральской казачьей дивизии, направленной к Ивангороду ле-

Офицер, рядовой и трубач уланского полка в парадной форме, 1914 год.

вым берегом Вислы, вменялось в обязанность поддерживать тесную связь с корпусом Новикова и вести наблюдение в западном направлении и на Радом «с целью своевременно обнаружить движение противника к Висле».

В общем, конница снова находилась на самых передовых рубежах. Она не только вела интенсивную разведку, но и прикрывала стратегическую перегруппировку крупнейших войсковых соединений (2-я, 4-я, 9-я, 5-я армии), готовившихся к сражениям с немцами. Кроме того, корпус Новикова, например, имел задание, действуя на участке Ченстохов — Краков, еще и задерживать наступление противника.

Корпус с этим заданием справился, хотя и трудности кавалеристы испытали огромные.

«Целый день марша, с боями зачастую, поздний приход на ночлег, расположение под открытым небом или, как верх благополучия: 2—3 двора на эскадрон, раннее выступление,— как все это было далеко от того, что требовалось уставами мирного времени для сохранения конского состава! Зачас-

тую приходилось не только не чистить лошадь, но и даже не расседлывать таковую, оставляя ее все время в полной боевой готовности. Запасы фуража добывались исключительно из местных средств. Учитывая начальный период войны, а также действия на флангах, где не было значительных сил пехоты обеих сторон, местные средства пока не были еще истощены и лошади получали усиленную дачу. Конский состав дивизии, хотя и подбился на такой работе, однако все тянул еще свою лямку. Из полков быстрее всего начал сдавать казачий полк, что объяснялось меньшим уходом за лошадьми со сто-

роны казаков и более слабым составом лошадей...»

Так вспоминал о начале Варшавско-Ивангородской операции Б. Шапошников, служивший в 14-й кавдивизии, которая входила в состав конного корпуса генерала Новикова. Однако ситуация еще более осложнилась, когда разгорелись крупные сражения.

«Быстрота немецкого наступления к Висле,— пишет Б. Шапошников далее,— требовала таких же подвижных маневров от нашей конницы. Переходы по 30—40 верст были частыми для главных сил дивизии, в то время, как разведывательные части их делали не менее 60—80 верст, а то и 100 верст

в день. Действия сначала развивались в пересеченной местности Сандомирской возвышенности, а затем, хотя и перекинулись в более равнинную местность, но зато протекали в условиях неблагоприятной погоды. О дневках мечтали как о чем-то несбыточном. Операции шли настолько быстро, что, конечно, вполне право было командование, отказавшее коннице в переброске ее по железной дороге под Варшаву из-под Люблина, ведь железные дороги были заняты перевозкой более нужной пехоты. Условия размещения на отдых — открытое небо как нормальный вид расквартирования. Местные средства уже шли на убыль, а об организации подвоза фуража никто из высшего командования и не подумал. Дивизии по собственному почину из обозов своего 2-го разряда начали формировать особые транспорты... При таких условиях конский состав корпуса, с которым он вышел на войну, все более и более выбывал из строя. Приходившие же эскадроны пополнения сидели на таких же не втянутых в работу лошадях, что выбывали из строя гораздо скорее истомленных уже войной старых рядовых лошадей. «Кровные» лошади офицерского состава в большинстве своем быстро выбыли из строя. Нужно лишь заметить, что, по личным наблюдениям, хорошо переносила тяготы войны тракененская порода... В 20-х числах октября, ко времени операций корпуса под Калишем, конский состав дивизий был настолько изнурен, что мечтать о каких-либо конных атаках по размокшей от дождей почве совершенно не приходилось...» *

Такой же трудной для кавалерии была следующая грандиозная операция на восточноевропейском театре военных действий — Лодзинская (29 октября — 6 декабря). Конный корпус генерала Новикова в это время находился на левом крыле 5-й армии и принял участие в кровопролитных и упорных боях у города Лодзь в начале ноября. Гвардейский конный корпус входил в состав 4-й армии генерала Эверта. В конце ноября (24-го числа) он выдержал бой на реке Грабовке, где его спешные эскадроны вырыли окопы — одиночные и взводные — и отбивались от атак германской и австрийской пехоты, поддержанных ураганным артиллерийским огнем. Севернее, у железной дороги Познань — Варшава и у реки Варта действовал Кавказский кавалерийский корпус.

В Лодзинской операции германское командование рассчитывало нанести решительное поражение русским армиям. Но несмотря на первоначальный

успех, эта цель все же не была достигнута. Стойкость русских войск разрушила все планы...

О потерях этого периода войны можно судить по тому, что в полках гвардейского конного корпуса, после Лодзинской операции отведенного на отдых, оставалось по пять рядов во взводе, то есть по десять всадников, и примерно по 40—60 всадников в эскадроне. Кадровому составу полков,

Офицер, рядовой и знаменосец Гусарского полка в парадной форме, 1914 год.

состоящему из прекрасно обученных кавалеристов, был нанесен большой ущерб.

Описывая жизнь Кавалергардского полка во время отдыха и приема исполнения, В. Н. Звегинцов отмечает: «Конных занятий велось сравнительно мало. Особое внимание было обращено на пеший строй: перебежки, самоокапывание, кидание ручных гранат...» Были и другие нововведения, приближавшие кавалерию к пехоте. Например, офицеры получили свистки, и стрельбу из винтовок солдаты должны были открывать только по свистку.

В первые месяцы суровые уроки получила не только русская конница, но

---

* Шапошников Б. Конница (Кавалерийские очерки). М., 1923, с. 220—221.

и ее противники. Кавалерия всех европейских стран рассчитывала на то, что будет побеждать своих врагов в скоростных атаках, в развернутых строях, нанося удар в основном холодным оружием. Поэтому в Германии, Австро-Венгрии, Франции, России стремились иметь в строю высококровных, быстроаллюрных и рослых лошадей, тщательно учили всадников владению саблей и пикой. Такая конница участвовала

в операциях 1914 года как на восточноевропейском, так и на западноевропейском театрах войны, где понесла сокрушительные потери.

Русская кадровая кавалерия, превосходно обученная, сидящая на рослых, по полковым мастям подобранных лошадях, дивизиями ходившая на учениях полевым галопом, не теряя равнения и дистанции,— эта кавалерия осталась на полях Галиции — в августе, у берегов Вислы — в октябре и ноябре, в снегах Восточной Пруссии — в декабре.

Но крупные стратегические операции начального периода первой мировой войны не принесли окончательной

победы ни одной из сторон, хотя стоили больших потерь и гигантского напряжения сил всем странам. Военные действия затягивались, и конница постепенно становилась другой.

Прежде всего, довольно быстро был исчерпан запас лошадей, годных к строю по инструкциям мирного времени: высококровных, быстроаллюрных, с красивым экстерьером. В полки стали поступать лошади русской деревни: неказистые, но выносливые, приученные к неприхотливому уходу и скудному кормлению. Не было в кавалерийских полках и возможности доводить до совершенства навыки верховой езды у вновь призванных солдат,

ведь для этого требовалось гораздо больше времени, чем для подготовки в пехоте. Да и военные будни показывали, что не только это решает теперь исход боя, будь то фронтовая операция с участием десятков тысяч людей или же короткая схватка конных разъездов на дороге.

Выполняя свой долг, конница участвовала в операциях 1915 года: Августовской, Карпатской, Горлицкой, Наревской, Риго-Шавельской. Функции ее были все те же: разведка, сторожевое охранение, оперативная связь между соединениями, прикрытие войск. Вместе с пехотой ходила в атаки, отбивала нападения, обороняла рубежи.

«Русская конница была достойным противником,— писал один из немецких генералов.— Ее дозоры и разъезды появлялись всюду и умели хорошо применяться к местности. Русская конница умела отлично укрываться. Умела незаметно для противника выйти из боя и замаскировать свое отступление... Русская конница никогда не избегала ни пешего, ни конного боя. Русские часто бросались в атаку на наши пулеметы и орудия даже тогда, когда эта атака была заранее обречена на неудачу, и не считались ни с силой нашего огня, ни с теми потерями, которые они несли... Русские часто и с большим успехом стреляли с коней. Впоследствии и наша конница переняла этот способ стрельбы...» *

Эти рисунки наглядно показывают различие в посадке, а следовательно, и в управлении лошадью в регулярной кавалерии и в казачьих войсках. Для кавалерии характерно управление лошадью при помощи корпуса, поводьев и шенкелей. При этом особое значение

имеют шенкеля — внутренняя часть ноги всадника от колена до щиколотки. Шенкеля должны плотно прилегать к бокам лошади, а пятка должна быть ниже носка. Стремена пригоняются так, чтобы у всадника, приподнявшегося на стременах и выпрямившего ноги, расстояние между ним и седлом было величиной в ладонь.

При езде на казачьем седле с подушками и чрезседельным троком голени всадника уходят назад, а сам он гораздо выше приподнят над спиной лошади. Воздействие шенкелей на лошадь при этом значительно уменьшается. Поэтому казаки управляют своими лошадьми в основном уздечкой, наклонами корпуса и нагайкой, которая служит средством понуждения и наказания. На месте и на шагу казаки мало упираются на стремена, зато на рыси им приходится подаваться корпусом вперед, сильнее сгибать ноги в коленях и упираться в стремена. На галопе упора на стремена почти не требуется, и всадник глубоко садится в седло.

* О. фон Прозек. Немецкая кавалерия в Литве и Курляндии. 1914—1915 гг. Цитата дана по книге В. Звегинцова «Кавалергарды в великую и гражданскую войну. 1914—1920 гг.». Париж, 1936, с. 219.

Рядовой армейской кавалерии в походной форме. Строевая кавалерийская посадка на рыси. Рядовой кавказских казачьих полков в походной форме. Строевая казачья посадка.

Вместо заключения

Когда грянули революционные события 1917 года и старая армия была распущена, то вместе с другими разъехались по домам и кавалеристы: рядовые, унтер-офицеры, офицеры. В Первом корпусе Рабоче-Крестьянской Красной Армии, созданном в январе 1918 года, особой нужды в коннице не испытывали. Его костяком стали три пехотные роты по 200 человек каждая. Так что в боях с немцами 23 февраля 1918 года, от которых ведет свое начало Советская Армия, конники не участвовали.

Однако вообще о коннице и о казаках, в частности, правительство большевиков позаботилось сразу. Председатель Совнаркома В.И.Ленин 9 декабря 1917 года подписал «Обращение к трудовому казачеству». В нем был дан ответ на главные для казаков вопросы. Во-первых, отменялась их обязательная и постоянная военная служба, во-вторых, государство принимало на себя все расходы по их снаряжению, вооружению и обмундированию, в-третьих, устанавливалась полная свобода их передвижения, отменялись занятия в лагерях, военные сборы и т.д. и т.п.

«Обращение» сыграло огромную роль в деле привлечения казаков на сторону Советской власти. В Петрограде представители казачьих частей собрались на совещание и решили создать революционные отряды из 5-й Кавказской казачьей дивизии, 1-го, 4-го и 14-го Донских полков и отправить их на Дон, Кубань и Терек для разгрома контрреволюции и установления власти трудового народа.

В числе первых перешел на сторону Советской власти 32-й Донской полк, в котором офицером служил Ф. К. Миронов. Казаки выбрали его командиром и двинулись на Дон для борьбы с белоказачьими отрядами генерала Каледина.

Успешно шло формирование красных казачьих частей на Украине. Здесь отличился В. М. Примаков, создав первый полк Червоного казачества из отряда рабочих и солдат 2-го петлюровского полка. Уже в январе 1918 года красные казаки участвовали в освобождении Полтавы от гайдамаков и белогвардейцев, затем двинулись на Киев и освободили его, вытеснив войска Петлюры.

На Кубани красногвардейские отряды и революционные части 39-й казачьей дивизии в середине марта 1918 года освободили от белоказаков Екатеринодар (ныне Краснодар). Неоднократные попытки генералов Корнилова и Покровского захватить столицу Кубани были отбиты. Здесь успешно действовали конные отряды под командованием Кочубея, Мироненко, Воронова. Красные кавалеристы смогли атаковать конную бригаду генерала Эрдели и отбросить ее от города...

Итак, после 1917 года русская конница, конечно, не могла исчезнуть, раствориться в воздухе. Прекратили существование лишь ее полки, но кадры, подготовленные в этих полках, прошедшие школу первой мировой войны, остались. Гражданская война расколола их, как и все общество, на два враждующих лагеря. Одни кавалеристы (как Миронов) приняли революцию. Другие (как Врангель, Каледин, Краснов, Эрдели) выступили против нее. В 1918—1921 годах на просторах Сибири, в приазовских и причерноморских степях, на равнинах России и Украины развернулись сражения, в которых большую роль суждено было сыграть красным и белым конным полкам, дивизиям, корпусам, армиям. По сути дела, история русской кавалерии еще продолжалась, но приобрела трагические краски внутри национального конфликта.

Вначале большевики и их военные советники, умудренные опытом позиционного периода первой мировой войны, когда конница вместе с пехотой воевала по преимуществу в окопах, не считали жизненно необходимым формирование крупных частей кавалерии. Они полагали, что век кавалерии кончился, и ее с успехом заменят автомобили, броневики, бронепоезда, танки, самолеты.

Приказом РВС Республики от 13 ноября 1918 года, которым устанавливались штаты стрелковых дивизий РККА, конница должна была существовать при них в виде кавдивизионов, предназначенных для разведки и сторожевого охранения, не более того. Но в декабре этого года решили все-таки сформировать кавалерийские дивизии по три бригады каждая. Общая численность красной конницы в это время немного превышала 25,3 тысячи сабель на фронте и 1,7 тысячи сабель в военных округах. В январе 1919 года в действующих армиях насчитывалось до 40 тысяч сабель, что составляло около 11 процентов от общей численности сухопутных частей, находившихся на фронтах.

Надо заметить, что организация красной конницы встречала большие трудности. Во-первых, не хватало людей, умеющих хорошо ездить верхом, поскольку научить этому за короткий срок было невозможно. Во-вторых, не было командиров, способных сформировать, обучить и повести в бой кавалерийские отряды. В-третьих, ощущался недостаток верховых лошадей, так как районы традиционного коневодства уже находились в руках белых. В-четвертых, неоткуда было взять вооружение и амуницию: сабли, шашки, драгунские винтовки, седла, подковы, гвозди для них и прочее.

Так, на Восточном фронте весной и летом 1919 года, воюя с Колчаком, большевики имели всего 10 тысяч сабель при 92 тысячах штыков. У колчаковцев по численности конницы было значительное преимущество: от 2,5 до 3,5 раза.

Командующий южной группой войск Восточного фронта М. В. Фрунзе пред-

принимал попытки создать здесь многочисленную и боеспособную стратегическую конницу. Но эти попытки успехом не увенчались, хотя и были конные полки (Северный кавполк — 200 сабель) и даже дивизии (3-я кавдивизия Туркестанской армии — 847 сабель), которые действовали достаточно энергично. Впоследствии численность красной конницы немного увеличилась: до 12 тысяч сабель в центре и на левом крыле Восточного фронта (июнь 1919 г.).

Есть в документах, например, упоминание о полке Красных гусар под командованием С. Г. Фандеева *. Создан он был из солдат и унтер-офицеров одного из гусарских полков старой армии. Полк отличился в боях за Невьянск, Ирбит, Камышлов в июле 1919 года. Под Камышловом Красные гусары сошлись в рукопашной схватке с Черными гусарами адмирала Колчака и вскоре обратили их в бегство. Кто знает, уж не бывшие ли однополчане рубились тут друг с другом, не зная страха и не испытывая жалости к поверженным...

Вопрос о создании мощной конницы стал вопросом жизни или смерти Советской власти немного позднее — во второй половине 1919 года. Именно к этому времени соотношение сил на Южном фронте сложилось в пользу белой армии генерала Деникина. Его войска вытеснили красных с Кавказа, Кубани и Дона, вошли на территорию Донецкого угольного бассейна, заняли Крым, значительную часть Украины и достигли железной дороги Грязи—Царицын. Причем огромное преимущество Деникин имел в коннице: у него было в это время 26 кавдивизий. Служить в них пошли казаки — донские, кубанские, терские. Те, которые в 1917 году, прочитав «Обращение к трудовому казачеству», в большинстве своем мирно разъехались по домам.

В чем же была причина столь резкого перелома в настроениях казачьей массы?

_____
* С о ш н и к о в А. Я. и др. Советская кавалерия. М., Воениздат, 1984, с.33—35.

Объяснение очень простое. Выполняя предписание письма ЦК РКП (б) от 29 января 1919 года, ревкомы на Дону рьяно занялись «расказачиванием». Под этим словом скрывалась организация массового террора, поголовного истребления «богатых казаков». Расстрелы сопровождались конфискацией хлеба и всех сельскохозяйственных продуктов. Эти меры, в сущности, были направлены на уничтожение казачества как целой группы населения. В ответ казаки в марте 1919 года подняли мятеж, пошли в армию генерала Деникина.

Это были готовые кадры для стратегической конницы: уже обученные, имеющие боевой опыт, снабженные оружием, амуницией, верховыми лошадьми и даже орудиями, которые казаки, как и все другое военное имущество, привезли домой после ликвидации старой армии. И такая стратегическая конница, способная выполнять самостоятельные задачи, как в отрыве от главных сил, в тылу противника, так и на фронте, у белых появилась. В августе Деникин сформировал большую конную группу из двух корпусов под командованием генерала Мамонтова. Впоследствии к ней был присоединен кавкорпус генерала Шкуро. Группа Мамонтова прорвала Южный фронт красных и в течение месяца действовала у них в тылу, захватив Тамбов, Козлов, Воронеж.

«Значение действий конных масс в условиях гражданской войны,— сообщалось в III томе «Истории гражданской войны», изданной в Москве в 1930 году,— было правильно учтено красным командованием из рейда Мамонтова. Этот рейд окончательно оформил решение о создании крупных масс красной конницы...»

Положение с конницей осенью 1919 года было настолько серьезным, что наркомвоен Лев Троцкий обратился к революционному народу с пламенным призывом: «Пролетарий, на коня!» Ему вторили «Известия ЦК РКП (б)» от 30 сентября 1919 года: «Помогайте строить кавалерийские части! Извле-

кайте коммунистов-кавалеристов, создавайте из них ячейки для советской кавалерии...»

Чтобы «извлечь» коммунистов-кавалеристов, были предприняты следующие меры. Партийным организациям предлагалось выделить из своей среды добровольцев-кавалеристов и направить их в распоряжение Политуправления Реввоенсовета Республики. Все коммунисты, служившие ранее в кавалерии, независимо от занимаемой должности, мобилизовывались и направлялись на укрепление красной конницы.

Местные партийные комитеты обязывались по телеграфу сообщать в ЦК партии поименные списки добровольцев-конников. В соответствии с указанием Центрального Комитета РКП(б) РВС осуществил ряд мероприятий по закупке для конницы лошадей, по увеличению производства и поставок в армию седел, шашек, амуниции, подков и подковочных гвоздей, пулеметных тачанок, повозок и прочего имущества, необходимого для экипировки конных частей.

Эта грандиозная кампания в партии, пропагандистская шумиха в прессе, а еще более — конкретные действия, например, по увеличению производства необходимых предметов амуниции и вооружения,— все это привело к нужному результату.

«Преодолевая на первых шагах невероятные затруднения... мы все же сравнительно быстро создали свои конкорпуса, которые смело вступили в единоборство с конными массами противника...» — вспоминал С.С.Каменев, с июля 1919 года бывший главнокомандующим Вооруженными Силами Республики.

К зиме 1919 года в составе Красной Армии уже действовали 2 конных корпуса, 3 отдельные дивизии и 10 отдельных кавалерийских бригад. В конце 1919 года численность конницы в советских сухопутных войсках составила 16 процентов, при этом половина всей кавалерии (31 тысяча сабель) действовала против Деникина.

Таким образом, теория о том, что конница отжила свой век, на некоторое время была забыта как красным, так и белым командованием. Почему же это произошло?

Дело в том, что гражданские войны имеют свои особенности. Во второй половине XIX — начале XX века они открывали перед конницей широкое поле деятельности и давали ей шансы стать решающей силой в сражении. Впервые эти особенности были выявлены и рассмотрены некоторыми военными специалистами в ходе войны между Севером и Югом в США в 1861—1865 годах.

В основном они сводились к следующему. Прежде всего при гражданской войне обычно отсутствует сплошная линия фронта, и вместе с тем фронт сильно растянут и не имеет глубоко эшелонированной обороны. Поэтому конница может легко прорывать его, совершать глубокие рейды по тылам противника, предпринимать обходные движения на флангах и т.п. Недостаток вооружения в войсках — другой важный фактор гражданских войн, и он, конечно, тоже помог кавалерии, которая сильно страдала от большой плотности огня в первой мировой войне. Третья особенность: значительное число плохо обученных, наспех сформированных частей, не отличающихся дисциплиной и подверженных панике при любой неудаче, отступлении, внезапном контрманевре противника. У таких неопытных пехотинцев атака конной массы, во весь опор несущейся вперед, неизменно вызывала ужас. Здесь кавалерия, по словам одного теоретика, «торжествовала одним своим видом», совсем как во времена Фридриха II или Наполеона.

К этому надо прибавить и особые географические (огромные степные пространства) и экономические (неразвитая сеть железных и шоссейных дорог, хозяйственная разруха) условия в нашей стране в то время.

При всех этих благоприятных факторах конница гражданской войны даже смогла вернуться к своей главной, испытанной столетиями тактике, забытой на фронтах первой мировой,— фронтальным атакам в развернутых строях с нанесением удара холодным оружием. Судя по мемуарам участников событий (Буденный С. Первая Конная на Дону. Ростов-на-Дону, 1969; Городовиков О. Воспоминания. Элиста, 1969; Ефимов Г. Действия Второй Конной армии в 1920 году. М., 1926; Шапошников Б. Конница гражданской войны. Статьи в журнале «Революция и война», 1921, № 6—7; Тюленев И. Советская кавалерия в боях за Родину. М., 1957), эта тактика получила просто массовое распространение в действиях как против пехоты, так и против конницы.

История гражданской войны знает грандиозные чисто кавалерийские схватки, когда многотысячные конные лавы красных и белых мчались друг на друга и, сойдясь на каком-нибудь открытом и ровном пространстве, яростно рубились шашками до полного изнурения людей и лошадей, теснили противника и потом преследовали его до тех пор, пока могли двигаться усталые кони. Подобного рода столкновения невольно вызывают в памяти бои кавалеристов в начале XIX века, в XVIII веке, а то и в XVII—XVI столетиях.

Такой была, например, Воронежско-Касторненская операция конного корпуса под командованием Буденного в октябре 1919 года, где красные имели 5,5 тысячи сабель, 0,5 тысячи штыков, 180 пулеметов, 26 орудий и 2 бронеплощадки (состав конкорпуса Буденного), а белые до 5 тысяч сабель, 2 полка пехоты и 7 бронепоездов (конкорпус генерала Шкуро) и около 4 тысяч сабель (конкорпус генерала Мамонтова). Во время нескольких, следовавших один за другим, боев красные нанесли поражение войскам Шкуро и Мамонтова.

Самое крупное за всю гражданскую войну встречное конное сражение произошло в ходе Северо-Кавказской операции в феврале—марте 1920 года. Здесь действовала белая конница генерала Павлова (10—12 тысяч сабель) и Первая Конная армия Буденного (10 тысяч сабель). На заснеженных полях между станицами Белая Глина и Среднеегорлыкская 25 февраля в единоборство вступили конные массы общей численностью до 25 тысяч всадников. Успех красной кавалерии во многом был предопределен ее внезапным появлением. Конница Павлова, утомленная трудным переходом, плохо вела разведку. Многие ее полки не успели развернуться для атаки, когда увидели перед собой лавы буденновцев. Но тем не менее бой был жестоким и упорным. В нем свою роль сыграли пулеметные тачанки красных, которые смело выносились вперед и с расстояния в 300—400 шагов расстреливали противника...

Когда завершилась гражданская война, такие боевые эпизоды позволили советским военным теоретикам торжественно провозгласить: «Кавалерия возродилась!»— и начать разрабатывать проекты ее использования в грядущих стратегических операциях вкупе с самолетами, танками, броневиками. Из этих построений вытекало, что без конницы ни авиация, ни бронетанковые войска на полях сражений хорошо действовать не смогут.

Красная конница в количестве 12 дивизий (в конце 20-х годов — около 77 тысяч сабель вместе с кавалерийскими училищами) была в основном размещена в приграничных военных округах. Начиналась ее история...

Многое в этой истории (кавалерия как род войск в Вооруженных Силах СССР была упразднена в середине 50-х годов) объясняется тем, что командиры красной конницы, а точнее говоря, Первой Конной армии, оказались у руля военной политики в государстве и долго не могли отрешиться от своих личных пристрастий и привязанности к тому роду войск, где прошла их боевая юность.

В европейских странах круто пересматривали военную доктрину, увеличивая удельный вес авиации, танков, автомобилей и другой техники. В СССР Генеральным штабом РККА в течение 1927—1931 годов был разработан пяти-летний план развития Вооруженных Сил, где утверждалось, что «решающими средствами будущего вооруженного столкновения являются: а) стрелковые войска с мощной артиллерией; б) стратегическая конница; в) авиация»*.

Временный полевой устав 1936 года, отмечая высокую подвижность конницы, оснащенной мощной техникой (с 1932—1934 годов в штаты кавалерийских соединений стали включать танковые полки, затем — зенитно-пулеметные взводы), утверждал ее самостоятельность как рода войск, способного вести все виды боя.

Воевать собирались на чужой территории, взломав оборону противника ударами подвижных соединений, основу которых составляла кавалерия (совсем как в годы гражданской войны). Эта теория глубокого прорыва имела могущественных сторонников в лице наркома обороны К. Е. Ворошилова и его ближайших помощников: С. К. Тимошенко, С. М. Буденного, Г. И. Кулика, Е. А. Щаденко и других военачальников, вышедших из рядов Первой Конной. Предупреждения других военных специалистов (например, Тухачевского) о том, что будущая война скорее всего станет «войной моторов», не были вовремя услышаны.

В 1935 году количество кавалерийских дивизий в Красной Армии увеличилось почти вдвое. Конников учили на галопе атаковывать танки и забрасывать их связками гранат, не останавливая походного движения, отстреливаться от авиации из станковых и ручных пулеметов.

Большие маневры, проведенные в середине сентября 1935 года в Киевском военном округе, показали, как сообщается в книге «Советская кавалерия», высокую боевую выучку кавполков и других соединений: «Учебно-боевые действия кавалерии проходили с большим напряжением, отличались динамичностью, умением кавалеристов применяться к местности, показали их

---

* Военно-исторический журнал, 1968, № 8, с. 105.

хорошую тактическую подготовку и натренированность, а также втянутость в походы конского состава...»* Учения в Белорусском военном округе в 1936 и 1937 годах также свидетельствовали о крупных успехах советской конницы в боевой и политической подготовке.

А до второй мировой войны оставалось всего два года...

Правда, в начале 1938 года кавалерийский энтузиазм несколько поутих. Расформировали восемь кавдивизий и две национальные кавбригады. Но конница по-прежнему представляла немалую величину в составе Вооруженных Сил.

Наступали другие времена, дыхание будущей большой войны ощущалось все сильнее и сильнее.

На Дальнем Востоке конникам (8-я Дальневосточная кавдивизия и 31-я кавдивизия) уже пришлось повоевать у озера Хасан. Затем, в начале 1939 года, одна советская кавбригада и несколько кавдивизий МНР участвовали в разгроме японских войск на реке Халхин-Гол.

В сентябре 1939 года Советская Армия отправилась в «освободительный поход» на Западную Белоруссию и Западную Украину, в апреле 1940 года — в Молдавию. Как и предполагалось ранее, в составе трех подвижных групп на Белорусском фронте была одна кавдивизия и два кавкорпуса, на Украинском фронте — три кавкорпуса (по две дивизии каждый). В Бессарабию и Северную Буковину в первом эшелоне двинулось два кавкорпуса.

По сути дела, никакого сопротивления войскам вторжения оказано не было. Наоборот, по свидетельству командира 6-го кавкорпуса А. И. Еременко, население всех этих областей радостно приветствовало советские части, которые «несли освобождение трудовому народу». Так что поход получился приятным, легким и кратковременным.

Зато печальные итоги советско-финляндского конфликта 1939—1940

годов заставили руководство страны по-настоящему призадуматься о грядущей войне и оценить подготовку к ней Красной Армии более объективно.

«Для многих конников пришло время расстаться с боевым конем. Обстановка требовала от командиров и бойцов-кавалеристов быстро переквалифицироваться на новые воинские специальности — танкистов, мотострелков...» — говорится в книге «Советская кавалерия».

В 1940 году в Западном Особом военном округе закончили свое существование три кавдивизии и один кавкорпус, в Ленинградском ВО — одна кавдивизия, в Киевском Особом ВО — кавкорпус и две кавдивизии, в Северокавказском ВО — две кавдивизии, в Московском ВО — одна кавбригада, на Дальнем Востоке — одна кавдивизия, в Забайкальском ВО — две кавдивизии.

До 22 июня 1941 года оставалось шесть месяцев. Не так уж много времени для того, чтобы расформировать одни части и сформировать другие, получить боевую технику (например, танки), обучить бывших конников водить тяжелые машины, стрелять из танковых пушек, проводить техническое обслуживание и ремонт.

Уцелевшие после реформы кавалерийские части были готовы встретиться с любым противником. Семь дивизий (из 13 оставшихся) дислоцировались в пяти западных приграничных округах, которым предстояло в самом ближайшем будущем стать ареной жестоких и кровопролитных сражений. Что могла противопоставить гитлеровской армии в них советская кавалерия?

По штатам того времени одна кавалерийская дивизия состояла из четырех кавалерийских и механизированных полков, отдельного конноартиллерийского дивизиона, зенитно-артиллерийского дивизиона и других специальных частей и подразделений. Личный состав 9240 человек, примерно 8 тыс. лошадей, 34 легких танка, 18 бронемашин, 32 полевых, 16 противотанковых

---

* С о ш н и к о в А. и др. Советская кавалерия. М., Воениздат, 1984, с. 151.

и 20 зенитных орудий и 64 миномета*. Было ли это штатное расписание заполнено? Судя по воспоминаниям современников, далеко не всегда. Так, в частности, Г. К. Жуков указывает, что дивизии имели перед войной в среднем по 6 тыс. человек.

Пока советские кавалеристы обживали новые районы квартирования вдоль новых западных границ, на западноевропейском театре военных действий уже шли бои. Ничего утешительного для конников в новостях, поступавших оттуда, не было. Довольно многочисленные конницы Польши и Франции, гордившиеся своими традициями, боевой выучкой и отличным конским составом, в ходе операций были быстро разгромлены германскими танковыми соединениями и авиацией. Оказалось, что атака кавалерии на танки с последующим забрасыванием бронированных машин связками гранат хорошо получается только на учениях. На поле боя конники просто не успевали доскакать до противника: их косили танковые пулеметы.

Нашей кавалерии тоже предстояло сражаться с танками.

В ночь на 22 июня 1941 года бойцы и командиры 6-й Чонгарской дивизии, расположенной в Западном Особом ВО, были подняты по тревоге и двинулись к государственной границе. Через час дивизия вступила в бой с немцами, наступавшими в направлении Ломжи. Шли 3-я и 2-я танковые группы врага, за ними двигались пехотные части 9-й и 4-й немецких армий.

Конники спешились и, заняв оборону на широком фронте, пытались остановить агрессора. Им на помощь подоспел 35-й танковый полк. Но силы были слишком неравны. Наши сильно поредевшие части (точных сведений о потерях нет) начали отход на Ломжу и Белосток.

36-я кавдивизия 22 июня должна была соединиться с 6-й Чонгарской дивизией, чтобы отразить наступление

немцев на Ломженском направлении. Конники выступили в поход ночью. Весь день их бомбила немецкая авиация, нанеся большой урон в людях и конском составе. Лишь к вечеру 36-я дивизия вышла в район Белостока. В это время 6-я кавдивизия уже давно вела бои восточнее Ломжи, а немцы продвинулись на 60—70 км в глубь Белоруссии и рвались к Минску.

Примерно так же складывалась обстановка и на Юго-Западном фронте. Командиру 3-й кавдивизии генералу М. Ф. Малееву было приказано 22 июня поднять части по тревоге и направить их к государственной границе, в район Порхача. Первым вступил в бой 158-й кавполк этой дивизии. К девяти часам утра к Порхачу подошли 34-й кавполк и 44-й танковый полк. Три спешенных эскадрона 158-го полка под командованием подполковника Я. И. Бровченко атаковали противника, а эскадрон капитана А. Г. Дзимистаршвили в конном строю зашел гитлеровцам во фланг. Кавалеристы зарубили до трех десятков солдат противника, заставив немцев приостановить на время атаки. В этой схватке пал смертью героя капитан Дзимистаршвили. Гитлеровцы, несмотря на потери, все же смогли продвинуться на 20—25 км вперед на стыке между двумя армиями: 5-й и 6-й, в состав которой входила 3-я кавдивизия...

Из множества подобных сообщений с Западного, Юго-Западного и Южного фронтов, датированных 22—25 июня 1941 года, складывается общая картина доблестных действий советской кавалерии. Она пожертвовала собой. Огромные пехотные армии были не отмобилизованы и находились далеко от направления главных ударов врага, значительную часть авиации немцы разбомбили на аэродромах, танки стояли без горючего и снарядов. А кавалерийские дивизии, всегда находившиеся в большей мобилизационной готовности, чем пехота или артиллерия, раньше других войск бросились на защиту государственной границы, вступив в схватку с превосходящими силами противника. Кадровые части нашей конницы, осо-

---

* ЦГАСА, ф. 34912, оп. 2, д. 278, л. 21.

бенно те, что находились на территории Белоруссии и Украины, в сущности, были уничтожены в яростных боях первых трех-четырех дней немецко-фашистского вторжения.

Приграничные сражения показали, что конница при отсутствии танков и авиации может сыграть большую роль. Срочно приступили к формированию новых кавдивизий. Летом и осенью 1941 года в действующую армию было направлено около 500 тыс. кавалеристов. К концу года в РККА насчитывалось 82 кавдивизии так называемого легкого типа, то есть без дивизионов артиллерии, танков, противотанковых и зенитных средств. Их попросту негде было взять. Солдаты и офицеры, пришедшие из запаса, получили шашки, винтовки и пулеметы, станковые и ручные. Лошадей изъяли в конных заводах, на фермах и в колхозах. Каждый кавполк имел четырехорудийную батарею (калибр 76 мм) и два орудия 45-мм калибра для защиты от танков. С этим и шли в бой.

Лето, осень и зима 1941 года — время активных действий конницы. Чтобы как-то замедлить темп наступления гитлеровцев, кавдивизии бросали в рейды по тылам противника. Например, в конце июля на шоссе Минск — Смоленск два дня действовала группа из 32, 43 и 47-й кавдивизий; группа из 21-й горнокавалерийской и 52-й кавдивизий в начале августа три дня продержалась у Рославля, ведя бой с частями 3-й танковой армии Гудериана и уничтожив 16 танков и 40 автомашин; девять суток воевали в тылу немцев, пройдя по лесам и болотам Смоленщины около 300 км, конники 50-й и 53-й дивизии в конце августа 1941 года. Рейды заканчивались примерно одинаково: жестокие бои в окружении и сообщение о том, что прорваться к своим смогла небольшая группа бойцов и командиров.

Заснеженные поля Подмосковья в ноябре — декабре 1941 года — еще одно место на карте нашей страны, где конница билась с врагом до последнего человека. Не было в РККА в это время крупных танковых и механизированных соединений, и надеялись опять на человека на коне, вооруженного винтовкой и шашкой. Ставка сосредоточила для отражения ударов на московском направлении следующие кавалерийские части: у Солнечногорска, Кимр и Талдома — 17, 18 и 20-ю горнокавалерийские дивизии, 24, 44, 46, 54, 82-ю кавдивизии; в район Рязани подходили 57, 75, 93 и 91-я кавдивизии. С Украины двигались эшелоны с частями 5-й и 9-й кавдивизии. Общая численность конницы составила 50 тыс. человек.

Были и тут смелые рейды. Наиболее известны действия 2-го гвардейского кавкорпуса генерал-майора Л. М. Доватора. В середине декабря 1941 года его корпус вышел в тыл частям 4-й немецкой армии, чтобы громить ее коммуникации и содействовать наступлению нашей 5-й армии на Рузу. На восточном берегу реки Рузы корпус встретил сильное сопротивление. Опрокинуть врага решили лихой кавалерийской атакой, и Доватор лично повел бойцов вперед. В этом бою он был убит...

Конница и в дальнейшем принимала участие во всех крупных операциях Великой Отечественной войны. Например, в Сталинградской битве отличились три кавалерийских корпуса: 3-й гвардейский (командир генерал-майор Плиев, позднее — генерал-майор Осликовский), 8-й (командир генерал-майор Борисов) и 4-й (командир генерал-майор Шапкин). Солдаты и офицеры 8-го кавкорпуса, преобразованного в феврале 1943 года в 7-й гвардейский, одними из первых вступили в Бранденбург, участвовали в штурме Берлина.

143 конника за годы войны были удостоены звания Героя Советского Союза, многие тысячи награждены орденами и медалями. Но с 1942 года, пожалуй, коннице уже не приходилось заменять бронетанковые и авиационные части.

Завершая этот краткий обзор, нельзя не сказать и о том, что немало советских военачальников, командовавших в годы Великой Отечественной войны крупными соединениями, начинали свою службу в кавалерии. Первое место в этой плеяде по праву принадлежит Г. К. Жукову.

Он был призван в армию в 1915 году в возрасте 19 лет. Через два года Жуков — уже младший унтер-офицер 10-го драгунского Новгородского полка, награжденный за подвиги на фронтах первой мировой войны двумя солдатскими Георгиевскими крестами. В Красную Армию Георгий Константинович вступил в 1918 году, воевал на Восточном, Западном и Южном фронтах сначала рядовым конником, потом командиром взвода. В 1921 году Жуков участвовал в подавлении крестьянского восстания Антонова на Тамбовщине, будучи командиром эскадрона в 14-й отдельной кавбригаде. За смелые действия против восставших он получил свою первую советскую награду — орден Красного Знамени.

В 1924 году в возрасте 28 лет Жуков стал командиром 39-го Бузулукского кавполка, через семь лет он командовал кавбригадой, затем кавдивизией и кавкорпусом, был помощником инспектора кавалерии РККА.

В 1925 году Г.К. Жуков окончил ККУКС — Кавалерийские курсы усовершенствования командного состава, — где по-настоящему увлекся конным спортом. «Часто у нас устраивались конноспортивные соревнования, на которых всегда бывало много ленинградцев, — писал он в книге «Воспоминания и размышления» (Москва, АПН, 1974 г.).— Особенной популярностью пользовалась наша фигурная езда, конкур-иппик и владение холодным оружием, а летом — гладкие скачки и стипль-чез. Во всех этих состязаниях непременными участниками были мы с К.К. Рокоссовским, М.И. Савельевым, И.Х. Баграмяном и другими спортсменами ККУКС...»

Кавалеристами также были: Маршалы Советского Союза И. Х. Баграмян (в 1923—1931 годах — командир кавполка, в 1934—1936 годах — начальник штаба кавдивизии); П. Ф. Батицкий (в 1929 году — выпускник кавшколы, командир эскадрона); А. А. Гречко (в 1920 году — рядовой Первой Конной армии, в 1926 году — выпускник кавшколы, затем командир взвода, эскадрона, в 1938 году — начальник штаба Особой кавдивизии); А. И. Еременко (в 1919 году — помощник командира кавполка в Первой Конной армии, в 1923 году — выпускник Высшей кавалерийской школы, в 1929 году — командир кавполка, в 1938 году — командир 6-го кавкорпуса); Р. Я. Малиновский (в 1930 году — начальник штаба кавполка, затем начальник штаба 3-го кавкорпуса); К. А. Мерецков (с 1922 по 1924 год — начальник штаба кавдивизии); К. К. Рокоссовский (в 1917 году — младший унтер-офицер Каргопольского драгунского полка, в 1925 году — командир кавполка, в 1930—1940 годах — командир кавдивизии и кавкорпуса). Кавалеристами были маршал бронетанковых войск П. С. Рыбалко (в 1926 году — командир эскадрона, в 1928—1931 годах — командир кавполка и кавбригады); Главный маршал авиации П. Ф. Жигарев (в 1922—1925 годах — слушатель кавшколы, командир взвода в кавполку).

Из наиболее известных генералов можно назвать И. Е. Петрова, героя обороны Севастополя (в 1921—1931 годах — командир эскадрона, кавполка, кавбригады) и А. И. Родимцева, героя обороны Сталинграда (в 1937—1939 годах — командир кавполка). Эти люди командовали крупными общевойсковыми соединениями. Но были еще и кавалерийские генералы, прославившиеся в годы войны: Плиев, Белов, Доватор, Шапкин, Осликовский, Городовиков...

БИБЛИОГРАФИЯ

Александровский К. Очерк истории лейб-гвардии Уланского полка. Спб., 1897.

Бескровный Л. Хрестоматия по русской военной истории. М., 1947.

Бестужев-Марлинский А. Латник. /В сб.: Русская романтическая новелла. М., 1989.

Богданов Л. Русская армия в 1812 году. М., 1979.

Богданович М. Походы Румянцева, Потемкина и Суворова в Турции. Спб., 1852.

Богданович Я. Участие Харьковского драгунского полка в Отечественной войне 1812 года. Спб., 1911.

Бобровский П. История лейб-гвардии Уланского полка, ч. 1—2. Спб., 1903.

Бондырев С. Подвиг рядового Киевского драгунского полка Ермолая Четвертакова в 1812 году. Васильков, 1909.

Броневский В. История Донского войска, ч. 1—4. Спб., 1834.

Буденный С. Первая Конная на Дону. Ростов-на-Дону, 1969.

Бурский И. История 8-го Лубенского гусарского полка. 1807—1907 гг. Одесса, 1912.

Валь, Э. фон. Действия 12-й кавалерийской дивизии в период командования ею свиты Его Величества генерал-майора барона Маннергейма. Таллинн, 1936.

Винклер П. Оружие. Спб., 1894.

Висковатов А. Хроника Российской императорской армии, ч. 1—18. Спб., 1837—1852.

Висковатов А. Историческое описание одежды и вооружения Российских войск, т. 1—33. Спб., 1902; Новосибирск, 1942.

Военная энциклопедия, т. 1—18. М., Изд-во Сытина, 1910—1917.

Военный энциклопедический лексикон, изданный Обществом военных и литераторов, ч. 1—13. Спб., 1843.

Воронович Н. Всевидящее око (из быта русской армии). Нью-Йорк, 1951.

Волынский Н. История лейб-гвардии Кирасирского Его Величества полка. 1702—1733. Т. 1. Спб., 1902.

Восстание декабристов. Материалы и документы. Т. 1—14. М., 1925—1926.

Геништа В., Борисевич А. История 30-го драгунского Ингерманландского полка, ч. 1—2. Спб., 1904—1906.

Гавриловский С. История лейб-гвардии Уланского Ее Величества полка, ч. 1—3. Спб., 1866.

Гербель Н. На 200-летие Изюмских гусар. Изюмский гусарский полк в войнах 1812—1814 годов. Спб., 1851.

Горев Л. Война 1853—1856 годов и оборона Севастополя. М., 1953.

Гершельман Ф. Конница в русско-японскую войну и в былое время. Спб., 1912.

Годунов В., Королев А. История 3-го уланского Смоленского полка. Либава, 1908.

Городовиков О. Воспоминания. Элиста, 1969.

Гоштовт Г. Кирасиры Его Величества в Великую войну. 1914—1917. Париж, 1942.

Государственная Оружейная палата Московского Кремля. Сборник статей. М., 1954.

Григорович А. История 37-го драгунского Военного ордена полка, ч. 1—2. Спб., 1907—1912.

Григорович А. Исторический очерк Финляндского драгунского полка. 1806—1860. Спб., 1914.

Гринер В. Ружье, ч. 1—2. М., 1887.

Давыдов Д. Военные записки. М., 1982.

Дандевиль М. Столетие 5-го лейб-драгунского Курляндского полка. Спб., 1903.

Денисова М. Русское оружие. М., 1953.

Денисова М. Поместная конница. Статья в сборнике «Труды Государственного Исторического музея», вып. XX. М., 1948.

Денисон Г. История конницы, ч. I. Примечания Брикса к «Истории конницы» Денисона, ч. II. Спб., 1897.

Дурова Н. Записки кавалерист-девицы, ч. 1—2. Спб., 1836.

Дубасов В. История лейб-гвардии конногренадерского полка, ч. 1—3. Спб., 1910.

Ермолов А. Записки, ч. 1—2. М., 1865—1868.

Ефимов Н. Действия Второй Конной армии в 1920 году. М., 1926.

Елец Ю. История лейб-гвардии Гродненского гусарского полка. 1824—1865, ч. 1—2. Спб., 1890—1897.

Жемайтис Ф. Конница. М., 1940.

Жеребков С. История лейб-гвардии Казачьего полка. 1775—1875. Спб., 1876.

Жук А. Револьверы и пистолеты. М., 1983.

Жук А. Винтовки и автоматы. М., 1987.

Жуков Г. Воспоминания и размышления. М., 1974.

Звегинцов В. Н. Кавалергарды в Великую и гражданскую войну. 1914—1920. Париж, 1936.

Звегинцов В. Русская армия, ч. 1—7. Париж, 1967—1980.

Звегинцов В. Формы русской армии в 1914 году. Описания, схемы, рисунки. Париж, 1959.

Звегинцов В. Русская армия 1914 года. Подробная дислокация. Формирования 1914—1917 гг. Регалии и отличия. Париж, 1959.

Златоустовское художественное оружие XIX века. Л., 1986.

Иванов Н. 1812 год. Русская конница в великой Бородинской битве. Одесса, 1912.

Иванов П. Состав и устройство регулярной русской кавалерии с 1700 по 1864 год. Спб., 1864.

Игнатьев А. Пятьдесят лет в строю, т. 1—2. Новосибирск, 1959.

Иолшин Н. 400 верст на коне с разведчиками 37-го драгунского Военного ордена полка. Спб., 1894.

История первой мировой войны. 1914—1918. Т. 1—2. М., 1975.

История русской армии и флота. Сборник статей, ч. 1—12. М., 1913.

Казин В. Казачьи войска. Спб., 1912.

Каменский Е. История 2-го драгунского Санкт-Петербургского полка, ч. 1—2. М., 1899—1900.

Кирпичников А. Военное дело на Руси в XIII—XV веках. Л., 1976.

Крестовский В. История лейб-гвардии Уланского Его Величества полка. Спб., 1876.

Крестовский В. История 14-го уланского Ямбургского полка. Спб., 1873.

Кутузов М. Сборник документов, т. 1—5. М., 1951—1956.

Ланге Н. Правила о форме одежды генералов, штаб- и обер-офицеров, состоящих на действительной службе. П., 1917.

Ланц К. Памятная книжка для унтер-офицера кавалерии. Спб., 1881.

Люце П. Уланы Его Величества. 1651—1903. Спб., 1903.

Малышев В. Жизнеописания русских военных деятелей. Спб., 1886.

Манзей К. История лейб-гвардии Гусарского полка. 1775—1857, ч. 1—4. Спб., 1859.

Максютенко А. Краткая история 16-го драгунского Глуховского полка. Варшава, 1898.

Марков А. Сражения при Ларге и Кагуле в 1770 году. Одесса, 1904.

Марков С. История конницы, ч. 1—5. Тверь, 1888.

Марков С. История лейб-гвардии Кирасирского Ее Величества полка. Спб., 1884.

Масловский Д. Строевая и полевая служба русского войска времен императора Петра Великого и императрицы Елизаветы. М., 1883.

Масловский Д. Русская армия в Семилетней войне, т. 1—3. М., 1886—1891.

Масловский Д. Записки по истории военного искусства в России, вып. 1—3. Спб., 1891—1894.

Масловский Д. Примечания к Запискам по истории военного искусства в России. Эпоха Екатерины II. Спб., 1894.

Мартынов А. Краткая история 46-го драгунского Переяславского полка. Спб., 1899.

Матвеев В. Лейб-гвардии Уланский Его Величества полк. Спб., 1860.

Михайловский-Данилевский А. Военная галерея Зимнего дворца, ч. 1—2. Спб., 1845.

Мураховский М. Воспоминания офицера российской императорской конницы. Буэнос-Айрес, 1972.

Михневич Н. Партизанские действия кавалерии в 1812 и 1813 годах. Спб., 1888.

Орлов Н. Штурм Измаила Суворовым в 1790 году. Варшава, 1913.

Осипов К. А. В. Суворов. М., 1950.

Отечественная война 1812 года и русское общество. Сборник статей, ч. 1—7. Спб., 1912.

Окунев Н. Разбор главных военных операций, битв и сражений в кампанию 1812 года в России. Спб., 1912.

Павленко Н. Петр Первый, изд. 2-е. М., 1976.

Павлов-Сильванский Н. Государевы служилые люди: происхождение русского дворянства. Спб., 1898.

Певнев А. Конница (по опыту мировой и гражданской войны). М., 1924.

Полевой Н. Русские полководцы. Спб., 1845.

Попов В. Конница иностранных армий. Организация, вооружение, снаряжение, комплектование, ремонт. М.—Л., 1927.

Потто В. История 44-го драгунского Нижегородского полка, ч. 1—10. Спб., 1892—1895.

Потто В. История Ахтырского драгунского полка, ч. 1—10. Спб., 1902.

Пистолькорс Н. Записка о значении русской конницы. Спб., 1873.

Разин Е. История военного искусства, т. 1—3. М., 1955—1961.

Ригельман Л. История или повествование о донских казаках. М., 1846

Румянцев П., Суворов А., Кутузов М. Документы и материалы. Киев, 1974.

Русский биографический словарь, т. 1—25. Спб., 1905.

Русско-турецкая война 1877—1878 гг. М., 1977.

Рыбаков Б. История культуры Древней Руси, т. 1. Военное дело. М., 1948.

Савич А. Борьба русского народа с польской интервенцией в начале XVII века. М., 1939.

Сакс А. Кавалерист-девица, штабс-ротмистр А. А. Александров. Спб., 1912.

Семилетняя война. Сборник документов. М., 1948.

Соваж С. Российская императорская армия. Спб., 1894.

Советская военная энциклопедия, т. 1—8. М., 1979—1982.

Соколовский М. Памятка 17-го гусарского Черниговского полка. Спб., 1911.

Соколовский М. Исторический очерк 10-го уланского Одесского полка. Спб., 1912.

Соколовский М., кн. Эристов А. Славное прошлое Изюмских гусар. Спб., 1912.

Сошников А. и др. Советская кавалерия. М., 1984.

Суворов А. Наука побеждать. М., 1950.

Суворов А. Сборник документов, т. 1—4. М., 1949—1953.

Тюленев И. Советская кавалерия в боях за Родину. М., 1957.

Урусов С. История 4-го лейб-драгунского Псковского полка. 1701—1883. Спб., 1888.

Устрялов Н. История царствования Петра Великого, т. 1—6. Спб., 1858—1863.

Устав конного полка. Спб., 1797.

Устав о строевой кавалерийской службе. Спб., 1869.

Федоров В. Краткая история 47-го драгунского Татарского полка. Полоцк, 1897.

Федоров В. Холодное оружие. Спб., 1905.

Федоров В. Эволюция стрелкового оружия, ч. 1—2. М., 1938—1939.

Фет А. Воспоминания. М., 1983.

Фохт Н. Воспоминания о Забалканском походе 8-й кавалерийской дивизии в русско-турецкую войну 1877—1878 годов. Статья в книге «Изборник разведчика». Спб., 1902.

Хорошихин М. Казачьи войска. Спб., 1881.

Хорошихин М. Забайкальская казачья книжка. Спб., 1893.

Хлебников И. История 32-го драгунского Чугуевского полка. Спб., 1893.

Чарторижский А. Лубенские гусары. Спб., 1872.

Бегунова А. И.

Б 37   Сабли остры, кони быстры...: Из истории русской кавалерии.— М.: Мол. гвардия, 1992.— 256 с., ил.

ISBN 5-235-01882-6

А. Бегунова известна широкому кругу читателей по книге «Путь через века», выпущенной издательством «Молодая гвардия» в 1988 году. В настоящем издании автор увлеченно рассказывает об истории русской кавалерии, приводит описания сражений, в которых решающую роль сыграла конница. Любопытны и документальные фрагменты новой книги — Уставы и Инструкции, определявшие в разные эпохи службу кавалерии, ее жизнь и быт. Книга прекрасно иллюстрирована акварельными рисунками, переснятыми по разрешению дирекции Государственного Эрмитажа с раскрашенного издания «Исторического описания одежды и вооружения Российских войск».

Б $\dfrac{1302000000-025}{078(02)-92}$ КБ—003—033—91   ББК 68.51

ИБ № 7478

Бегунова Алла Игоревна

САБЛИ ОСТРЫ, КОНИ БЫСТРЫ...

Заведующий редакцией **В. Черников**
Редакторы **А. Грязнов, В. Васильев**
Художник **В. Примаков**
Художественный редактор **Б. Федотов**
Технический редактор **Г. Прохорова**
Корректоры **В. Назарова, Н. Овсяникова**

Сдано в набор 30.04.91. Подписано в печать 12.11.91. Формат 70×
×100$^1/_{16}$. Бумага офсетная № 1. Гарнитура «Тип Таймс». Печать офсетная. Условн. печ. л. 20,8. Условн. кр.-отт. 85,3. Учетно-изд. л. 21,8.
Тираж 50 000 экз. Заказ 1121.

Типография акционерного общества «Молодая гвардия». Адрес АО: 103030, Москва, Сущевская, 21.

ISBN 5-235-01882-6